劳动人事合规之疑难问题解答

LAODONG
RENSHI HEGUI
ZHI YINAN WENTI JIEDA

惠所亮　赵光鸣　赵春艳　杨　宽
徐　林　罗　兰　刘铭扬　彭丽琴　著

中国政法大学出版社

2024·北京

图书在版编目（ＣＩＰ）数据

劳动人事合规之疑难问题解答/惠所亮等著. —北京：中国政法大学出版社，2024.4
ISBN 978-7-5764-1040-2

Ⅰ.①劳… Ⅱ.①惠… Ⅲ.①企业管理－人力资源管理－劳动法－中国－问题解答 Ⅳ.①D922.55

中国国家版本馆 CIP 数据核字(2024)第 074577 号

出　版　者	中国政法大学出版社
地　　　址	北京市海淀区西土城路 25 号
邮寄地址	北京 100088 信箱 8034 分箱　邮编 100088
网　　　址	http://www.cuplpress.com (网络实名：中国政法大学出版社)
电　　　话	010-58908586(编辑部) 58908334(邮购部)
编辑邮箱	zhengfadch@126.com
承　　　印	固安华明印业有限公司
开　　　本	650mm×980mm　　1/16
印　　　张	26.5
字　　　数	420 千字
版　　　次	2024 年 4 月第 1 版
印　　　次	2024 年 4 月第 1 次印刷
定　　　价	99.00 元

作者介绍

惠所亮

北京德和衡律师事务所权益合伙人、劳动与公司治理部主任。担任第十一届北京市律师协会民事诉讼法专业委员会委员、第十四届北京市朝阳区律师协会劳动与社会保障业务研究会副秘书长。

拥有 25 年为企业提供法律服务经验，先后服务于东方集团、浪潮集团、上海烟草集团、伊利集团、中国农业发展银行、民生人寿保险股份有限公司、都邦财产保险股份有限公司、中国航空结算有限责任公司、北京石油机械有限公司等知名企业。执业 18 年来，专注于商事领域争议解决，深耕公司治理、劳动仲裁及诉讼等领域研究，办理各类仲裁、诉讼案件达 2000+ 起。

编写《劳动人事合规之常见问题精要解答》，于 2021 年 12 月中国政法大学出版社出版。

赵光鸣

北京德和衡律师事务所执业律师、高级联席合伙人，拥有法律硕士、管理学硕士双学位，曾在中国航天科技集团有限公司下属三级企业任职副总法律顾问职务，兼任党支部书记，对中国航天企业法治建设等法律事务管理有深厚的管理经验。律师执业以来，继续深耕中国航天企业法律服务，目前服务的航天企业主要客户有中国运载火箭技术研究院（航天一院）及其下属研究所、专业公司，中国

空间技术研究院（航天五院），中国航天电子技术研究院（航天九院），中国航天科工集团有限公司下属企业，以及中国科学院空天院等，为航天企业提供常年法律顾问、诉讼争议解决以及非诉业务等，获得中国航天客户企业的一致好评。

赵春艳

北京德和衡律师事务所执业律师、联席合伙人，北京多元调解发展促进会调解员，企业合规师（高级），中国政法大学法律硕士。曾任职《民主与法制》社，被评为优秀记者，被评为中国法学会优秀党员。2022年度被司法部评为公益法律服务之星。

目前是中国法学会会员、北京市国有资产法治研究会会员、北京市朝阳区律师协会民事业务研究会会员、中国纪实文学研究会会员。

执业多年以来，代理了大量民商事诉裁案件，善于多角度诉讼技巧和技能。因熟悉文化传媒等相关行业，担任过多家传媒公司的法律顾问。在公司法务方面擅长企业常见劳动法律问题的咨询和建议，规范公司知识产权的保护及宣传中的风险防控。

杨 宽

法学博士、博士后，北京理工大学法学院长聘副教授、博士生导师，北京理工大学空天政策与法律研究院副院长；兼任中国国际法学会理事，中国空间法学会理事，北京国际法学会秘书长、理事，国际宇航联空间交通管理委员会委员，北京德和衡律师事务所兼职律师等。主要从事国际法、航空航天法研究，在SCI、CSSCI等中英文刊物发表论文近20篇，主持国家社科基金青年项目、国家社科基金重大项目子课题、工信部指导性课题、国防科工局技术基础科研项目、中国空间法学会年度课题等研究项目10余项，获中国宇航学会、中国空间法学会外空法治优秀论文一等奖、北京理工大学优秀教育教学成果奖等奖项。

徐 林

北京德和衡律师事务所高级联席合伙人，工会主席。原任职于国防大学，正团职上校转业，曾荣立三等功1次，被表彰为"全军先进个人"1次，被评为"优秀共产党员"2次。北京理工大学法学院法律硕士，现兼任北京理工大学法学院研究生校外导师。

执业以来，先后参与多起重大刑事案件的辩护，先后在最高人民法院、地方法院代理多起民商事疑难诉讼案件，并担任多家单位的法律顾问，均取得了出色的代理成果，获得了客户高度评价。先后斩获6起刑事无罪案件（其中2起系重大案件）和多起有效辩护案件，1起向最高院申请再审发回重审民商事案件。承办的诉讼案件和提供的法律服务项目，连续4年荣获北京德和衡律师事务所年度优秀诉讼案例。

罗 兰

俄罗斯人民友谊大学法学博士，北京德和衡律师事务所资深执业律师，拥有中国和俄罗斯联邦律师执照，俄语和英语均可作为工作语言，在国际核心期刊以及知名法学杂志上发表多篇专业文章。在"一带一路"沿线国家从事法律合规工作十余年，专注于跨境投资并购、劳动合规与企业治理、出口管制与经济制裁、网路安全与数据合规、商事调解与仲裁等领域，涉及无线通信、物流运输、能源矿产、汽车、半导体、医疗、高新科技等行业。

擅长企业合规体系搭建与风险防控，擅长劳动用工合规和劳动仲裁诉讼，擅长处理各类跨境业务合同的起草、审核和争议解决，精通涉俄罗斯和独联体跨境投融资、公司股权激励、公司治理及公司并购和重组等业务，曾担任多家跨国集团企业、国有企业、事业单位和上市公司的法律顾问。

刘铭扬

执业律师，北京德和衡律师事务所特殊资产业务中心秘书长，北京市朝阳区律师协会青年律师工作委员会委员，文化与传媒业务研究会 委员。曾任职于某中央企业，自执业以来，专注于处理大型民商事争议，不良资产清收以及涉众、复杂劳动争议领域的案件。服务的客户包括：国开金融、华芯投资、交通银行、经纬纺机、国科控股、北京市消防救援总队、北京市烟草专卖局等大型央企、国企、金融企业及行政机关。刘铭扬律师办理争议类案件能细致入微地把控每一个诉讼环节，制定诉讼方案，搜寻证据，维护企业权利。在涉众多员工的企业改制、劳动派遣、业务外包的劳动案件中，能协助企业以多种方式化解纠纷，维持企业的平稳良好运转。

彭丽琴

彭丽琴，北京德和衡律师事务所执业律师、高级联席合伙人、刑事业务合规中心副总监、北京市朝阳区律师协会惩戒委员会委员。

5 年检察院公诉部门工作经验，2014 年执业至今，专注于刑事辩护、刑民交叉案件及企事业单位刑事风险防控业务。

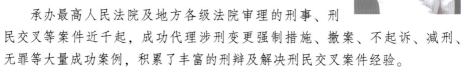

承办最高人民法院及地方各级法院审理的刑事、刑民交叉等案件近千起，成功代理涉刑变更强制措施、撤案、不起诉、减刑、无罪等大量成功案例，积累了丰富的刑辩及解决刑民交叉案件经验。

参加编写《劳动人事合规之常见问题精要解答》（刑事风险篇），于2021年12月中国政法大学出版社出版。

序　言

随着企业管理的日益复杂化，劳动人事合规已经成为企业运营的重要环节。特别是近年来，国务院国有资产监督管理委员会发布的《中央企业合规管理办法》正式提出，针对央企、国企中劳动用工等重点领域制定合规管理具体制度或者专项指南。央企、国企如何开展劳动用工领域的合规管理，已成为不可回避的重要课题。而且，基于历史原因，许多央企、国企内部的用工管理不能完全摆脱"身份管理"这一管理方式，同一企业的员工，因为员工身份差异，也增加了国企用工管理的难度和复杂性。为了帮助央企、国企HR、法务人员和高级管理者更好地理解和应用相关法律法规，提高劳动人事合规管理水平，劳动人事合规之疑难问题解答应运而生。

本书通过收集、梳理央企、国企与劳动者之间的劳动诉讼纠纷的经典案例，归纳总结了劳动人事管理过程中可能遭遇的大部分情况和疑难、复杂问题，并从法条分析来解读劳动法、劳动合同法以及相关法律法规、司法解释等在劳动仲裁及诉讼纠纷中的适用，以让企业管理者在实务处理中减少或者避免相关的法律风险。

本书共计15编，通过劳动关系的建立；劳动合同的履行和变更；劳动合同的解除和终止；社会保险和福利待遇；工作时间与加班加点；保密与竞业限制等多方面、多维度的实际案例，特别是采用了一问一答的互动方式，生动、详细地解析了劳动关系中的相关法律规定和适用，让读者能够清晰地了解问题的关键。

在编写过程中，我们注重理论和实践相结合，不仅对法律法规进行了详细的分析解读，还通过生动、详实的案例分析，展现了实际操作中的难点和重点。同时，我们也注重案例的典型性和实用性，选取了近年来发生在央企及国企中的典型案例进行分析，使读者能够更好地理解和应用相关法律法规以及相关司法解释。

总之，本书旨在帮助企业更好地理解和应用劳动人事合规法律法规，提高企业管理水平，为企业发展提供有力的保障，避免相关的劳动人事法律风险。希望读者能够从中受益，为企业的劳动人事合规做出应有的贡献。

北京德和衡律师事务所　劳动与公司治理业务部

惠所亮、赵光鸣、赵春艳、杨宽、徐林、罗兰、刘铭扬、彭丽琴

2024 年 1 月 24 日

目 录

第一编

劳动关系建立

001　用人单位为劳动者缴纳了社会保险费，双方是否存在劳动关系？

答：用人单位仅为劳动者缴纳了社会保险费，不能证明双方存在事实劳动关系。

▶▶▶ **相关案例**

一、案号

京海劳人仲字［2015］第 09090 号

二、案情简述

2012 年底，谭某入职北京某商贸有限公司（以下简称"北京某商贸公司"），担任业务专员。直至 2015 年春节，北京某商贸公司未与其签订劳动合同，也没有支付过任何劳动报酬，社会保险是由北京某商贸公司从 2013 年 9 月才开始为谭某缴纳。2015 年 2 月 18 日，谭某提出解除劳动关系，要求北京某商贸公司支付之前拖欠的工资。

随后，谭某向北京市朝阳区劳动人事争议仲裁委员会申请劳动仲裁，请求：裁决北京某商贸公司支付谭某 2013 年 1 月 1 日至 2015 年 2 月 18 日工资 108 628 元。

三、仲裁委员会裁决

北京市朝阳区劳动人事争议仲裁委员会经查明后认为，谭某虽就与北京某商贸公司存在劳动关系的主张提交了《北京市社会保险个人权益记录》，但缴纳社会保险并不等同于存在事实劳动关系，谭某未就向北京某商贸公司提供劳动且受北京某商贸公司用工管理提供相关证据证明。此外，谭某与北京某商贸公司对于劳动报酬也未进行过约定，故其关于与北京某商贸公司存在劳动关系的主张缺乏事实依据，不予采信，对其仲裁请求不予支持。

2015年7月14日，北京市朝阳区劳动人事争议仲裁委员会裁决：驳回谭某的仲裁请求。

四、法律依据

《中华人民共和国劳动争议调解仲裁法》第六条　发生劳动争议，当事人对自己提出的主张，有责任提供证据。与争议事项有关的证据属于用人单位掌握管理的，用人单位应当提供；用人单位不提供的，应当承担不利后果。

002　用人单位将业务外包，是否与外包人员建立劳动关系？

答：用人单位将业务外包给外包公司，如对外包公司指派的外包人员进行劳动管理和约束，双方即建立劳动关系。

▶▶▶ **相关案例**

一、案号

1. ［2023］京 0106 民初 5531 号
2. ［2023］京 02 民终 14795 号

二、案情简述

2020 年 12 月 1 日，天津某对外服务有限公司（以下简称"天津某对外服务公司"）与某灵工科技（辽宁）有限公司（以下简称"辽宁灵工公司"）签订《共享经济服务协议》约定，辽宁灵工公司为天津某对外服务公司提供自由职业者共享服务。2021 年 8 月 16 日，天津某对外服务公司与北京某科技有限公司（以下简称"北京某科技公司"）签订《商务合作服务合同》约定，天津某对外服务公司为北京某科技公司提供营销推广自由职业者综合服务。2021 年 11 月 12 日，杨某与辽宁灵工公司签订《共享经济合作伙伴协议》，约定北京某科技公司为杨某提供共享经济综合服务。2022 年 2 月 15 日，北京某科技公司与郴州某科技有限公司（以下简称"郴州某科技公司"）签订《业务外包合同》约定，郴州某科技公司为北京某科技公司提供共享经济服务外包服务。2022 年 5 月 12 日，郴州某科技公司与杨某签订《业务外包服务合作协议》约定，杨某应根据郴州某科技公司的安排和合作单位的要求完成相关服务。

2021 年 10 月 6 日，杨某即开始为北京某科技公司工作，从事芳华里养老公寓项目的推广销售工作。2022 年 11 月 11 日，北京某科技公司副总吴某将其辞回郴州某科技公司。

随后，杨某向北京市丰台区劳动人事争议仲裁委员会申请劳动仲裁，请求：确认杨某与北京某科技公司在 2021 年 10 月 6 日至 2022 年 11 月 11 日存在劳动关系。该仲裁委员会经审理后裁决支持杨某的仲裁请求。

北京某科技公司不服仲裁裁决，向北京市丰台区人民法院提起诉讼请求：确认北京某科技公司与杨某在 2021 年 10 月 6 日至 2022 年 11 月 11 日不存在劳动关系。

三、法院判决

北京市丰台区人民法院经审理后认为，劳动者的合法权益受法律保护。当事人对自己提出的诉讼请求所依据的事实或者反驳对方诉讼请求所依据的事实，应当提供证据加以证明，当事人未能提供证据或者证据不足以证明其事实主张的，由负有举证证明责任的当事人承担不利后果。在认定用人单位与劳动者之间具有劳动关系时，可考虑下列因素：①用人单位和劳动者符合法律、法规规定的主体资格；②用人单位依法制定的各项规章制度适用于劳动者，劳动者受用人单位的劳动管理，从事用人单位安排的有报酬的劳动；③劳动者提供的劳动是用人单位业务的组成部分。虽然北京某科技公司与天津某服务公司签订了《商务合作服务合同》、与郴州某公司签订了《业务外包合同》，且由上述外包公司为杨某发放报酬，但杨某的工作内容与北京某科技公司的业务范围密切相关，而根据杨某提交的钉钉打卡截图、企业微信截图、入职通知等证据可以认定，杨某的用工由北京某科技公司管理，杨某提交了服装、工牌，可以代表北京某科技公司对外开展相关业务，可以认定杨某提供的劳动是用人单位工作的组成部分，结合上述事实，本院认定，杨某与北京某科技公司于 2021 年 10 月 6 日至 2022 年 11 月 11 日存在劳动关系。

2023 年 9 月 4 日，北京市丰台区人民法院判决：杨某与北京某科技公司于 2021 年 10 月 6 日至 2022 年 11 月 11 日存在劳动关系。

一审判决后，北京某科技公司不服提起上诉。2023 年 12 月 26 日，北京市第二中级人民法院经审理后判决：驳回上诉，维持原判。

四、法律依据

1. 《劳动和社会保障部关于确立劳动关系有关事项的通知》

一、用人单位招用劳动者未订立书面劳动合同，但同时具备下列情形的，劳动关系成立。

（一）用人单位和劳动者符合法律、法规规定的主体资格；

（二）用人单位依法制定的各项劳动规章制度适用于劳动者，劳动者受用人单位的劳动管理，从事用人单位安排的有报酬的劳动；

（三）劳动者提供的劳动是用人单位业务的组成部分。

2. 《北京市高级人民法院、北京市劳动争议仲裁委员会关于审理劳动争议案件解答》

三、劳动关系及责任主体的认定

21. 在认定用人单位与劳动者之间具有劳动关系时，应考虑何种因素？

在认定用人单位与劳动者之间具有劳动关系时，可考虑下列因素：

（1）用人单位和劳动者符合法律、法规规定的主体资格；

（2）用人单位依法制定的各项规章制度适用于劳动者，劳动者受用人单位的劳动管理，从事用人单位安排的有报酬的劳动；

（3）劳动者提供的劳动是用人单位工作的组成部分。

对于以自己的技能、知识或设施为用人单位提供劳动或服务，自行承担经营风险，与用人单位没有身份隶属关系，一般不受用人单位的管理或支配的人员，应认定其与用人单位之间的关系不属于劳动关系。

003 劳动者的工资由其他同事代发，是否与用人单位存在劳动关系？

答：劳动者的工资由用人单位其他劳动者代领代发，其与用人单位存在劳动关系。

▶▶▶▶ 相关案例

一、案号

[2015] 朝民初字第 34457 号

二、案情简述

彭某称其于 2013 年 2 月 1 日入职北京某现代家具有限公司（以下简称"北京某家具公司"）；彭某就其所述提交银行卡交易明细一份，该明细显示 2013 年 3 月至 2015 年 1 月，张某每月向彭某账户转账汇款。

庭审过程中，北京某家具公司称张某系其承包商，其通过张某的账户向员工苑某等人支付工资，但其没有通过张某向彭某支付工资。北京某家具公司为张某缴纳了社会保险，北京某家具公司称张某的社会保险挂靠在其单位。2015 年 1 月 16 日，彭某向北京某家具公司邮寄了解除劳动关系通知书，以北京某家具公司未缴纳社会保险、未及时足额支付劳动报酬为由，解除了与北京某家具公司的劳动关系。

随后，彭某向北京市朝阳区劳动人事争议仲裁委员会申请仲裁，请求：确认彭某与北京某家具公司在 2013 年 2 月 1 日至 2015 年 1 月 17 日存在劳动关系，该仲裁委员会经审理后裁决：驳回彭某的仲裁请求。

彭某对仲裁裁决不服，向北京市朝阳区人民法院提起诉讼，诉讼请求同仲裁请求。

三、法院判决

北京市朝阳区人民法院经审理后认为，发生劳动争议，当事人对自己提出的主张有责任提供证据。彭某称其为北京某家具公司员工，并提交了张某每月向其打款的银行卡交易明细，北京某家具公司虽不认可张某为其员工，但对其为张某缴纳社会保险不能作出合理解释；且北京某家具公司也认可其他员工苑某的工资也是通过张某转款支付的，故采信彭某的主张，确认彭某于2013年2月1日至2015年1月17日与北京某家具公司存在劳动关系。

2015年12月16日，北京市朝阳区人民法院判决：确认北京某家具公司与彭某自2013年2月1日至2015年1月17日期间存在劳动关系。

四、法律依据

《中华人民共和国劳动争议调解仲裁法》第六条　发生劳动争议，当事人对自己提出的主张，有责任提供证据。与争议事项有关的证据属于用人单位掌握管理的，用人单位应当提供；用人单位不提供的，应当承担不利后果。

004 劳动者办理了灵活就业手续，是否影响与用人单位存在劳动关系？

答：劳动者与用人单位建立劳动关系后，仍以灵活就业人员身份在相关机构申请灵活就业社会保险补贴的行为有悖于法律的规定，但并不影响劳动者与用人单位形成劳动关系的事实。

▶▶▶ **相关案例**

一、案号

[2013] 昌民初字第 7980 号

二、案情简述

2005 年 1 月 10 日，王某在北京某太阳能过滤设备厂（以下简称"北京某设备厂"）从事司机岗位工作。2012 年 12 月 21 日，北京某设备厂单方解除了与王某的劳动合同。

随后，王某向北京市昌平区劳动人事争议仲裁委员会申请劳动仲裁，请求：裁决北京某设备厂支付王某解除劳动合同经济补偿金 12 000 元。该仲裁委员会经审理后裁决：驳回王某的仲裁请求。

王某不服仲裁裁决，向北京市昌平区人民法院提起诉讼，诉讼请求同仲裁请求。

三、法院判决

北京市昌平区人民法院经审理后认为，王某与北京某设备厂于 2006 年、2007 年签订的劳动合同明确约定，王某实行 8 小时标准工时制工作，之后王某一直在设备厂工作至 2012 年 12 月。北京某设备厂所提供的证据仅是王某在相关机构申请灵活就业社会保险补贴时所持的北京某设备厂出具的证明，北京某设备厂作为用人单位，未提供王某的入职时间、工时及工资情况等证据，因此本院对北京某设备厂提出的王某系钟点工的主张不予采信，对王某所述的入职时间及工资标准予以采信。王某在与北京某设备厂建立劳动关系后，仍以灵活就业人员身份在相关机构申请灵活就业社会保险补贴的行为有悖于法律的规定，显属不当，但并不影响王某与北京某设备厂形成劳动关系的事实。

2013 年 9 月 18 日，北京市昌平区人民法院判决：北京某设备厂支付王某解除劳动关系经济补偿金 12 000 元。

四、法律依据

《中华人民共和国劳动合同法》第七条　用人单位自用工之日起即与劳动者建立劳动关系。用人单位应当建立职工名册备查。

005　签订劳务合同是否可以建立劳动关系？

答：虽然双方签订的是劳务合同，但劳动者确已向用人单位提供劳动的，则双方存在劳动关系。

>>>> **相关案例**

一、案号

1. ［2021］京 0106 民初 28476 号
2. ［2022］京 02 民终 2516 号

二、案情简述

中国某车辆研究所（以下简称"中国某研究所"）所属职工医院与范某签订了 5 份《劳务报酬协议书》。前三份《劳务报酬协议书》均约定："二、工作内容：1. 根据甲方工作需要，乙方同意从事甲方急救车司机岗位工作。工作时间为：研究所职工出现急救情况时，随时出车……2. 乙方应按照国家和甲方的规章、制度及要求，认真履行自己的职责，按照专业司机工作规范完成相应的诊疗工作。三、劳务报酬：基础劳务报酬按照月计费，3500 元/月，劳务报酬按月付酬。四、双方权利和义务：1. 甲方的规章制度应告知乙方。2. 乙方应严格遵守甲方规章制度和行业规范，遵守劳动纪律和职业道德……"第四份《劳务报酬协议书》在工作时间处稍有变化，记载为："研究所职工医院出现急救情况时，随时出车和日常门诊需要出车等的一些需求"，其余无变化。第五份《劳务报酬协议书》在工作时间及劳务报酬金额上有所变化，工作时间为："研究所职工医院出现急救情况时，随时出车和日常门诊需要出车等的一些需求，劳务报酬为 3700 元/月"，并在协议期限处以手写笔迹记载：

"因医院剥离移交改革，此协议以剥离移交日期为准"。后双方发生争议，范某认为，其与中国某研究所存在劳动关系，而不是劳务关系。

随后，范某向北京市丰台区劳动人事争议仲裁委员会申请仲裁，请求：确认范某与中国某研究所在 2013 年 1 月 1 日至 2020 年 8 月 31 日存在劳动关系。该仲裁委员会审理后裁决：驳回范某的仲裁请求。

范某不服仲裁裁决，向北京市丰台区人民法院提起诉讼，诉讼请求同仲裁请求。

三、法院判决

北京市丰台区人民法院经审理后认为，双方对上述期间建立的是劳务关系还是劳动关系存在争议。虽然双方签订的书面协议的名称为《劳务报酬协议书》，但该协议书内容显示，范某从事的急救车司机工作为中国某研究所所属职工医院的业务范围，范某需要遵守单位规章制度，接受单位管理，双方按月计薪，且存在出现急救情况时随时出车的表述，该表述实际上限制了范某在外谋业的机会，而且范某在职工医院从事急救车司机工作长达 7 年。

2021 年 11 月 30 日，北京市丰台区人民法院判决：范某与中国某研究所在 2013 年 1 月 1 日至 2020 年 8 月 31 日存在劳动关系。

一审判决后，中国某研究所不服提起上诉。2022 年 4 月 26 日，北京市第二中级人民法院经审理后判决：驳回上诉，维持原判。

四、法律依据

1.《劳动和社会保障部关于确立劳动关系有关事项的通知》

一、用人单位招用劳动者未订立书面劳动合同，但同时具备下列情形的，劳动关系成立。

（一）用人单位和劳动者符合法律、法规规定的主体资格；

（二）用人单位依法制定的各项劳动规章制度适用于劳动者，劳动者受用人单位的劳动管理，从事用人单位安排的有报酬的劳动；

（三）劳动者提供的劳动是用人单位业务的组成部分。

二、用人单位未与劳动者签订劳动合同，认定双方存在劳动关系时可参照下列凭证：

（一）工资支付凭证或记录（职工工资发放花名册）、缴纳各项社会保险费的记录；

（二）用人单位向劳动者发放的"工作证"、"服务证"等能够证明身份的证件；

（三）劳动者填写的用人单位招工招聘"登记表"、"报名表"等招用记录；

（四）考勤记录；

（五）其他劳动者的证言等。

其中，（一）、（三）、（四）项的有关凭证由用人单位负举证责任。

2.《中华人民共和国劳动合同法》第七条　用人单位自用工之日起即与劳动者建立劳动关系。用人单位应当建立职工名册备查。

006　未签订书面劳动合同是否可以建立劳动关系？

答：用人单位与劳动者未签订书面劳动合同，但具有法律规定存在劳动关系的情形，双方可以建立劳动关系。

▶▶▶▶ **相关案例**

一、案号

1. ［2019］京 0108 民初 25734 号
2. ［2020］京 01 民终 3862 号

二、案情简述

1998 年 12 月 18 日，赵某经朋友介绍进入中国某出版社从事校对工作。社长李某与人事处处长对其进行了面试，告知其有 3 个月试用期，工资按校对量计算，开始是现金签字领取，后改为银行转账支付。赵某在中国某出版社工作期间，每周工作 5 天，休息 2 天，每天 8 点半上班，下午 4 点半下班，其在中国某出版社有固定的校对场所，平时受倪某管理，请假需要告知倪某。2017 年之前，中国某出版社不对校对人员考勤，在 2017 年时将在编人员拉入钉钉系统，没有将赵某拉入。2018 年底，中国某出版社要求与赵某签署一份 2018 年的劳务合同和 2019 年的劳动合同，但双方未就签署事宜达成一致意见。之后，中国某出版社停止给赵某安排校对工作，赵某自 2019 年 1 月 2 日开始请假。中国某出版社没有为赵某缴纳过社会保险，双方未签署过劳务合同或劳动合同。

随后，赵某向北京市海淀区劳动人事争议仲裁委员会申请仲裁。该仲裁委员会经审理后裁决：①确认赵某与中国某出版社于 1999 年 5 月 6 日至 2009 年 5 月 6 日存在劳动关系；②确认赵某与中国某出版社于 2009 年 5 月 7 日至

2018年10月31日存在无固定期限劳动合同关系。

中国某出版社不服仲裁裁决，向北京市海淀区人民法院提起诉讼请求：①确认中国某出版社与赵某于1999年5月6日至2009年5月6日期间不存在劳动关系；②确认中国某出版社与赵某于2009年5月7日至2018年10月31日期间不存在无固定期限劳动合同关系。

三、法院判决

北京市海淀区人民法院经审理后认为，本案争议的焦点在于赵某与中国某出版社之间存在的是劳务关系还是劳动关系。其一，双方均符合法律、法规规定的建立劳动关系的主体资格，且赵某从事中国某出版社安排的有报酬的劳动，其提供的校对工作是中国某出版社业务的组成部分；其二，中国某出版社为赵某长期提供较为固定的工作场所，提供职工就餐卡，将赵某纳入拍摄集体照片的范畴；其三，中国某出版社在统计加班情况时，统一将赵某的加班与其他员工的加班一起统计；其四，在本次诉讼之前，中国某出版社为赵某按照"工资、薪金所得"缴纳个人所得税；其五，通过校对量统计可以看出赵某在统计涉及的时间里都是在周一至周五做校对；其六，通过录音可知，中国某出版社要求赵某在2018年签署劳务合同，在2019年签署劳动合同，但多次的谈话中从未提及前后两年签署不同性质的合同会对其工作和管理产生变化，仅是告知福利待遇会改善，且告知不签署劳动合同会导致信息无法录入进而导致无法开支，由此本院认为，中国某出版社虽然要求赵某签署前后两种不同性质的合同，但对赵某的要求是没有变化的；其七，在赵某未签署合同的情况下，倪某不再为赵某安排工作，赵某亦是向倪某进行了请假。综上，本院对赵某所持的双方存在劳动关系的主张予以采信。用人单位自用工之日起满1年不与劳动者订立书面劳动合同的，视为用人单位与劳动者订立无固定期限劳动合同，现双方均确认赵某于1998年12月进入中国某出版社，故对于赵某请求确认双方自1999年5月6日至2009年5月6日期间存在劳动关系及双方自2009年5月7日至2018年10月31日期间存在无固定期限劳动合同关系的请求，本院不持异议，对于中国某出版社的全部诉讼请求，本院不予支持。

2019年12月30日，北京市海淀区人民法院判决：①确认赵某与中国某出版社于1999年5月6日至2009年5月6日期间存在劳动关系；②确认赵某与中国某出版社于 2009 年 5 月 7 日至 2018 年 10 月 31 日期间存在无固定期限劳动合同关系。

一审判决后，中国某出版社不服提起上诉。2020 年 5 月 25 日，北京市第一中级人民法院经审理判决：驳回上诉，维持原判。

四、法律依据

1. 《劳动和社会保障部关于确立劳动关系有关事项的通知》

一、用人单位招用劳动者未订立书面劳动合同，但同时具备下列情形的，劳动关系成立：

（一）用人单位和劳动者符合法律、法规规定的主体资格；

（二）用人单位依法制定的各项劳动规章制度适用于劳动者，劳动者受用人单位的劳动管理，从事用人单位安排的有报酬的劳动；

（三）劳动者提供的劳动是用人单位业务的组成部分。

二、用人单位未与劳动者签订劳动合同，认定双方存在劳动关系时可参照下列凭证：

（一）工资支付凭证或记录（职工工资发放花名册）、缴纳各项社会保险费的记录；

（二）用人单位向劳动者发放的"工作证"、"服务证"等能够证明身份的证件；

（三）劳动者填写的用人单位招工招聘"登记表"、"报名表"等招用记录；

（四）考勤记录；

（五）其他劳动者的证言等。

其中，（一）、（三）、（四）项的有关凭证由用人单位负举证责任。

2. 《北京市高级人民法院、北京市劳动争议仲裁委员会关于审理劳动争议案件解答》

三、劳动关系及责任主体的认定

21. 在认定用人单位与劳动者之间具有劳动关系时，应考虑何种因素？

在认定用人单位与劳动者之间具有劳动关系时，可考虑下列因素：

（1）用人单位和劳动者符合法律、法规规定的主体资格；

（2）用人单位依法制定的各项规章制度适用于劳动者，劳动者受用人单位的劳动管理，从事用人单位安排的有报酬的劳动；

（3）劳动者提供的劳动是用人单位工作的组成部分。对于以自己的技能、知识或设施为用人单位提供劳动或服务，自行承担经营风险，与用人单位没有身份隶属关系，一般不受用人单位的管理或支配的人员，应认定其与用人单位之间的关系不属于劳动关系。

007 已经达到法定退休年龄但未享受退休待遇的人员，与用人单位是否存在劳动关系？

答：劳动者已达到法定退休年龄，但未开始依法享受基本养老保险待遇或者领取退休金，与用人单位存在劳动关系。

▶▶▶▶ 相关案例

一、案号

1. ［2020］吉 0104 民初 4409 号
2. ［2021］吉 01 民终 508 号

二、案情简述

2015 年 8 月 31 日，于某入职长春某出版传媒集团有限责任公司（以下简称"长春某出版公司"）担任保洁工作。2019 年 7 月 20 日，于某达到退休年龄。

2020 年 4 月 14 日，于某向长春市劳动人事争议仲裁委员会申请仲裁，请求：确认于某与长春某出版公司于 2015 年 8 月 31 日至今存在事实劳动关系。该仲裁委员会经审查后作出《不予受理通知书》。

于某不服上述《不予受理通知书》，向长春市朝阳区人民法院提起诉讼，诉讼请求同仲裁请求。

三、法院判决

长春市朝阳区人民法院经审理后认为，于某在 2019 年 7 月 21 日已达法定退休年龄后，虽然长春某出版公司继续为于某支付劳动报酬，但于某与长春某出版公司形成了劳务关系。《中华人民共和国劳动合同法实施条例》第 21 条规定："劳动者达到法定退休年龄的，劳动合同终止。"《最高人民法院关于审理劳动争议案件适用法律若干问题的解释（三）》并没有对"劳动者虽未开始依法享受基本养老保险待遇但达到法定退休年龄"，劳动者继续在用人单位工作的，其与用工单位之间属于何种法律关系，即该情形是否属于劳务关系还是劳动关系进行界定。对于已达法定退休年龄人员能否建立劳动关系，《劳动法》以及《劳动合同法》虽然均无明确规定，但是在劳动法律法规的实施过程中，相关行政法规以及涉养老保险等规章制度却并未将已达法定退休年龄人员务工纳入劳动法律关系的保障范围。因此，已达法定退休年龄的继续就业者与用人单位形成的是劳务关系，而非劳动关系，无论其是否享受基本养老保险待遇。

2020 年 8 月 21 日，长春市朝阳区人民法院判决：于某自 2015 年 8 月 31 日至 2019 年 7 月 21 日与长春某出版公司不存在事实劳动关系。

一审判决后，于某不服提起上诉。长春市中级人民法院经审理后认为，依照《最高人民法院关于审理劳动争议案件适用法律问题的解释（一）》第 32 条第 1 款"用人单位与其招用的已经依法享受养老保险待遇或者领取退休金的人员发生用工争议而提起诉讼的，人民法院应当按劳务关系处理"之规定，于某自 2015 年 8 月 31 日起入职长春某出版公司，长春某出版公司未为于某缴纳各项社会保险费用，2019 年于某年满 50 周岁，长春某出版公司亦未为于某办理退休，于某至今未享受养老保险待遇。2020 年 6 月 16 日，于某得知长春某出版公司不再聘用自己，依法应当认定于某与长春某出版公司自 2015 年 8 月 31 日起至 2020 年 6 月 16 日存在事实劳动关系。

2021 年 2 月 26 日，长春市中级人民法院判决：①撤销长春市朝阳区人民法院［2020］吉 0104 民初 4409 号民事判决；②于某与长春某出版公司自 2015 年 8 月 31 日起至 2020 年 6 月 16 日存在事实劳动关系。

四、法律依据

1. 《最高人民法院关于审理劳动争议案件适用法律问题的解释（一）》第三十二条　用人单位与其招用的已经依法享受养老保险待遇或者领取退休金的人员发生用工争议而提起诉讼的，人民法院应当按劳务关系处理。

············

2.《中华人民共和国劳动合同法实施条例》第二十一条　劳动者达到法定退休年龄的，劳动合同终止。

008 劳动者办理离职手续后继续处理收尾工作，是否与用人单位重新建立劳动关系？

答： 劳动者在与用人单位解除劳动关系后继续处理收尾工作，并不代表与用人单位重新建立劳动关系。

▶▶▶▶ **相关案例**

一、案号

1. ［2019］京 0105 民初 54635 号
2. ［2020］京 03 民终 5859 号

二、案情简述

2002 年 8 月 19 日，张某入职中国某医药对外贸易有限公司（以下简称"中国某医药公司"）。2017 年 5 月 4 日，张某因个人原因提出辞职，中国某医药公司于 2017 年 5 月 8 日同意。中国某医药公司于 2018 年 2 月 28 日向张某出具了《解除劳动合同关系证明书》，该证明书的签收时间为 2018 年 2 月 28 日。关于工资发放情况，中国某医药公司发放张某工资至 2017 年 7 月 31 日，社会保险费用缴纳至 2018 年 2 月 28 日。张某主张其实际提供劳动至 2018 年 3 月 28 日，中国某医药公司欠付其从 2017 年 8 月至 2018 年 3 月期间的工资，中国某医药公司反驳，张某从 2017 年 8 月至 2018 年 3 月期间并未出勤，只是配合中国某医药公司进行了部分离职前未完成工作内容的交接及联系工作。对此，张某不认可，双方发生争议。

随后，张某向北京市朝阳区劳动人事争议仲裁委员会申请劳动仲裁，请求：中国某医药公司支付张某 2017 年 8 月 1 日至 2018 年 3 月 28 日工资

148 998.72 元。该仲裁委员会经审理后裁决：驳回张某的仲裁请求。

张某不服仲裁裁决，向北京市朝阳区人民法院提起诉讼，诉讼请求同仲裁请求。

三、法院判决

北京市朝阳区人民法院经审理后认为，本案的争议焦点为 2017 年 8 月 1 日后张某是否为中国某医药公司提供劳动。一是张某主张 2017 年 8 月至 2018 年 3 月期间中国某医药公司知晓并同意其在家办公，但其提交的证据未显示中国某医药公司安排其在家办公，且不足以证明张某完成了连续、正常的工作量，故对张某该主张不予采信，对于中国某医药公司关于 2017 年 8 月至 2018 年 3 月张某未出勤之主张予以采信。二是中国某医药公司提交的《解除劳动合同关系证明书》显示，双方劳动关系已于 2018 年 2 月 28 日解除，且解除后不存在任何劳动纠纷，张某对该证据的真实性予以认可，虽主张为倒签，但未提交证据证明。本院采信中国某医药公司关于双方劳动关系于 2018 年 2 月 28 日解除之主张。综上，张某要求支付 2017 年 8 月 1 日至 2018 年 3 月 28 日期间工资无事实和法律依据，本院不予支持。

2020 年 2 月 28 日，北京市朝阳区人民法院判决：驳回张某的诉讼请求。

一审判决后，张某不服提起上诉。2020 年 6 月 30 日，北京市第三中级人民法院经审理后判决：驳回上诉，维持原判。

四、法律依据

《劳动和社会保障部关于确立劳动关系有关事项的通知》

一、用人单位招用劳动者未订立书面劳动合同，但同时具备下列情形的，劳动关系成立。

（一）用人单位和劳动者符合法律、法规规定的主体资格；

（二）用人单位依法制定的各项劳动规章制度适用于劳动者，劳动者受用人单位的劳动管理，从事用人单位安排的有报酬的劳动；

（三）劳动者提供的劳动是用人单位业务的组成部分。

二、用人单位未与劳动者签订劳动合同，认定双方存在劳动关系时可参照下列凭证：

（一）工资支付凭证或记录（职工工资发放花名册）、缴纳各项社会保险费的记录；

（二）用人单位向劳动者发放的"工作证"、"服务证"等能够证明身份的证件；

（三）劳动者填写的用人单位招工招聘"登记表"、"报名表"等招用记录；

（四）考勤记录；

（五）其他劳动者的证言等。

其中，（一）、（三）、（四）项的有关凭证由用人单位负举证责任。

009 劳动者在关联公司轮换用工的，
应当如何确认劳动关系？

答：劳动者在关联公司轮换用工的情况下，与劳动合同签订方存在劳动关系。

▶▶▶ 相关案例

一、案号

1. ［2020］京 0105 民初 69600 号
2. ［2021］京 03 民终 8894 号

二、案情简述

某国际石油工程公司（以下简称"某石油工程公司"）与某联合国际能源服务有限公司（以下简称"某能源公司"）同为某石油工程技术公司（以下简称"某石油公司"）的子公司。2010 年 6 月 1 日，郭某与某石油工程公司签订无固定期限《劳动合同书》；2014 年 6 月 5 日，某石油公司推荐郭某到某能源公司出任财务总监。2014 年 9 月 1 日，郭某与某能源公司签订无固定期限《劳动合同书》。2018 年 1 月 1 日，某能源公司停止郭某的工作。2018年 8 月 25 日，郭某回到某石油工程公司工作。郭某主张其在离开某能源公司、等待回到某石油工程公司期间，即 2018 年 1 月 1 日至 2018 年 8 月 25 日期间的工资由某石油工程公司发放，但是工资标准远低于郭某在某能源公司的工资标准。郭某认为，某石油公司作为某石油工程公司与某能源公司的母公司，郭某的工作岗位、考核、薪酬、年终奖、福利待遇等实际上均由某石油公司直接或间接决定，其与某石油公司应成立事实上的劳动关系。

2019年9月24日，郭某向北京市朝阳区劳动人事争议仲裁委员会申请劳动仲裁，请求：某石油公司支付郭某2018年1月1日至2018年8月31日期间的工资差额125 812.86元。该仲裁委员会经审理后裁决：驳回郭某的仲裁请求。

郭某不服仲裁裁决，向北京市朝阳区人民法院提起诉讼，诉讼请求同仲裁请求。

三、法院判决

北京市朝阳区人民法院经审理后认为，劳动合同是劳动者与用人单位之间确立劳动关系、明确各方权利及义务的重要凭证。本案中，郭某分别与某石油工程公司、某能源公司签订无固定期限《劳动合同书》，且郭某自述在某能源公司的工作被终止后，于2018年8月25日回到某石油工程公司工作，双方继续执行所签订的《劳动合同书》，郭某虽主张其系某石油公司员工，但其该项主张与《劳动合同书》内容相悖；郭某提交的《派驻证明》《推荐通知》《函》《管理办法通知》《会议纪要》等证据虽显示，其出任某能源公司财务总监一事确与某石油公司存在关联，但考虑到某石油公司为某石油工程公司、某能源公司的法人股东，故某石油公司参与对某石油工程公司、某能源公司的运营及管理并无不妥，上述证据不足以反驳《劳动合同书》的效力。综上所述，对郭某关于与某石油公司存在劳动关系的主张，本院不予采信。结合生效仲裁裁决书已裁决某能源公司作为劳动关系里的用人单位支付郭某2018年1月至7月期间的工资报酬的事实，故对郭某要求某石油公司支付其2018年1月至8月期间工资差额的诉讼请求，本院不予支持。

2020年12月29日，北京市朝阳区人民法院判决：驳回郭某的诉讼请求。

一审判决后，郭某不服提起上诉。2021年7月28日，北京市第三中级人民法院经审理后判决：驳回上诉，维持原判。

四、法律依据

1.《中华人民共和国劳动法》第十六条　劳动合同是劳动者与用人单位确立劳动关系、明确双方权利和义务的协议。建立劳动关系应当订立劳动合同。

2.《北京市高级人民法院、北京市劳动争议仲裁委员会关于劳动争议案件法律适用问题研讨会会议纪要（二）》

二、劳动关系及责任主体的认定

26. 有关联关系的用人单位交叉轮换使用劳动者，根据现有证据难以查明劳动者实际工作状况的，如何处理？

有关联关系的用人单位交叉轮换使用劳动者的，根据现有证据难以查明劳动者实际工作状况的，参照以下原则处理：

（1）订立劳动合同的，按劳动合同确认劳动关系；

（2）未订立劳动合同的，可以根据审判需要将有关联关系的用人单位列为当事人，以有关联关系的用人单位发放工资、缴纳社会保险、工作地点、工作内容，作为判断存在劳动关系的因素；

（3）在有关联关系的用人单位交叉轮换使用劳动者，工作内容交叉重叠的情况下，对劳动者涉及给付内容的主张，可根据劳动者的主张，由一家用人单位承担责任，或由多家用人单位承担连带责任。

010 总公司商调分公司员工，总公司与该员工是否建立劳动关系？

答：总公司因经营需要，商调分公司员工，总公司与该员工不建立劳动关系。

▶▶▶▶ 相关案例

一、案号

1. ［2019］京 0106 民初 12520 号
2. ［2020］京 02 民终 1350 号

二、案情简述

2015 年 9 月 1 日，侯某入职某华铁工程设计集团有限公司（以下简称"某工程公司"）的青岛分公司，双方签订有限期为自 2015 年 9 月 1 日至 2017 年 9 月 1 日的固定期限劳动合同。2016 年 5 月 13 日，某工程公司出具《商调函》，内容为拟商调侯某到某工程公司工作。2016 年 5 月 20 日，某工程公司出具《授权书》，内容为授权侯某为青岛某地铁工程监理工程项目负责人。

2018 年 11 月 16 日，侯某向北京市丰台区劳动争议仲裁委员会申请劳动仲裁，请求：某工程公司支付侯某 2017 年 10 月 2 日至 2018 年 9 月 1 日未签订劳动合同的双倍工资差额 132 000 元。该仲裁委员会经审理后裁决：驳回侯某的仲裁请求。

侯某不服仲裁裁决，向北京市丰台区人民法院提起诉讼，诉讼请求同仲裁请求。

三、法院判决

北京市丰台区人民法院经审理后认为，本案中，侯某与某工程公司青岛分公司签有劳动合同，合同期间内的社保均由某工程公司青岛分公司为侯某交纳，可以确认侯某与某工程公司青岛分公司存在劳动关系。经查，青岛某地铁工程的工程监理单位为某工程公司，故某工程公司为履行监理职责以其名义对外签发商调函、出具授权书等行为符合常理，故本院对某工程公司的相关辩称意见予以采信。侯某主张的某工程公司以商调函将其调入，双方已建立事实上的劳动关系，缺乏依据，本院不予支持。因侯某未能充分举证证明其主张的与某工程公司存在劳动关系的事实，故本院对其诉讼请求，不予支持。

2019 年 11 月 27 日，北京市丰台区人民法院判决：驳回侯某的诉讼请求。

一审判决后，侯某不服提起上诉。2020 年 6 月 24 日，北京市第二中级人民法院经审理后判决：驳回上诉，维持原判。

四、法律依据

1.《中华人民共和国劳动法》第十六条　劳动合同是劳动者与用人单位确立劳动关系、明确双方权利和义务的协议。建立劳动关系应当订立劳动合同。

2.《劳动部关于印发〈关于贯彻执行《中华人民共和国劳动法》若干问题的意见〉的通知》第 7 条　用人单位应与其长期被外单位借用的人员、带薪上学人员，以及其他非在岗但仍保持劳动关系的人员签订劳动合同，但在外借和上学期间，劳动合同中的某些相关条款经双方协商可以变更。

011 劳动者参加了岗位培训，是否与用人单位建立劳动关系？

答： 用人单位将前期岗位培训合格作为建立劳动关系的前提，在培训过程中未提供劳动，双方不构成劳动关系。

▶▶▶▶ **相关案例**

一、案号

1. ［2021］京 0113 民初 6024 号
2. ［2021］京 03 民终 18298 号

二、案情简述

中国某航空股份有限公司（以下简称"中国某航空公司"）对外发布《某航公司 2019 年秋季空中乘务员招聘简章》，明确招聘流程为：网上报名—资质审核—邮件/短信通知面试—面试—体检—政审—培训—签约。高某通过资质审核、面试，并于 2019 年 12 月 3 日体检合格。2019 年 12 月 23 日，"某航客舱招聘"在"某航 2020 年第 2 期"微信群中发布"某航培训通知-2020 年第 2 期"，高某回复收到。2020 年 1 月 9 日，高某父亲代其向中国某航空公司支付了培训费 6000 元。在培训过程中，中国某航空公司为高某签发了乘务员训练合格证（未签注），办理了空勤登机证，钉钉中已经确认其职位为 SS（客舱乘务员），中国某航空公司的 APP 中也有其个人信息，中国某航空公司为其办理了食堂饭卡、临时员工卡、工资卡，且其在中国某航空公司宿舍居住，并发放了乘务员制服。2020 年 10 月 29 日，中国某航空公司与高某面谈，告知其补考科目"通用应急设备操作考核"不合格，高某在《补考不及格学员退训记录单》上签名，中国某航空公司对高某中止培训并令其返回送培单位，双方发生争议。

随后，高某向北京市顺义区劳动人事争议仲裁委员会申请劳动仲裁，请求：裁决中国某航空公司向其支付工资、未签劳动合同双倍工资差额、培训费、违法解除劳动合同赔偿金。该仲裁委员会经审理后裁决：驳回高某的全部仲裁请求。

高某不服仲裁裁决，向北京市顺义区人民法院提起诉讼，诉讼请求同仲裁请求。

三、法院判决

北京市顺义区人民法院经审理后认为，根据中国某航空公司对外发布的招聘简章规定的招聘流程，培训为签约的前一环节，说明培训合格是建立劳动关系的前提条件，而高某是否培训合格则是本案的关键事实，客舱乘务员不同于一般的劳动者，客舱乘务员系保障飞行运行安全的人员之一。因此，客舱乘务员必须按照合格证持有人（航空公司）经局方批准的客舱乘务员训练大纲完成训练，并通过合格证持有人的检查，取得合格证持有人颁发的有效客舱乘务员训练合格证。中国某航空公司作为客舱训练机构具有一定的自主管理权限，其依据在局方备案的《客舱乘务员训练大纲》相关程序和要求对高某进行训练并组织了补考，同时也告知了高某考核结果，并不违反法律规定。

高某提交了乘务员训练合格证的信息页信息，根据民航局华北分局的复函，合格证持有人负责训练合格证的制作、管理和颁发，机型资格的管理、相关的训练管理和签注由合格证持有人负责，华北分局不进行签注，结合高某在新雇初始培训中应急生存训练考核阶段未通过的实际情况，根据前述《客舱乘务员手册》的规定，产品服务部对学员的培训记录及飞机飞行训练记录、航线运行经历资格检查记录进行审核后，为其办理客舱乘务员训练合格证，并授权各客舱服务部乘务员资格管理部门向其颁发。因此，高某实际上未获得客舱乘务员资格。

综合以上情况，高某未能通过中国某航空公司的培训，未能取得客舱乘务员资格，双方缺乏建立劳动关系的前提条件。从整个培训过程来看，高某实质上是自费接受中国某航空公司的乘务员资格训练，尽管中国某航空公司为其提供饭卡、临时员工卡、收取住宿费及发放制服等，但以上均是为方便培训或者为建立劳动关系提前做准备，并不代表双方实质上已经建立了劳动关系，亦无证据显示中国某航空公司对高某进行了实质性的劳动管理。高某与中国某航空公司缺少人身、经济上的隶属性这一劳动关系的根本特征。

2021 年 11 月 30 日，北京市顺义区人民法院判决：驳回高某的全部诉讼请求。

一审判决后，高某不服提起上诉。2021 年 11 月 30 日，北京市第三中级人民法院经审理后判决：驳回上诉，维持原判。

四、法律依据

1.《劳动和社会保障部关于确立劳动关系有关事项的通知》

一、用人单位招用劳动者未订立书面劳动合同，但同时具备下列情形的，劳动关系成立。

（一）用人单位和劳动者符合法律、法规规定的主体资格；

（二）用人单位依法制定的各项劳动规章制度适用于劳动者，劳动者受用人单位的劳动管理，从事用人单位安排的有报酬的劳动；

（三）劳动者提供的劳动是用人单位业务的组成部分。

二、用人单位未与劳动者签订劳动合同，认定双方存在劳动关系时可参照下列凭证：

（一）工资支付凭证或记录（职工工资发放花名册）、缴纳各项社会保险费的记录；

（二）用人单位向劳动者发放的"工作证"、"服务证"等能够证明身份的证件；

（三）劳动者填写的用人单位招工招聘"登记表"、"报名表"等招用记录；

（四）考勤记录；

（五）其他劳动者的证言等。

其中，（一）、（三）、（四）项的有关凭证由用人单位负举证责任。

2.《中华人民共和国劳动合同法》第七条　用人单位自用工之日起即与劳动者建立劳动关系。用人单位应当建立职工名册备查。

012 存在劳动关系的事实是否应由劳动者承担举证责任?

答： 劳动者主张与用人单位存在劳动关系，应当提供证据予以证明。

▶▶▶ 相关案例

一、案号

1. ［2017］京 0108 民初 56385 号
2. ［2018］京 01 民终 8646 号

二、案情简述

宋某与戚某系夫妻关系。宋某主张戚某于 2017 年 3 月通过朋友认识北京航天某技术股份有限公司（以下简称"北京某航天公司"）人员，被北京某航天公司聘用为高级员工，与该公司建立了劳动关系。戚某在工作过程中与唐某、王某谈工作比较多，2017 年 7 月戚某去苏州做项目，与苏州某健康管理有限公司（以下简称"苏州某健康管理公司"）人员会谈，该公司的郑某和赵某提供了会议纪要。7 月 9 日晚，戚某与另外 7 人一同吃饭，席间包含戚某在内的 6 人喝酒，后戚某在宾馆死亡，推断死亡时间为 2017 年 7 月 10 日凌晨 5 点。北京某航天公司不认可戚某为其员工，系其公司的对外联络人，项目达成后，双方再就款项问题进行进一步洽谈。

随后，宋某向北京市海淀区劳动人事争议仲裁委员会申请仲裁，请求：确认戚某与北京某航天公司在 2017 年 4 月 26 日至 2017 年 7 月 10 日期间存在劳动关系。该委经审理后裁决：驳回宋某的仲裁请求。

宋某不服仲裁裁决，向北京市海淀区人民法院提起诉讼，诉讼请求同仲裁请求。

三、法院判决

北京市海淀区人民法院经审理后认为，就戚某与北京某航天公司之间存在劳动关系的主张，宋某提交了聘书、名片、工作计划等，但上述证据仅能够证明戚某与北京某航天公司之间存在一定的联系，并不能就劳动关系形成高度盖然性的证明标准，宋某提交的证据未能反映戚某接受北京某航天公司管理、北京某航天公司向戚某发放工资的情况，尚不足以证明戚某与北京某航天公司之间确系劳动关系，因此宋某未能就其所持的劳动关系情形进行充分举证，应当承担举证不能的不利后果。北京某航天公司提交的产品推广及经销协议显示，戚某在2017年6月22日代表新疆某网络科技有限公司（以下简称"新疆某科技公司"）与其公司签订协议；其公司提交的企业信息查询亦显示，戚某在此期间担任包括新疆某科技公司在内的多家公司的自然人股东、董事或其他职务，因此再综合劳动关系唯一性、稳定性的特征，对宋某要求确认戚某与北京某航天公司存在劳动关系的请求，不予支持。

2017年3月28日，北京市海淀区人民法院判决：驳回宋某的诉讼请求。

一审判决后，宋某不服提起上诉。2018年10月31日，北京市第一中级人民法院经审理后判决：驳回上诉，维持原判。

四、法律依据

1. 《中华人民共和国劳动争议调解仲裁法》第六条　发生劳动争议，当事人对自己提出的主张，有责任提供证据。与争议事项有关的证据属于用人单位掌握管理的，用人单位应当提供；用人单位不提供的，应当承担不利后果。

2. 《最高人民法院关于适用〈中华人民共和国民事诉讼法〉的解释》第九十条　当事人对自己提出的诉讼请求所依据的事实或者反驳对方诉讼请求所依据的事实，应当提供证据加以证明，但法律另有规定的除外。

在作出判决前，当事人未能提供证据或者证据不足以证明其事实主张的，由负有举证证明责任的当事人承担不利的后果。

013　劳动合同丢失，如何确定劳动关系的起始时间？

答： 对于建立劳动关系的起始时间，应由用人单位承担举证责任。劳动合同丢失，如用人单位举证不能，应将劳动者主张的用工之日确认为双方建立劳动关系的起始日期。

▶▶▶▶ **相关案例**

一、案号

［2019］京 0101 民初 13026 号

二、案情简述

2005 年 7 月 1 日，祖某到中国某出版传媒股份有限公司（以下简称"中国某出版公司"）工作。同年 10 月 1 日，双方签订《劳动合同》。此后，劳动合同丢失。2006 年 7 月 28 日，双方就解除劳动关系一事达成一致意见，祖某办理了离职手续。

随后，祖某向北京市东城区劳动人事争议仲裁委员会申请仲裁，请求：确认祖某与北京某出版公司在 2004 年 7 月 1 日至 2006 年 7 月 28 日存在劳动关系。该仲裁委员会经审理后作出《不予受理通知书》。

祖某不服上述《不予受理通知书》，向北京市东城区人民法院提起诉讼，诉讼请求同仲裁请求。

三、法院判决

北京市东城区人民法院经审理后认为，庭审过程中，双方均认可祖某于 2004 年 7 月 1 日入职中国某出版公司，中国某出版公司认为祖某入职后 3 个月即到 2004 年 10 月 1 日为见习期，按临时工发放工资。祖某认为其于 7 月 1 日入职后培训半个月双方即签订《劳动合同》。现双方均称劳动合同已丢失，无法提供。根据《劳动法》的相关规定，祖某于 2004 年 7 月 1 日入职后至 10 月 1 日期间，虽然双方均未能提交该期间签订的《劳动合同》，但祖某于 7 月 1 日入职中国某出版公司属实，祖某与中国某出版公司均符合法律、法规规定的主体资格；该期间中国某出版公司安排祖某的工作，对祖某的考勤及是否遵守单位的各项规章制度等进行管理，并按月向祖某支付劳动报酬，故自 2004 年 7 月 1 日起双方即建立了劳动关系。

2019 年 9 月 25 日，北京市东城区人民法院判决：确认祖某与北京某出版公司于 2004 年 7 月 1 日至 2006 年 1 月 23 日期间存在劳动关系。

四、法律依据

1.《中华人民共和国劳动合同法》第七条 用人单位自用工之日起即与劳动者建立劳动关系。用人单位应当建立职工名册备查。

2.《最高人民法院关于审理劳动争议案件适用法律问题的解释（一）》第四十四条 因用人单位作出的开除、除名、辞退、解除劳动合同、减少劳动报酬、计算劳动者工作年限等决定而发生的劳动争议，用人单位负举证责任。

014　劳动者签订两次固定期限劳动合同期满后，是否可以终止劳动合同？

答：用人单位与劳动者连续订立 2 次固定期限劳动合同期满后，不能终止劳动合同，并应与劳动者签订无固定期限劳动合同。

▶▶▶▶ 相关案例

一、案号

1.〔2021〕京 0108 民初 17788 号
2.〔2021〕京 01 民终 11256 号

二、案情简述

2010 年 3 月 10 日，晏某入职北京某物业管理有限公司（以下简称"北京某物业公司"）。2011 年 10 月 13 日，晏某与北京某物业公司签订书面劳动合同，期限自 2011 年 10 月 13 日至 2014 年 10 月 12 日，该份劳动合同到期后，双方于 2014 年 10 月 12 日续签劳动合同，期限自 2014 年 10 月 13 日至 2019 年 10 月 12 日。到期后未再续签，晏某持续提供劳动至 2020 年 7 月 14 日。2020 年 7 月 14 日，北京某物业公司向晏某发出解除劳动合同通知书，内容为"晏某：我单位现与你解除劳动关系，同意请签收"。晏某于 2020 年 7 月 15 日办理完毕离职交接手续。

随后，晏某向北京市海淀区劳动人事争议仲裁委员会申请劳动仲裁，请求：裁决北京某物业公司支付晏某违法解除劳动合同赔偿金 138 600 元。该仲裁委员会经审理后裁决：驳回晏某的仲裁请求。

晏某不服仲裁裁决，向北京市海淀区人民法院提起诉讼，诉讼请求同仲裁请求。

三、法院判决

北京市海淀区人民法院经审理后认为，晏某与北京某物业公司连续 2 次订立固定期限劳动合同，在第二次劳动合同到期后，晏某提出续签劳动合同，北京某物业公司作为负有管理责任的用人单位，应及时与劳动者签订劳动合同。根据本案查明的事实，双方第二次劳动合同到期后晏某仍在北京某物业公司提供劳动，北京某物业公司未及时与其续签劳动合同。现北京某物业公司虽主张 2020 年 6 月 30 日口头向晏某提出续签劳动合同，未得到晏某之认可，亦未就正式通知晏某续签书面劳动合同的事实向法院举证，故现无证据证明双方未续签劳动合同的原因系因晏某拒绝签署。在此情形下，北京某物业公司于 2020 年 7 月 14 日向晏某提出解除劳动关系，缺乏事实与法律依据，属于违法解除劳动关系。

综上，北京市海淀区人民法院判决：北京某物业公司向晏某支付违法解除劳动关系赔偿金 138 600 元。

一审判决后，北京某物业公司不服提起上诉。2022 年 3 月 17 日，北京市第一中级人民法院经审理后判决：驳回上诉，维持原判。

四、法律依据

1. 《中华人民共和国劳动合同法》第十四条　无固定期限劳动合同，是指用人单位与劳动者约定无确定终止时间的劳动合同。

用人单位与劳动者协商一致，可以订立无固定期限劳动合同。有下列情形之一，劳动者提出或者同意续订、订立劳动合同的，除劳动者提出订立固定期限劳动合同外，应当订立无固定期限劳动合同：

…………

(三) 连续订立二次固定期限劳动合同，且劳动者没有本法第三十九条和第四十条第一项、第二项规定的情形，续订劳动合同的。

用人单位自用工之日起满一年不与劳动者订立书面劳动合同的，视为用人单位与劳动者已订立无固定期限劳动合同。

2. 《北京市高级人民法院、北京市劳动争议仲裁委员会关于劳动争议案件法律适用问题研讨会会议纪要（二）》

三、劳动合同订立

34. 用人单位与劳动者连续订立二次固定期限劳动合同的，第二次固定期限劳动合同到期时，用人单位能否终止劳动合同？

根据《劳动合同法》第十四条第二款第三项规定，劳动者有权选择订立固定期限劳动合同或者终止劳动合同，用人单位无权选择订立固定期限劳动合同或者终止劳动合同。上述情形下，劳动者提出或者同意续订、订立无固定期限劳动合同，用人单位应当与劳动者订立无固定期限劳动合同。

第二编
劳动合同签订

015 《临时用工协议书》是否可以视为劳动合同？

答：如《临时用工协议书》已经具备劳动合同必备条款，可以视为已签订书面劳动合同。

▶▶▶ **相关案例**

一、案号

1. ［2014］西民初字第 3788 号
2. ［2013］二中民终字第 08872 号

二、案情简述

2008 年 3 月 6 日，赵某入职北京某食品有限公司（以下简称"北京某食品公司"），从事销售主管工作。2009 年 1 月 1 日，双方签订《临时用工协议书》，协议书约定协议期限为 4 年，自 2009 年 1 月 1 日至 2013 年 12 月 31 日止；赵某应按时完成工作任务，执行安全规程，遵守劳动纪律和职业道德；北京某食品公司应按照国家有关规定，遵守按劳分配原则，结合工作价值，根据赵某所从事的工作岗位，依法确定赵某的每月劳动报酬为 800 元，其他不低于北京市最低工资，其他各种社会保险、福利、津贴均含在当月的劳动报酬中而不再另行计发；赵某应严格遵守国家各项法律规定，遵守食品公司的工作规范、操作规程、劳动安全卫生制度等各项规章制度，包括《员工手册》中的各项规定和要求。2013 年 7 月 17 日，赵某向北京某食品公司邮寄《解除劳动关系通知书》，以食品公司未依法缴纳社会保险费、未及时足额支付劳动报酬为由，与其解除劳动关系。2013 年 7 月 19 日，北京某食品公司收到《解除劳动关系通知书》。

随后，赵某向北京市西城区劳动人事争议仲裁委员会申请劳动仲裁，请求：裁决北京某食品公司支付 2009 年 3 月 6 日至 2013 年 7 月 19 日未签无固定期限劳动合同 2 倍工资差额 426 600 元。2014 年 1 月 14 日，该仲裁委员会经审理后裁决：驳回赵某的仲裁请求。

赵某不服劳动裁决，向北京市西城区人民法院提起诉讼，诉讼请求同仲裁请求。

三、法院判决

北京市西城区人民法院经审理后认为，赵某主张北京某食品公司支付2009 年 3 月 6 日至 2013 年 7 月 19 日未签无固定期限劳动合同二倍工资的请求，双方签订 2009 年 1 月 1 日至 2013 年 12 月 31 日的《临时用工协议书》，具备劳动合同的条款，可视为双方已签订书面劳动合同。因此，对于赵某此项诉讼请求，不予支持。

一审判决后，赵某不服提起上诉。2014 年 11 月 20 日，北京市第二中级人民法院经审理后判决：驳回上诉，维持原判。

四、法律依据

《中华人民共和国劳动合同法》第十七条　劳动合同应当具备以下条款：

（一）用人单位的名称、住所和法定代表人或者主要负责人；

（二）劳动者的姓名、住址和居民身份证或者其他有效身份证件号码；

（三）劳动合同期限；

（四）工作内容和工作地点；

（五）工作时间和休息休假；

（六）劳动报酬；

（七）社会保险；

（八）劳动保护、劳动条件和职业危害防护；

（九）法律、法规规定应当纳入劳动合同的其他事项。

劳动合同除前款规定的必备条款外，用人单位与劳动者可以约定试用期、培训、保守秘密、补充保险和福利待遇等其他事项。

016 因劳动者原因未签订书面劳动合同，用人单位是否应支付二倍工资？

答：自用工之日起超过 1 个月不满 1 年，因劳动者的原因未及时签订书面劳动合同的，用人单位无须向劳动者支付 2 倍工资。

▶▶▶▶ 相关案例

一、案号

1. ［2019］云 0102 民初 14574 号
2. ［2020］云 01 民终 1764 号

二、案情简述

2018 年 4 月 3 日，李某入职昆明某传媒有限责任公司（以下简称"昆明某传媒公司"），主要担任 Android（安卓）开发一职。2018 年 6 月 1 日，李某向昆明某传媒公司提出了转正的申请。2018 年 7 月 9 日，昆明某传媒公司向李某发出了劳动合同填写说明、员工履历表以及就业创业失业登记申请表。

2018 年 8 月 29 日，李某向昆明某传媒公司出具《延期递交签订劳动合同材料及社保资料的情况说明》，载明因上一家工作单位的社保相关事宜没有及时处理完毕，导致迟迟无法把相关社保资料移交到公司，从而影响了劳动合同的签署，在此向公司申请缓交相关社保资料及延缓签署劳动合同，由此造成的个人损失由本人自行承担。

随后，李某向昆明市五华区劳动人事争议仲裁委员会申请劳动仲裁，请求：昆明某传媒公司支付李某 2018 年 5 月 3 日起至 2018 年 10 月 30 日未订立书面劳动合同 2 倍工资 56 785.90 元。该仲裁委员会经审理后裁决支持李某的仲裁请求。

昆明某传媒公司不服仲裁裁决，向昆明市五华区人民法院提起诉讼请求：判决昆明某传媒公司无需向李某支付 2018 年 5 月 3 日起至 2018 年 10 月 30 日止未订立书面劳动合同的 2 倍工资 56 785.90 元。

三、法院判决

昆明市五华区人民法院经审理后认为，本案系因未及时签订书面劳动合同而引起的工资差额赔偿的纠纷。从庭审确认的事实来看，昆明某传媒公司在李某入职后已经向李某发出了劳动合同填写说明等材料，证实昆明某传媒公司已经督促李某签订书面劳动合同，并且李某表明因上一家工作单位的社保相关事宜没有及时处理完毕，导致迟迟无法把相关社保资料移交到公司，从而影响了劳动合同的签署，在此向公司申请缓交相关社保资料及延缓签署劳动合同，由此造成的个人损失由本人自行承担。由此可见，未及时签订书面劳动合同的原因在于李某而非昆明某传媒公司。《中华人民共和国劳动合同法实施条例》第 5 条和第 6 条明确了劳动者不与用人单位签订书面劳动合同以及用人单位不与劳动者签订书面劳动合同应如何处理的情形，并未规定因劳动者的原因未及时签订书面劳动合同的情形应当如何处理，故本案的处理不适用上述规定。从本案的整个审理情况来看，昆明某传媒公司已经督促李某及时签订书面劳动合同，并且李某已经表示迟延签订书面劳动合同的原因在于自己，愿意承担由此造成的损失，因此对于未及时签订书面劳动合同的结果，昆明某传媒公司并没有过错，李某向昆明某传媒公司主张双倍工资差额没有法律依据，本院对其请求，不予支持。

2019 年 10 月 29 日，昆明市五华区人民法院判决：传媒公司无需向李某支付未签订书面劳动合同二倍工资差额 56 785.90 元。

一审判决后，李某不服提起上诉。2020 年 4 月 22 日，昆明市中级人民法院经审理后判决：驳回上诉，维持原判。

四、法律依据

《中华人民共和国劳动合同法实施条例》第六条 用人单位自用工之日起超过一个月不满一年未与劳动者订立书面劳动合同的，应当依照劳动合同法

第八十二条的规定向劳动者每月支付两倍的工资，并与劳动者补订书面劳动合同；劳动者不与用人单位订立书面劳动合同的，用人单位应当书面通知劳动者终止劳动关系，并依照劳动合同法第四十七条的规定支付经济补偿。

　　…………

017 未订立书面劳动合同是否应支付二倍工资？

答：用人单位自用工之日起超过 1 个月不满 1 年未与劳动者订立书面劳动合同的，应当向劳动者每月支付 2 倍工资。

相关案例

一、案号

1. ［2017］京 0108 民初 55944 号
2. ［2018］京 01 民终 2827 号

二、案情简述

2016 年 8 月 10 日，董某入职中国某报股份有限公司（以下简称"中国某报公司"），试用期 2 个月，月工资标准 1800 元加稿费，转正后每月 3600 元，期间一直没有签订书面劳动合同，其正常工作至 2017 年 2 月 28 日。后董某于 2017 年 3 月 27 日取走其入职材料。中国某报公司主张双方从未签订过劳动合同，董某在公司没有固定的办公场所，也不用遵守公司的工作时间及管理制度，双方并未形成劳动关系。随后，董某向北京市海淀区劳动人事争议仲裁委员会申请劳动仲裁。该委经审理后裁决：确认董某与中国某报公司在 2016 年 8 月 20 日至 2017 年 3 月 27 日存在劳动关系。仲裁裁决后，董某与中国某报公司均未向有管辖权的人民法院提起诉讼，该裁决已经发生法律效力。

随后，董某再次向北京市海淀区劳动人事争议仲裁委员会申请劳动仲裁，请求：中国某报公司支付董某 2016 年 9 月 20 日至 2017 年 3 月 27 日期间未签订书面劳动合同二倍工资差额 25 200 元。该仲裁委员会经审理后裁决支持董某部分仲裁请求。

董某不服仲裁裁决，向北京市海淀区人民法院提起诉讼，诉讼请求同仲裁请求。

三、法院判决

北京市海淀区人民法院经审理后认为，已生效的劳动仲裁裁决书，认定董某与某报社公司之间于 2016 年 8 月 20 日至 2017 年 3 月 27 日存在劳动关系。本案中，中国某报公司主张双方未建立劳动关系的抗辩缺乏事实依据，本院不予采信。鉴于此，中国某报公司应向董某支付 2016 年 9 月 20 日至 2017 年 2 月 28 日期间未签订书面劳动合同 2 倍工资差额 17 700 元。因董某自 2017 年 3 月 1 日后未提供劳动，其要求支付两倍工资的请求缺乏依据，但因中国某报公司于 2017 年 3 月 27 日前亦未解除双方劳动关系，故应向董某支付 2017 年 3 月 1 日至 2017 年 3 月 27 日期间基本生活费 1190.7 元。因此，董某要求中国某报公司支付 2017 年 3 月 1 日至 3 月 27 日期间未签订劳动合同 2 倍工资差额的请求于法无据。

2018 年 1 月 16 日，北京市海淀区人民法院判决：中国某报公司向董某支付 2016 年 9 月 20 日至 2017 年 2 月 28 日期间的未签订书面劳动合同 2 倍工资差额 17 700 元。

一审判决后，中国某报公司不服提起上诉。2018 年 5 月 25 日，中国某报公司申请撤回上诉。2018 年 5 月 25 日，北京市第一中级人民法院经审理后裁定：准许中国某报公司撤回上诉。

四、法律依据

1. 《中华人民共和国劳动合同法》第八十二条　用人单位自用工之日起超过一个月不满一年未与劳动者订立书面劳动合同的，应当向劳动者每月支付二倍的工资。用人单位违反本法规定不与劳动者订立无固定期限劳动合同的，自应当订立无固定期限劳动合同之日起向劳动者每月支付二倍的工资。

2. 《中华人民共和国劳动合同法实施条例》第七条　用人单位自用工之日起满一年未与劳动者订立书面劳动合同的，自用工之日起满一个月的次日至满一年的前一日应当依照劳动合同法第八十二条的规定向劳动者每月支付两倍的工资，并视为自用工之日起满一年的当日已经与劳动者订立无固定期限劳动合同，应当立即与劳动者补订书面劳动合同。

018 对劳动合同期限存在争议，用人单位是否应当支付违法约定试用期的赔偿金？

答：如用人单位与劳动者在劳动合同中约定的试用期超过法定期限，应当向劳动者支付赔偿金。

▶▶▶▶ 相关案例

一、案号

1. ［2020］京 0108 民初 26294 号
2. ［2021］京 01 民终 817 号

二、案情简述

2019 年 4 月 1 日，苑某入职某建设集团有限公司（以下简称"某建设公司"），从事人力资源工作，双方签订有书面劳动合同，约定试用期为 2019 年 4 月 1 日至 2019 年 6 月 30 日，但就合同期限各执一词，苑某主张合同期限为 1 年，某建设公司主张合同期限为 3 年。

随后，苑某向北京市海淀区劳动人事争议仲裁委员会申请劳动仲裁，请求：裁决某建设公司支付苑某违法约定试用期赔偿金 15 000 元。该仲裁委员会经审理后裁决支持苑某的仲裁请求。

某建设公司不服仲裁裁决，向北京市海淀区人民法院提起诉讼请求：判决某建设公司无需向苑某支付违法约定试用期赔偿金 15 000 元。

三、法院判决

北京市海淀区人民法院经审理后认为，关于劳动合同签订情况一节：

首先，现有证据显示，苑某在某建设公司任职人力资源负责人，但其权限范围并不包括签订劳动合同时对合同期限及试用期期限的决定权，其一系因某建设公司自述，与苑某签订劳动合同的合同期限及试用期期限，均由公司经理李某决定。其二系因从苑某与综合办主任王某的微信对话可以看出，苑某对劳动合同的期限及签订后是否交给员工均无决定权。其三系某建设公司自行提举的人事部工作总结显示，人事部门已指出公司对劳动合同签订期限、试用期约定等事项的规定不符合《劳动合同法》，但被公司评价为"空虚，不合格"。其四系因依据劳动监察部门的调查内容，某建设公司与苑某签订劳动合同时合同终止日期处为空白，某建设公司在后期添加的替换页打印填写了终止日期 2022 年 3 月 31 日。某建设公司未能就此问题作出合理解释，亦未提举证据推翻现有证据显示内容，应承担相应的不利后果，且应对篡改劳动合同的行为深刻反省并引以为戒。结合前述情况，以及行政人员王某向苑某发送的花名册信息显示的苑某劳动合同期限、综合办主任王某与苑某的对话内容，可以印证苑某所持某建设公司与其签订了 1 年期劳动合同并约定试用期 3 个月的主张。进而，根据《中华人民共和国劳动合同法》第 19 条的规定，某建设公司与苑某签订了 1 年期劳动合同但约定 3 个月试用期，违反了上述法律规定，故应向苑某支付违法约定试用期工资差额 3000 元。根据《中华人民共和国劳动合同法》第 83 条规定，因违法约定的试用期已经履行，故某建设公司应向苑某支付违法约定试用期赔偿金 15 000 元。

2021 年 1 月 29 日，北京市海淀区人民法院判决：某建设公司支付苑某违法约定试用期赔偿金 15 000 元。

一审判决后，某建设公司不服提起上诉。北京市第一中级人民法院经审理后判决：驳回上诉，维持原判。

四、法律依据

《中华人民共和国劳动合同法》第十九条 劳动合同期限三个月以上不满一年的，试用期不得超过一个月；劳动合同期限一年以上不满三年的，试用期不得超过二个月；三年以上固定期限和无固定期限的劳动合同，试用期不得超过六个月。

…………

第八十三条 用人单位违反本法规定与劳动者约定试用期的，由劳动行政部门责令改正；违法约定的试用期已经履行的，由用人单位以劳动者试用期满月工资为标准，按已经履行的超过法定试用期的期间向劳动者支付赔偿金。

019 劳动者已经签订了两次固定期限劳动合同，是否可以要求续签无固定期限劳动合同？

答：劳动者已经与用人单位签订了 2 次固定期限劳动合同，并向用人单位提出签订无固定期限劳动合同的要求，用人单位应当续签无固定期限劳动合同。

▶▶▶ **相关案例**

一、案号

1. ［2020］粤 0106 民初 1082 号
2. ［2021］粤 01 民终 8971 号

二、案情简述

2015 年 6 月 1 日，黄某与上海某信息科技有限公司（以下简称"上海某信息公司"）签订劳动合同，约定黄某从事骑手（配送）岗位的工作，合同期限为 2015 年 6 月 1 日至 2018 年 5 月 31 日。2018 年 3 月 7 日，黄某与上海某信息公司签订劳动合同续签协议，双方就原合同续签事宜达成以下协议：本次续签的劳动合同期限类型为固定期限劳动合同，有效期自 2018 年 6 月 1 日生效至 2019 年 5 月 31 日终止，原合同其余条款仍然有效。2019 年 4 月 3 日前，黄某向上海某信息公司发函，以已签订 2 次固定期限合同为由，要求签订无固定期限合同。随后，上海某信息公司发送《劳动合同到期不续签通知书》告知黄某，即将于合同到期后终止劳动合同。黄某复函不同意终止劳动合同，要求签订无固定期限劳动合同。黄某于 2019 年 5 月 31 日离开上海某信息公司，离职前12个月平均工资为4116.75元，上海某信息公司已支付黄某解除劳动关系经济补偿金17 856元。

2019年8月19日，黄某向广州市天河区劳动人事争议仲裁委员会申请劳动仲裁，请求：裁决上海某信息公司向黄某支付违法解除劳动关系赔偿金99 976.95元。该仲裁委员会经审理后裁决：驳回黄某的仲裁请求。

黄某不服仲裁裁决，向广州市天河区人民法院提起诉讼，诉讼请求同仲裁请求。

三、法院判决

广州市天河区人民法院经审理后认为，根据《中华人民共和国劳动合同法》第14条第2款的规定："……有下列情形之一，劳动者提出或者同意续订、订立劳动合同的，除劳动者提出订立固定期限劳动合同外，应当订立无固定期限劳动合同：……（三）连续订立二次固定期限劳动合同，且劳动者没有本法第三十九条和第四十条第一项、第二项规定的情形，续订劳动合同的。"该条规定有两层含义：一是在劳动者符合签订无固定期限劳动合同的条件下，劳动者有权选择签订无固定期限劳动合同或者固定期限劳动合同；二是在劳动者符合签订无固定期限劳动合同的条件下，无论劳动者选择签订无固定期限还是固定期限劳动合同，单位都应当与劳动者签订劳动合同。参考《2015年全国民事审判工作会议纪要》第63条的意见，对于符合签订无固定期限劳动合同条件的，劳动者提出签订无固定期限劳动合同，用人单位不同意与之签订劳动合同的，劳动者可以要求用人单位承担违法解除劳动关系的经济赔偿金。本案黄某已2次签订固定期限劳动合同，符合签订无固定期限劳动合同的条件，其在收到《劳动合同到期不再续签通知书》的情况下，明确提出要求续签无固定期限劳动合同，上海某信息公司仍坚持终止劳动合同，属于违法解除劳动关系，应当依法支付2倍的经济赔偿金。

2020年9月27日，广州市天河区人民法院判决：上海某信息公司向黄某支付违法解除劳动关系赔偿金19 194.75元。

一审判决后，上海某信息公司和黄某均不服提起上诉。2021年5月27日，广州市中级人民法院经审理后裁决：驳回上诉，维持原判。

四、法律依据

《中华人民共和国劳动合同法》第十四条　无固定期限劳动合同，是指用人单位与劳动者约定无确定终止时间的劳动合同。

用人单位与劳动者协商一致，可以订立无固定期限劳动合同。有下列情形之一，劳动者提出或者同意续订、订立劳动合同的，除劳动者提出订立固定期限劳动合同外，应当订立无固定期限劳动合同：

…………

（三）连续订立二次固定期限劳动合同，且劳动者没有本法第三十九条和第四十条第一项、第二项规定的情形，续订劳动合同的。

第八十二条　用人单位自用工之日起超过一个月不满一年未与劳动者订立书面合同的，应当向劳动者每月支付二倍的工资。

用人单位违反本法规定不与劳动者订立无固定期限劳动合同的，自应当订立无固定期限劳动合同之日起向劳动者每月支付二倍的工资。

020　用人单位通知劳动者续签劳动合同，劳动者拒绝续签的，是否应当支付经济补偿金？

答：用人单位以维持或者提高劳动合同约定条件要求续签劳动合同，但劳动者不同意续签的，用人单位无需支付终止劳动合同经济补偿金。

▶▶▶▶ 相关案例

一、案号

1.［2021］京 0115 民初 3559 号
2.［2021］京 02 民终 17194 号

二、案情简述

2012 年 3 月 1 日，苏某在中国某建设开发有限责任公司（以下简称"中国某建设公司"）担任操作工，工作地点为北京市大兴区天河北路 14 号，双方签订了 3 份劳动合同，期限分别为 2012 年 3 月 1 日至 2013 年 2 月 1 日、2013 年 3 月 1 日至 2015 年 2 月 28 日、2015 年 3 月 1 日至 2018 年 12 月 31 日。2017 年 9 月 16 日，中国某建设公司停产停业，苏某再未提供劳动，处于待岗状态，苏某最后的到岗工作时间为 2017 年 9 月 15 日。中国某建设公司主张双方劳动关系存续期间为 2012 年 3 月 1 日至 2018 年 12 月 31 日。在苏某劳动合同到期前，中国某建设公司通过邮寄的方式向苏某的户籍地发送了劳动合同续签意向书，苏某未予以回复。2018 年 12 月 6 日，中国某建设公司通过刊登报纸的形式向苏某发送了劳动合同续签意向书，但苏某并未予以回复。2018 年 12 月 31 日，双方劳动合同期满终止。

随后，苏某向北京市大兴区劳动人事争议仲裁委员会申请劳动仲裁，请求：裁决中国某建设公司向苏某支付终止劳动合同经济补偿金 114 000 元。该仲裁委员会经审理后裁决：驳回苏某的仲裁请求。

苏某不服仲裁裁决，向北京市大兴区人民法院提起诉讼，诉讼请求同仲裁请求。

三、法院判决

北京市大兴区人民法院经审理后认为，苏某要求中国某建设公司支付终止劳动合同经济补偿金。中国某建设公司已于劳动合同到期前向苏某的户籍所在地邮寄了劳动合同续签意向书，苏某虽主张未收到该续签劳动合同意向书，但快递信息载明的送达地址和联系电话是苏某本人的户籍地和电话号码，且中国某建设公司又以刊登公告的形式向苏某送达了续签意向书，在此种情况下，苏某仍未与中国某建设公司续订劳动合同，本院认定双方劳动合同到期终止。

2021 年 11 月 4 日，北京市大兴区人民法院判决：驳回苏某的诉讼请求。

一审判决后，苏某不服提起上诉。2022 年 1 月 28 日，北京市第二中级人民法院经审理后判决：驳回上诉，维持原判。

四、法律依据

《中华人民共和国劳动合同法》第四十六条　有下列情形之一的，用人单位应当向劳动者支付经济补偿：

…………

（五）除用人单位维持或者提高劳动合同约定条件续订劳动合同，劳动者不同意续订的情形外，依照本法第四十四条第一项规定终止固定期限劳动合同的；

…………

021 在劳动合同期满后，用人单位未通知劳动者终止劳动合同，双方劳动关系是否存续？

答： 劳动合同期满后，如劳动者未实际提供劳动且受用人单位实际管理，双方劳动关系不存续。

▶▶▶ **相关案例**

一、案号

1. ［2019］京 0102 民初 6472 号
2. ［2019］京 02 民终 5074 号

二、案情简述

2010 年 7 月 26 日，北京某建工集团有限责任公司（以下简称"北京某建工公司"）与关某签订了期限自该日起至 2015 年 7 月 25 日的劳动合同。因关某涉嫌违法，2013 年 11 月 22 日北京某建工公司作出了关某停职的处理决定。2015 年 7 月 25 日，双方劳动合同期满。2015 年 11 月 20 日，北京某建工公司以劳动合同期满不再续签为由向关某发出劳动合同终止（解除）通知书，上述通知通过顺丰速递邮寄至关某，投递信息显示 2015 年 11 月 21 日 11：59 已签收。关某曾就与北京某建工公司存在劳动关系申请劳动仲裁，并经过一审、二审审理，北京市第二中级人民法院判决确认北京某建工公司与关某在 2009 年 9 月至 2015 年 9 月 30 日期间存在劳动关系。

2016 年，关某向北京市西城区劳动人事争议仲裁委员会申请仲裁，请求：确认关某与北京某建工公司于 2015 年 10 月 1 日至 2018 年 7 月 19 日期间存在劳动关系。该仲裁委员会经审理后裁决支持关某部分仲裁请求。

关某不服仲裁裁决，向北京市西城区人民法院提起诉讼，诉讼请求同仲裁请求。

三、法院判决

北京市西城区人民法院经审理后认为：关于自 2015 年 10 月 1 日起，双方是否存在劳动关系以及存续的期间。已经有生效判决认定，关某与建工集团自 2009 年 9 月至 2015 年 9 月期间存在劳动关系。2015 年 10 月 1 日至 2015 年 11 月 21 日期间，本院认定双方劳动关系仍然存续。原因有二：一是在前述生效判决案件庭审过程中，"建工集团认可 2015 年 7 月 26 日至 2015 年 11 月 20 日期间双方存在劳动关系，但此期间原告未提供劳动，且关某作为高管没有考勤。"此事实已经一审及二审法院认定。二是建工集团于 2015 年 11 月 20 日作出了解除通知："关某：您与公司签署的劳动合同 2010 年 7 月 26 日至 2015 年 7 月 25 日已到期。我单位于 2015 年 7 月 15 日发出《续订劳动合同通知书》，本人不同意续签，且从合同到期之日起至今未到岗上班，故我单位于 2015 年 11 月 20 日解除劳动关系。"关某虽称未收到过该通知，但是认可快递信息中是自己的电话号码，快递投递状态显示已签收，本院认定该解除通知已经送达，送达日期为 2015 年 11 月 21 日。在此之后，关某主张劳动关系一直存续，应就自己实际提供了劳动并且受用人单位实际管理承担举证责任，其所提交的未变更的登记信息、照片、协助调查的证明等均不足以证明关某为北京某建工公司实际提供了劳动，故本院认定双方劳动关系存续至 2015 年 11 月 21 日。

2019 年 2 月 26 日，北京市西城区人民法院判决：确认关某与北京某建工公司于 2015 年 10 月 1 日至 2015 年 11 月 21 日期间存在劳动关系。

一审判决后，关某不服提起上诉。2019 年 5 月 29 日，北京市第二中级人民法院该院经审理后判决：驳回上诉，维持原判。

四、法律依据

《最高人民法院关于审理劳动争议案件适用法律问题的解释（一）》第三十四条　劳动合同期满后，劳动者仍在原用人单位工作，原用人单位未表示异议的，视为双方同意以原条件继续履行劳动合同。一方提出终止劳动关系的，人民法院应予支持。

根据劳动合同法第十四条规定，用人单位应当与劳动者签订无固定期限劳动合同而未签订的，人民法院可以视为双方之间存在无固定期限劳动合同关系，并以原劳动合同确定双方的权利义务关系。

022　连续工作满 10 年是否可以要求签订无固定期限劳动合同？

答： 劳动者连续工作满 10 年，符合签订无固定期限劳动合同的条件。劳动者提出要求续签无固定期限劳动合同的，用人单位必须续签无固定期限劳动合同。

▶▶▶▶ **相关案例**

一、案号

1. ［2021］京 0113 民初 17080 号
2. ［2022］京 03 民终 606 号

二、案情简述

2007 年 5 月 29 日，张某与某十六局集团第一工程有限公司（以下简称"某工程公司"）签订劳动合同，约定期限为 2007 年 6 月 1 日至 2010 年 5 月 31 日，岗位为机械试验。2013 年 7 月 25 日，双方另签订劳动合同，约定期限为 2013 年 7 月 25 日至广宁梁场工作任务完成时。某工程公司提交 2018 年 2 月 28 日《员工调动通知》，载明调贵广铁路项目部员工张某到贵州某项目部工作。2021 年 3 月 31 日，某工程公司向张某发出《合同终止通知》，载明："根据公司 2019 年 1 月 3 日下发的《关于转发的通知》（公司人［2019］1 号）文件，其中规定：'对不认可劳务派遣用工制度的，可保持原待遇不变至原项目给予的工作任务完成，劳动合同即行自动终止，不再续签。'文件下发后多次与您沟通，您仍不认可公司劳务派遣用工制度，未与公司签订劳务派遣合同。现您在某项目的工作已完成，合同到期，经项目部研究，决定与您于 2021 年 3 月 31 日终止合同，您的工资报酬和社保将发放到 2021 年 3 月 31 日，之后不再发放，特告知与您。"同日，某工程公司与张某劳动关系终止。

随后，张某向北京市顺义区劳动人事争议仲裁委员会申请劳动仲裁，请求：裁决某工程公司支付张某违法解除劳动关系赔偿金 286 271.16 元。该仲裁委员会经审理后裁决支持张某部分仲裁请求。

张某不服仲裁裁决，向北京市顺义区人民法院提起诉讼，诉讼请求同仲裁请求。

三、法院判决

北京市顺义区人民法院经审理后认为，2007 年 6 月 1 日，张某与某工程公司建立劳动关系。后双方于 2013 年 7 月 25 日另签订期限为 2013 年 7 月 25 日至广宁梁场工作任务完成时的劳动合同。其后，某工程公司发出调令调整张某的工作地点。至某工程公司与张某解除劳动关系时，双方早已具备签订无固定期限劳动合同的条件，在此种情况下，某工程公司不享有与张某终止劳动关系的权利，故其终止与张某的劳动关系违法，应当支付张某违法解除劳动关系赔偿金，具体金额本院依法核算。

2021 年 12 月 1 日，北京市顺义区人民法院判决：某工程公司支付张某违法解除劳动关系赔偿金 191 386.72 元。

一审判决后，某工程公司不服提起上诉。2022 年 4 月 13 日，北京市第三中级人民法院经审理后判决：驳回上诉，维持原判。

四、法律依据

《中华人民共和国劳动合同法》第十四条　无固定期限劳动合同，是指用人单位与劳动者约定无确定终止时间的劳动合同。

用人单位与劳动者协商一致，可以订立无固定期限劳动合同。有下列情形之一，劳动者提出或者同意续订、订立劳动合同的，除劳动者提出订立固定期限劳动合同外，应当订立无固定期限劳动合同：

（一）劳动者在该用人单位连续工作满十年的；

（二）用人单位初次实行劳动合同制度或者国有企业改制重新订立劳动合同时，劳动者在该用人单位连续工作满十年且距法定退休年龄不足十年的；

（三）连续订立二次固定期限劳动合同，且劳动者没有本法第三十九条和第四十条第一项、第二项规定的情形，续订劳动合同的。

用人单位自用工之日起满一年不与劳动者订立书面劳动合同的，视为用人单位与劳动者已订立无固定期限劳动合同。

第三编

劳动合同履行和变更

023　超期约定试用期，用人单位是否应承担赔偿责任？

答：劳动合同约定的试用期超过法律规定的期限，用人单位应当对劳动者承担赔偿责任。

▶▶▶▶ **相关案例**

一、案号

1. ［2021］京 0109 民初 3294 号
2. ［2022］京 01 民终 148 号

二、案情简述

2016 年 8 月 15 日，朱某入职某国际集团有限公司（以下简称"某国际公司"），双方签订劳动合同的期限为自 2016 年 8 月 15 日至 2018 年 8 月 15 日，约定试用期 6 个月。朱某工资标准约定每月 12 000 元，试用期每月 9600 元。自 2018 年 8 月 16 日起，每月工资调整为 15 000 元。2021 年 1 月 4 日，朱某因某国际公司未及时足额支付劳动报酬、未缴纳社会保险为由提出解除劳动关系。

随后，朱某向北京市门头沟区劳动人事争议仲裁委员会申请劳动仲裁，请求：裁决某国际公司支付朱某违法约定试用期赔偿金 48 000 元。该仲裁委员会经审理后裁决：驳回朱某的仲裁请求。

朱某不服仲裁裁决，向北京市门头沟区人民法院提起诉讼，诉讼请求同仲裁请求。

三、法院判决

北京市门头沟区人民法院经审理后认为，根据《中华人民共和国劳动合同法》的规定，违法约定的试用期已经履行的，由用人单位以劳动者试用期满月工资为标准，按已经履行的超过法定试用期的期间向劳动者支付赔偿金。本案中，朱某要求按照 12 000 元的标准支付 4 个月的违法约定试用期赔偿金，有事实和法律依据，本院予以支持。

2021 年 12 月 6 日，北京市门头沟区人民法院判决：某国际公司支付朱某违法约定试用期赔偿金 48 000 元。

一审判决后，朱某不服提起上诉。2022 年 4 月 2 日，北京市第一中级人民法院经审理后判决：驳回上诉，维持原判。

四、法律依据

《中华人民共和国劳动合同法》第十九条　劳动合同期限三个月以上不满一年的，试用期不得超过一个月；劳动合同期限一年以上不满三年的，试用期不得超过二个月；三年以上固定期限和无固定期限的劳动合同，试用期不得超过六个月。

第八十三条　用人单位违反本法规定与劳动者约定试用期的，由劳动行政部门责令改正；违法约定的试用期已经履行的，由用人单位以劳动者试用期满月工资为标准，按已经履行的超过法定试用期的期间向劳动者支付赔偿金。

024　劳动者与用人单位主张的入职时间不一致，是否以劳动者主张的入职时间为准？

答：劳动者的入职时间应属用人单位掌握的情况，应由用人单位承担举证责任。如用人单位未能提供证据证明所主张的劳动者入职时间，则以劳动者主张的入职时间为准。

▶▶▶▶ **相关案例**

一、案号

[2014] 丰民初字第 15554 号

二、案情简述

2011 年 12 月 1 日，李某入职北京某科技有限公司（以下简称"北京某科技公司"）。此后，双方签订了期限为自 2012 年 3 月 1 日至 2013 年 2 月 28 日的劳动合同。合同期满后，北京某科技公司未依法与李某续签劳动合同。

随后，李某向北京市丰台区劳动人事争议仲裁委员会申请劳动仲裁，请求：确认李某与北京某科技公司在 2011 年 12 月 1 日至 2014 年 1 月 21 日存在劳动关系。该仲裁委员会经审理后裁决支持李某部分仲裁请求。

李某对仲裁裁决不服，向北京市丰台区人民法院提起诉讼，诉讼请求同仲裁请求。

三、法院判决

北京市丰台区人民法院经审理后认为，依据《中华人民共和国劳动争议调解仲裁法》第 6 条的规定，劳动者的入职时间应属用人单位掌握的情况，应由用人单位承担举证责任。北京某科技公司主张李某于 2012 年 3 月 1 日入职，但该主张与双方签订的薪酬调整函所载"期限从 2012 年 2 月至合同完成约定时间"的内容不符，北京某科技公司对此未能作出合理解释，因此对北京某科技公司关于李某入职时间的主张不予采信；对李某主张的入职时间为 2011 年 12 月 1 日，予以采信。

2015 年 7 月 17 日，北京市丰台区人民法院判决：李某与北京科技公司自 2011 年 12 月 1 日至 2013 年 12 月 24 日期间存在劳动关系。

四、法律依据

1.《中华人民共和国劳动争议调解仲裁法》第六条　发生劳动争议，当事人对自己提出的主张，有责任提供证据。与争议事项有关的证据属于用人单位掌握管理的，用人单位应当提供；用人单位不提供的，应当承担不利后果。

2.《最高人民法院关于审理劳动争议案件适用法律问题的解释（一）》第四十四条　因用人单位作出的开除、除名、辞退、解除劳动合同、减少劳动报酬、计算劳动者工作年限等决定而发生的劳动争议，用人单位负举证责任。

025 用人单位下属部门经营困难，是否可以安排该部门劳动者待岗？

答： 用人单位的下属部门经营状况困难，不能按照停工停产的规定安排该部门劳动者待岗。

> ▶▶▶ **相关案例**

一、案号

1. ［2021］京 0108 民初 55835 号
2. ［2022］京 01 民终 2039 号

二、案情简述

2013 年 8 月 1 日，吴某入职某股份有限公司（以下简称"某股份公司"），月工资标准为 19 613 元，劳动合同约定吴某在总部职能部智能家庭本部，从事市场类岗位工作。2020 年 9 月 24 日，某股份公司总部人力资源中心通过电子邮件向吴某发送《停工放假通知》。内容为："致：智能家庭事业部全体员工由于智能家庭事业部一直处于亏损及公司发展需要等原因，2020 年 9 月 15 日公司总裁办公会通过了《关于停止智能家庭事业部业务经营的决议》。根据决议，自 2020 年 9 月 26 日起停止智能家庭事业部业务经营，相关岗位人员停工放假。在员工停工放假的第一个月，公司按照员工正常薪资标准核发工资。自停工放假第二个月起，公司按照不低于北京市政府规定的最低工资标准的 70% 支付生活费。"

随后，吴某向北京市海淀区劳动人事争议仲裁委员会申请劳动仲裁。该仲裁委员会经审理后裁决：某股份公司支付吴某 2020 年 9 月 26 日至 2020 年

11 月 25 日的工资差额 22 436 元。

某股份公司不服仲裁裁决，向北京市海淀区人民法院提起诉讼请求：判决某股份公司无需向吴某支付 2020 年 9 月 26 日至 2020 年 11 月 25 日的工资差额 22 436 元。

三、法院判决

北京市海淀区人民法院经审理后认为，某股份公司主张吴某所在的智能家庭事业部因亏损而经总裁办会议决定停止经营并因此依据《北京市工资支付规定》第 27 条安排吴某待岗并支付待岗工资。但智能家庭事业部仅为某公司的一个部门，而本案劳动者吴某系某公司员工，故即使该部门亏损客观存在，某公司因其下属部门经营状况不佳安排劳动者进行待岗之情形亦不属于《北京市工资支付规定》第 27 条中用人单位因停工停产安排劳动者待岗并支付待岗工资之情形，某股份公司以此为由安排吴某待岗并支付待岗工资的行为，于法无据。

2022 年 3 月 28 日，北京市海淀区人民法院判决：某股份公司支付吴某 2020 年 9 月 26 日至 2020 年 11 月 25 日的工资差额 17 293.28 元。

一审判决后，某股份公司不服提起上诉。2022 年 3 月 28 日，北京市第一中级人民法院经审理后判决：驳回上诉，维持原判。

四、法律依据

1. 《工资支付暂行规定》第十二条　非因劳动者原因造成单位停工、停产在一个工资支付周期内的，用人单位应按劳动合同规定的标准支付劳动者工资。超过一个工资支付周期的，若劳动者提供了正常劳动，则支付给劳动者的劳动报酬不得低于当地的最低工资标准；若劳动者没有提供正常劳动，应按国家有关规定办理。

2. 《北京市工资支付规定》第二十七条　非因劳动者本人原因造成用人单位停工、停业的，在一个工资支付周期内，用人单位应当按照提供正常劳动支付劳动者工资；超过一个工资支付周期的，可以根据劳动者提供的劳动，按照双方新约定的标准支付工资，但不得低于本市最低工资标准；用人单位没有安排劳动者工作的，应当按照不低于本市最低工资标准的 70% 支付劳动者基本生活费。国家或者本市另有规定的从其规定。

026 用人单位是否可以调整劳动者的工作地点？

答：用人单位根据生产经营需要，有正当理由可以合理调整劳动者工作地点。

>>>> 相关案例

一、案号

[2021] 京 0115 民初 20190 号

二、案情简述

2011 年 4 月 14 日，季某入职某交通建设集团有限公司（以下简称"某交通公司"），任职人力资源部部长。劳动合同载明，季某同意根据某交通公司工作的需要和安排，在人力资源部从事工作；某交通公司可以根据发展需要及季某工作表现调整季某的工作岗位，季某有表达自己意愿的权利。

2015 年某交通公司在徐州有项目，某交通公司将其调任徐州担任 2 个项目公司的董事长、某交通公司华北分公司的副总经理，后某交通公司于 2018 年 9 月拟将其调回位于河北燕郊的公司总部担任市场开发部常务副部长。季某认为某交通公司单方无正当理由变更工作岗位、调整工作地点，给季某的生活造成不便，属于未按照劳动合同约定提供条件，其有权单方解除劳动合同。某交通公司主张因徐州项目接近尾声需要将季某调回总部，一开始与其沟通是计划将其调至市场开发部，后协商决定让其担任人力资源部部长，总部因政策原因由北京迁往河北燕郊，属于合理调动。

随后，季某向北京市经济技术开发区劳动人事争议仲裁委员会申请劳动仲裁，请求：裁决某交通公司支付季某违法解除劳动合同赔偿金 648 000 元。

该仲裁委员会经审理后裁决：驳回季某的仲裁请求。

季某不服仲裁裁决，向北京市大兴区人民法院提起诉讼请求：判决某交通公司支付季某解除劳动合同经济补偿金 301 692.24 元。

三、法院判决

北京市大兴区人民法院经审理后认为，劳动合同中并无针对工作地点的约定，结合季某之前在北京市、徐州市之间的工作调动及某交通公司的经营必要性、行业特点，某交通公司此次调其回公司总部的行为，系根据用人单位生产经营需要合理地调整劳动者工作岗位，且调整后的岗位为季某所能胜任、工资待遇等劳动条件无不利变更，并无不妥。季某据此要求某交通公司支付其解除劳动合同的经济补偿金，于法无据，本院不予支持。

2022 年 1 月 21 日，北京市大兴区人民法院判决：驳回季某的诉讼请求。

四、法律依据

《北京市高级人民法院、北京市劳动人事争议仲裁委员会关于审理劳动争议案件解答》

五、劳动合同的履行和变更

59. 用人单位调整劳动者工作岗位的如何处理？

用人单位与劳动者约定可根据生产经营情况调整劳动者工作岗位的，经审查用人单位证明生产经营情况已经发生变化，调岗属于合理范畴，应支持用人单位调整劳动者工作岗位。

用人单位与劳动者在劳动合同中未约定工作岗位或约定不明的，用人单位有正当理由，根据生产经营需要，合理地调整劳动者工作岗位属于用人单位自主用工行为。判断合理性应参考以下因素：用人单位经营必要性、目的正当性，调整后的岗位为劳动者所能胜任、工资待遇等劳动条件无不利变更。

用人单位与劳动者签订的劳动合同中明确约定工作岗位但未约定如何调岗的，在不符合《劳动合同法》第四十条所列情形时，用人单位自行调整劳动者工作岗位的属于违约行为，给劳动者造成损失的，用人单位应予以赔偿，参照原岗位工资标准补发差额。对于劳动者主张恢复原工作岗位的，根据实际情况进行处理。经审查难以恢复原工作岗位的，可释明劳动者另行主张权利，释明后劳动者仍坚持要求恢复原工作岗位，可驳回请求。

　　用人单位在调整岗位的同时调整工资，劳动者接受调整岗位但不接受同时调整工资的，由用人单位说明调整理由。应根据用人单位实际情况、劳动者调整后的工作岗位性质、双方合同约定等内容综合判断是否侵犯劳动者合法权益。

027 用人单位调整劳动者工作岗位，是否可以同时调整工资？

答： 用人单位合理调整劳动者工作岗位，可以同时调整劳动者的工资。

▶▶▶ **相关案例**

一、案号

1. ［2020］京 0102 民初 7221 号
2. ［2021］京 02 民终 10908 号

二、案情简述

胡某与某建筑集团有限公司（以下简称"某建筑公司"）签订了无固定期限劳动合同，该合同约定，胡某同意根据工作需要，担任基于《职工上岗协议书》确定的岗位工作，双方均认可并未签订《职工上岗协议书》。2019年3月7日，某建筑公司撤销了包括胡某任职的公司在内的若干公司，进行整合重组，成立第七工程局。2019年3月12日，胡某填写《内部招聘——个人报名表》，报名参选新设立的第七工程公司实业副总经理（后勤）。后胡某内部竞聘未能成功，某建筑公司安排其担任第七工程公司后勤服务部副主任，胡某对此不予认可。从2019年4月起，胡某的基本工资由8000元降至6000元。2019年8月1日，胡某因不满调岗降薪，以某建筑公司拖延工资、绩效奖金等为由向其作出《解除劳动合同通知书》。同日，某建筑公司出具《解除劳动合同证明书》。

随后，胡某向北京市西城区劳动人事争议仲裁委员会申请劳动仲裁，请求：裁决某建筑公司支付胡某2019年4月13日至2019年7月20日期间工资差额 6735.63 元。该仲裁委员会经审理后裁决：驳回胡某的仲裁请求。

胡某不服仲裁裁决，向北京市西城区人民法院提起诉讼，诉讼请求同仲裁请求。

三、法院判决

北京市西城区人民法院经审理后认为，某建筑公司、胡某签订的劳动合同约定根据《职工上岗协议书》确定工作岗位，但双方均认可实际上并未签订《职工上岗协议书》，故双方对工作岗位并未约定。用人单位与劳动者在劳动合同中未约定工作岗位或约定不明的，用人单位有正当理由，根据生产经营需要，合理地调整劳动者工作岗位属于用人单位的自主用工行为。某建筑公司因涉及国企改革，对下属各分公司进行整合重组，其调岗符合目的正当性、经营必要性的要求。胡某亦按公司要求参与了机构改革后的内部招聘，在其原岗位实业公司副总经理被撤销及报名应聘岗位第七工程公司副总经理未能聘任的情况下，某建筑公司将其岗位调整为第七工程公司后勤服务部副主任，该岗位的工作内容亦为胡某所能胜任，故其调整并无不妥。结合胡某2019 年 6 月至 7 月的公出申请表显示，该表上具有领导审批权的为第七工程公司副总经理赵某，胡某的工资结构中自 2019 年 4 月起因工作岗位有所变化月薪随之变更，但工资结构中包括工龄工资、生活补贴、洗理卫生费、技术津贴、交通通信费等其他组成项目金额均未发生变化，用人单位在调整岗位的同时调整工资，劳动者接受调整岗位但不接受同时调整工资的，由用人单位说明调整理由。本案中，建筑公司调整劳动者工作岗位具有合理性、正当性，双方已实际履行超过 1 个月，胡某主张应按原岗位对应的薪资标准向其支付工资缺少法律依据，本院对此不予采信，对于其据此主张工资差额的诉讼请求，本院不予支持。

2021 年 6 月 9 日，北京市西城区人民法院判决：驳回胡某的诉讼请求。

一审判决后，胡某不服提起上诉。2021 年 9 月 30 日，北京市第二中级人民法院经审理后判决：驳回上诉，维持原判。

四、法律依据

1.《中华人民共和国劳动合同法》第三十五条　用人单位与劳动者协商一致，可以变更劳动合同约定的内容。变更劳动合同，应当采用书面形式。

变更后的劳动合同文本由用人单位和劳动者各执一份。

2.《最高人民法院关于审理劳动争议案件适用法律问题的解释（一）》第四十三条 用人单位与劳动者协商一致变更劳动合同，虽未采用书面形式，但已经实际履行了口头变更的劳动合同超过一个月，变更后的劳动合同内容不违反法律、行政法规且不违背公序良俗，当事人以未采用书面形式为由主张劳动合同变更无效的，人民法院不予支持。

3.《北京市高级人民法院、北京市劳动人事争议仲裁委员会关于审理劳动争议案件解答》

五、劳动合同的履行和变更

59. 用人单位调整劳动者工作岗位的，如何处理？

用人单位与劳动者约定可根据生产经营情况调整劳动者工作岗位的，经审查用人单位证明生产经营情况已经发生变化，调岗属于合理范畴，应支持用人单位调整劳动者工作岗位。

用人单位与劳动者在劳动合同中未约定工作岗位或约定不明的，用人单位有正当理由，根据生产经营需要，合理地调整劳动者工作岗位属于用人单位自主用工行为。判断合理性应参考以下因素：用人单位经营必要性、目的正当性，调整后的岗位为劳动者所能胜任、工资待遇等劳动条件无不利变更。

用人单位与劳动者签订的劳动合同中明确约定工作岗位但未约定如何调岗的，在不符合《劳动合同法》第四十条所列情形时，用人单位自行调整劳动者工作岗位的属于违约行为，给劳动者造成损失的，用人单位应予以赔偿，参照原岗位工资标准补发差额。对于劳动者主张恢复原工作岗位的，根据实际情况进行处理。经审查难以恢复原工作岗位的，可释明劳动者另行主张权利，释明后劳动者仍坚持要求恢复原工作岗位，可驳回请求。

用人单位在调整岗位的同时调整工资，劳动者接受调整岗位但不接受同时调整工资的，由用人单位说明调整理由。应根据用人单位实际情况、劳动者调整后的工作岗位性质、双方合同约定等内容综合判断是否侵犯劳动者合法权益。

028　先盖章后打印文字的证据，是否具有证明效力？

答：先加盖印章后打印字迹的证据不具有真实性，没有证明效力。

▶▶▶ 相关案例

一、案号

1. ［2017］京 0102 民初 31506 号
2. ［2018］京 02 民终 2802 号

二、案情简述

2006 年 5 月，余某入职北京某工艺品厂有限责任公司（以下简称"北京某工艺品厂"）。2014 年 9 月，双方解除劳动关系。2016 年 2 月 15 日，双方再次订立了劳动合同，劳动合同写明余某工作起始时间为 2016 年 1 月 25 日，劳动合同于 2016 年 2 月 15 日生效，余某任办公室副主任岗位，余某实际工作至 2016 年底。余某任职期间曾多次借出单位公章使用。

随后，余某向北京市西城区劳动人事争议仲裁委员会申请仲裁，请求：裁决北京某工艺品厂支付违法解除劳动合同赔偿金 127 218 元。该仲裁委员会经审理后裁决：驳回余某的仲裁请求。

余某不服仲裁裁决，向北京市西城区人民法院提起诉讼，诉讼请求同仲裁请求。

三、法院判决

北京市西城区人民法院经审理后认为，当事人应就自己所主张的事实承担举证责任。没有证据或证据不足以证明当事人的主张的，由负有举证责任的当事人承担不利后果。关于解除劳动合同通知书是否真实有效：依据双方均认可的鉴定结论和公章借出记录，本院认为解除劳动合同通知书真实性存疑，印文与落款打印字迹形成的先后顺序为先加盖印文后打印字迹，且余某曾多次借出单位公章使用，余某虽主张不是单独借出，一直有人陪同，但出借表上只有余某的签字，没有其他人签字，余某也无法举证证明自己并非单独使用公章。此外，《解除劳动合同通知书》显示"公司决定于 2016 年 12 月 30 日解除与你 2016 年 1 月签订的无固定期限劳动合同"。依据双方所述，2014 年双方解除劳动关系，并无其他争议，2016 年余某再次入职，《解除劳动合同通知书》却显示计算赔偿金年限为"10.5"年，不合常理。综上所述，本院无法采信该份《解除劳动合同通知书》，不能将其作为定案依据。余某要求的违法解除劳动合同赔偿金的诉讼请求，因未能提交充分证据证明，应当承担举证不力的后果，本院不予支持。

2017 年 11 月 28 日，北京市西城区人民法院判决：驳回余某的诉讼请求。

一审判决后，余某不服提起上诉。2018 年 5 月 22 日，北京市第二中级人民法院该院经审理后判决：驳回上诉，维持原判。

四、法律依据

《最高人民法院关于适用〈中华人民共和国民事诉讼法〉的解释》第九十条　当事人对自己提出的诉讼请求所依据的事实或者反驳对方诉讼请求所依据的事实，应当提供证据加以证明，但法律另有规定的除外。

在作出判决前，当事人未能提供证据或者证据不足以证明其事实主张的，由负有举证证明责任的当事人承担不利的后果。

第一百零八条　对负有举证证明责任的当事人提供的证据，人民法院经审查并结合相关事实，确信待证事实的存在具有高度可能性的，应当认定该事实存在。

对一方当事人为反驳负有举证证明责任的当事人所主张事实而提供的证据，人民法院经审查并结合相关事实，认为待证事实真伪不明的，应当认定该事实不存在。

法律对于待证事实所应达到的证明标准另有规定的，从其规定。

029 劳动者与用人单位"长期两不找"，劳动关系是否可以中止？

答： 劳动者与用人单位"长期两不找"，双方的劳动关系中止。

▶▶▶ 相关案例

一、案号

[2021] 黑 0108 民初 40 号

二、案情简述

1999 年 7 月，胡某入职航天某控股集团股份有限公司（以下简称"某航天公司"）。2013 年 5 月 2 日，某航天公司向胡某送达《上岗通知》："因你于 2012 年 12 月 16 日无故脱岗，严重违反了公司的相关规定和制度，公司对你作出了待岗处理。至 2013 年 4 月 30 日，你的待岗期已满，现通知你到公司三车间包装班上班。"2017 年 9 月 1 日，某航天公司向胡某送达通知："你于 2014 年 6 月起未经公司批准，自行脱离工作岗位，经查 5 年内现已拖欠公司社会保险个人缴费部分 10 643.94 元，根据公司相关制度和劳动合同规定，你的行为视同为旷工，严重违反了公司的规章制度。根据公司的相关规定，旷工 3 天以上公司有权解除劳动合同。现通知你在 2017 年 9 月 20 日前返回公司报到并缴纳欠款，逾期不报到的，公司将跟你正式解除劳动合同。"2019 年 5 月 27 日，某航天公司向胡某送达《返岗通知书》："截至 2019 年 5 月 27 日，你的医疗期已休满，现通知你自收到此通知 3 个工作日内返岗，逾期不来公司则视为旷工。"2020 年 5 月 22 日，某航天公司向胡某送达《返岗通知书》："根据《企业职工患病或非因工负伤医疗期的规定》，你的医疗期已休满，现正式通知你于 2020 年 5 月 25 日 13：00 到公司党群人事部 313 报到……"

随后，胡某向黑龙江省哈尔滨市平房区劳动人事争议仲裁委员会申请劳动仲裁，请求：裁决某航天公司支付胡某 2014 年 8 月至 2020 年 5 月待岗期间生活费 106 640 元。该仲裁委员会经审理后裁决：驳回胡某的仲裁请求。

胡某不服仲裁裁决，向黑龙江省哈尔滨市平房区人民法院提起诉讼，诉讼请求同仲裁请求。

三、法院判决

黑龙江省哈尔滨市平房区人民法院经审理后认为，胡某自 2014 年离岗至 2020 年 5 月未向某航天公司提供劳动，某航天公司亦未向胡某支付劳动报酬等相关待遇，仅缴纳社会保险。胡某离岗期间，某航天公司无经营困难长期休假情况，胡某亦无证据证明存在要求某航天公司提供工作岗位但某航天公司未提供的情况。劳动者未提供劳动，用人单位亦未支付劳动报酬，胡某与某航天公司事实上处于"长期两不找"的状态，双方的劳动关系已于 2014 年起中止。在此期间，双方不应享有和承担《劳动法》上的权利义务，胡某诉请某航天公司支付其 2014 年 8 月至 2020 年 5 月的待岗期间生活费 106 640 元，无法律依据和事实依据，本院不予支持。

2021 年 6 月 29 日，黑龙江省哈尔滨市平房区人民法院判决：驳回胡某的诉讼请求。

四、法律依据

1. 《中华人民共和国民事诉讼法》第六十七条　当事人对自己提出的主张，有责任提供证据。

当事人及其诉讼代理人因客观原因不能自行收集的证据，或者人民法院认为审理案件需要的证据，人民法院应当调查收集。

人民法院应当按照法定程序，全面地、客观地审查核实证据。

2. 《北京市高级人民法院、北京市劳动争议仲裁委员会关于审理劳动争议案件解答》

三、劳动关系及责任主体的认定

22. 用人单位和劳动者长期两不找的，如何认定权利义务?

劳动者长期未向用人单位提供劳动，用人单位也长期不再向劳动者支付劳动报酬等相关待遇，双方长期两不找的，可以认定此期间双方不享有和承担劳动法上的权利义务。

030   超市的视频没有声音，是否影响证明效力？

答：视频没有声音，不能证明待证事实，影响到该证据的证明效力。

▶▶▶ 相关案例

一、案号

[2018] 京 0107 民初 27948 号

二、案情简述

2009 年 5 月 21 日，李某入职北京某超市股份有限公司（以下简称"北京某超市公司"）。2017 年 6 月 21 日，北京某超市公司（甲方）与李某（乙方）签订无固定期限劳动合同，劳动合同约定岗位为收银员。该劳动合同第 9.6 条约定："乙方有下列情形之一的，甲方随时可以直接解除本合同，并无需支付经济补偿金……5. 严重违反甲方规章制度。6. 严重失职，给甲方利益造成重大损害的约定。"该劳动合同第 14.1 条规定："甲方的规章制度（包括但不限于员工手册、绩效合同等）在甲方的 OA 办公自动化系统公布后，就视为乙方已知悉，应予以遵守，乙方不得以不知道为由推脱责任。"

2018 年 6 月 29 日，北京某超市公司向李某送达的《解除（终止）劳动合同通知书》载明："李某（身份证号）×××：你与公司所签订的 2017 年 6 月 21 日起始的无固定期限劳动合同，现因下列原因解除（终止）：一、你的行为表现如下：经公司××店监控录像核实，你在 2018 年 6 月 23 日 16：32 至 16：42 期间，煽动门店收银线和服务台员工在卖场集体怠工、罢工，导致门店收银线和服务台的人员空岗、脱岗，此行为妨碍了正常工作秩序。同时，对于客流高峰期造成门店营业款的损失，也引发了客诉，并给门店营运工作，以及公司声誉和形象产生了恶劣的影响。二、公司解除（终止）劳动合同的依据如下：1. 根据《劳动合同》第9.6条'乙方有下列情形之一的，甲方随时可以直接解除本合同，并无需支付经济补偿金：5. 严重违反甲方规章制度。6. 严重失职，给甲方利益造成重大损害的约定'。2. 根据《某超市股份有限公司员工日常奖惩管理制度》第8.3.11条'破坏同事关系者。如同事间争吵、辱骂、打架斗殴、聚众闹事、煽动组织怠工或罢工、离间员工关系或有其他严重妨碍正常工作秩序和破坏公司凝聚力行为者……3. 根据《劳动合同法》第三十九条'劳动者有下列情形之一的，用人单位可以解除劳动合同：（二）严重违反用人单位的规章制度的；（三）严重失职，营私舞弊，给用人单位造成重大损害的'规定。公司已通知工会委员会，现依据你的行为表现和上述条款与你解除（终止）劳动合同，解除时间为2018年7月1日。请于接到本通知之日起5日内办理离职手续，相关手续办妥后，即发《解除（终止）劳动合同证明书》。"

随后，李某向北京市石景山区劳动人事争议仲裁委员会申请劳动仲裁，请求：裁决北京某超市公司支付李某违法解除劳动合同赔偿金127 680.95元。该仲裁委员会经审理后裁决支持李某的仲裁请求。

北京某超市公司不服仲裁裁决，向北京市石景山区人民法院提起诉讼，请求：判决北京某超市公司无需支付李某违法解除劳动合同赔偿金127 680.95元。

三、法院判决

北京市石景山区人民法院经审理后认为，劳动者严重违反用人单位的规章制度的，或严重失职，营私舞弊，给用人单位造成重大损害的，用人单位可以与劳动者解除无固定期限劳动合同；由用人单位作出解除劳动合同决定引发的劳动争议，由用人单位负举证责任。在本案中，北京某超市公司主张其解除与李某的劳动合同的理由是李某煽动门店收银线和服务台员工在卖场集体怠工、罢工，违反了《劳动合同》第9.6条，《超市股份有限公司员工日常奖惩管理制度》第8.3.11条，《中华人民共和国劳动合同法》第39条第2项、第3项的规定。由此，北京某超市公司应当对其上述主张承担举证证明的责任。本院结合北京某超市公司提交的证据分析如下。首先，北京某超市公司提供的视频监控系拼接而成，画质较为模糊且没有声音，无法确定李某煽动门店收银线和服务台员工集体怠工、罢工；……综上，北京某超市公司提交的上述证据均不能证明李某存在煽动门店收银线和服务台员工在卖场集体怠工、罢工之行为。故北京某超市公司据此向李某作出的解除劳动合同行为应当被认定为违法。

2019年4月19日，北京市石景山区人民法院判决：北京某超市公司支付李某违法解除劳动合同赔偿金127 680.95元。

四、法律依据

1.《中华人民共和国劳动法》第二十五条　劳动者有下列情形之一的，用人单位可以解除劳动合同：

　　…………

（二）严重违反劳动纪律或者用人单位规章制度的。

　　…………

2.《最高人民法院关于审理劳动争议案件适用法律问题的解释（一）》第四十四条　因用人单位作出的开除、除名、辞退、解除劳动合同、减少劳动报酬、计算劳动者工作年限等决定而发生的劳动争议，用人单位负举证责任。

031 劳动者不胜任工作，用人单位应当如何调整岗位？

答：用人单位依法拥有用工自主权。劳动者不胜任工作，用人单位可以调整其工作岗位，但应当保证劳动者工作岗位调整前后性质相近、薪资待遇持平以及劳动者个人专业能力得到充分发挥。

▶▶▶ **相关案例**

一、案号

1. ［2021］沪 0114 民初 4420 号
2. ［2021］沪 02 民终 10287 号

二、案情简述

2008 年 1 月，上海航天某有限公司（以下简称"上海某航天公司"）聘任李某为电子设计工程师。2012 年 1 月，上海某航天公司聘任李某为高级工程师。2017 年 9 月 1 日，上海某航天公司以李某不能胜任岗位要求为由将李某调岗至待岗中心。李某于 2017 年 9 月 5 日到待岗中心报到。2020 年 5 月，上海某航天公司询问李某是否愿意去复印工岗位，李某表示拒绝。2020 年 7 月 13 日，上海某航天公司向李某发出再上岗通知函，安排李某行政保卫部厨工岗位（该岗位上班时间上午 04：30-10：00，11：00-13：30，周一至周五，双休，岗位职责为洗菜、切菜、窗口打菜，税前月工资为 3800 元），李某予以拒绝。2020 年 7 月 14 日，上海某航天公司安排李某行政保卫部勤杂工岗位（该岗位上班时间为上午 04：30-10：00，11：00-13：30，周一至周五，双休，岗位职责为食堂工作区域的保洁、餐具清洁等，税前月工资 3800 元），李某再次予以拒绝。2020 年 7 月 15 日，上海某航天公司向李某发出劳动合同解除通知函解除双方的劳动合同，并于同日送达工会。

随后，李某向上海市嘉定区劳动人事争议仲裁委员会申请劳动仲裁，请求：裁决上海某航天公司支付李某违法解除劳动合同赔偿金 561 149.80 元。该仲裁委员会经审理后裁决：驳回李某的仲裁请求。

李某不服仲裁裁决，向上海市嘉定区人民法院提起诉讼，诉讼请求同仲裁请求。

三、法院判决

上海市嘉定区人民法院经审理后认为：①上海某航天公司作为独立的市场经营主体，依法拥有经营自主权及用工自主权，为维持正常的经营需要，可以合理调整安排员工的工作岗位、工作内容。劳动者不胜任工作岗位的，用人单位也可以调整工作岗位。②上海某航天公司主张李某因个人原因长时间休假，对李某的考核再上岗变得难以为继。李某长期脱离科研岗位，单纯要求回到原工作岗位或同类岗位，难以满足其要求。上海某航天公司的主张具有合理性。上海某航天公司因此安排李某至复印工、厨工等岗位工作，并不存在恶意安排李某岗位的情形，难以认定上海某航天公司对李某工作岗位的安排具有侮辱性、强制性、随意性。李某拒绝上海某航天公司安排的岗位，双方劳动合同的履行存在困难甚至无法履行，实际上，双方签订劳动合同时所依据的条件发生了客观变化，双方就变更劳动合同无法达成一致，此种情况符合劳动合同订立时所依据的客观情况发生重大变化，致使劳动合同无法履行，经用人单位与劳动者协商，未能就变更劳动合同内容达成协议，上海某航天公司因此解除双方劳动合同，难言违法。

综上，上海市嘉定区人民法院判决：驳回李某的诉讼请求。

一审判决后，李某不服提起上诉。上海市第二中级人民法院经审理后认为，劳动者不能胜任工作的，用人单位有权对其进行培训或调整工作岗位。在有完善、可行的考核管理制度的情况下，用人单位对考核结果不达标的劳动者可以单方行使调整岗位的权利，但应当保证调整前后工作岗位性质相近、薪资待遇持平以及劳动者个人专业能力得到充分发挥。李某自 2012 年起即被聘任为上海某航天公司科研部门的高级工程师，尽管其个人能力、工作态度不能满足原岗位的要求，但作为技术人员，其个人专业能力显然需在业务部门才能得以充分发挥。现上海某航天公司先后将李某调整至复印工、厨工、勤杂工岗位，上述岗位与李某原岗位工作性质悬殊、薪资待遇亦大幅度降低，难以发挥其个人专业能力。显然，上海某航天公司的调岗决定缺乏合理性和正当性，更不利于构建和谐用工关系。李某拒绝上述调整，系正当行使自身权利，不符合用人单位可以单方解除劳动合同的法定情形。

2022年1月9日，上海市第二中级人民法院判决：撤销上海市嘉定区人民法院民事判决第二项；上海某航天公司支付李某违法解除劳动合同赔偿金119 032元。

四、法律依据

1.《中华人民共和国劳动合同法》第四十条　有下列情形之一的，用人单位提前三十日以书面形式通知劳动者本人或者额外支付劳动者一个月工资后，可以解除劳动合同：

…………

（二）劳动者不能胜任工作，经过培训或者调整工作岗位，仍不能胜任工作的；

…………

第四十六条　有下列情形之一的，用人单位应当向劳动者支付经济补偿：

…………

（三）用人单位依照本法第四十条规定解除劳动合同的；

…………

2.《关于〈劳动法〉若干条文的说明》第二十六条　有下列情形之一的，用人单位可以解除劳动合同，但是应当提前三十日以书面形式通知劳动者本人：

…………

（二）劳动者不能胜任工作，经过培训或者调整工作岗位，仍不能胜任工作；

…………

本条第（二）项中的"不能胜任工作"，是指不能按要求完成劳动合同中约定的任务或者同工种，同岗位人员的工作量。用人单位不得故意提高定额标准，使劳动者无法完成。

…………

032 劳动者擅自离岗，用人单位是否可以拒绝办理档案转移手续？

答： 劳动合同解除后，用人单位以劳动者擅自离岗为由拒绝为其办理档案关系转移手续没有法律依据。

>>>> **相关案例**

一、案号

1. ［2015］丰民初字第 25819 号
2. ［2016］京 02 民终 644 号

二、案情简述

2013 年 8 月 5 日，孙某与航天某集团有限公司（以下简称"某航天公司"）签订 5 年期限的劳动合同，该合同于当日生效，至 2018 年 8 月 4 日终止，该单位自 2013 年 8 月开始为孙某缴纳社会保险，并根据相关制度为其办理北京户口。2014 年 8 月 18 日，孙某提交离职申请书，并实际工作至 2014 年 8 月 25 日。2014 年 8 月，某航天公司对孙某作出停发工资及停止缴纳社会保险的处理。孙某要求办理档案转移手续，某航天公司主张孙某在未与其公司协商的情况下擅自离岗，拒绝为其办理档案转移手续。

随后，孙某向北京市丰台区劳动争议仲裁委员会申请劳动仲裁，请求：裁决某航天公司为孙某办理档案转移手续。该仲裁委员会经审理后裁决支持孙某的仲裁请求。

某航天公司不服仲裁裁决，向北京市丰台区人民法院提起诉讼请求：判决某航天公司无需为孙某办理档案关系转移手续。

三、法院判决

北京市丰台区人民法院经审理后认为，当事人对自己提出的诉讼请求所依据的事实，有责任提供证据加以证明，没有证据或者证据不足以证明当事人的事实主张的，由负有举证责任的当事人承担不利后果。用人单位应当在解除或者终止劳动合同时出具解除或者终止劳动合同的证明，并在 15 日内为劳动者办理档案和社会保险关系转移手续，孙某要求某航天公司办理档案转移手续，理由充分，本院予以支持，某航天公司的诉讼请求，本院不予支持。

2015 年 12 月 14 日，北京市丰台区人民法院判决：某航天公司为孙某办理人事档案关系转移手续。

一审判决后，某航天公司不服提起上诉。2016 年 3 月 17 日，北京市第二中级人民法院经审理后判决：驳回上诉，维持原判。

四、法律依据

《中华人民共和国劳动合同法》第五十条　用人单位应当在解除或者终止劳动合同时出具解除或者终止劳动合同的证明，并在十五日内为劳动者办理档案和社会保险关系转移手续。

033　劳动者拒绝调整工作地点，是否属于不服从工作安排？

答：用人单位调整工作地点不合理，劳动者拒绝的，不属于不服从工作安排。

▶▶▶ **相关案例**

一、案号

1.［2017］京 0108 民初 32255 号
2.［2018］京 01 民终 2280 号

二、案情简述

2016 年 12 月，北京某航天科技有限公司（以下简称"北京某航天公司"）与苑某签订了期限自 2016 年 12 月 26 日至 2019 年 12 月 25 日期间的劳动合同，约定试用期至 2017 年 3 月 25 日。北京某航天公司基于与第三方公司之间的技术服务合同关系，安排苑某于 2016 年 12 月 28 日前往第三方公司从事翻译工作，工作地点位于北京，苑某工作至 2017 年 3 月 21 日被北京某航天公司要求撤场，北京某航天公司提出安排苑某至山东工作，苑某并未同意。2017 年 3 月 24 日，北京某航天公司以苑某"不符合试用期要求""不服从公司工作安排"为由提出与其解除劳动合同。另查，苑某彼时处于孕期，2017 年 9 月 24 日苑某分娩生育。

2017 年 3 月 27 日，苑某向北京市海淀区劳动人事争议仲裁委员会申请劳动仲裁，请求：裁决北京某航天公司与苑某继续履行劳动合同。该仲裁委员会经审理后裁决支持苑某的仲裁请求。

北京某航天公司不服仲裁裁决，向北京市海淀区人民法院提起诉讼请求：判决北京某航天公司无需与苑某继续履行劳动合同。

三、法院判决

北京市海淀区人民法院经审理后认为，2017 年 3 月 21 日，北京某航天公司以苑某"不符合试用期要求""不服从公司工作安排"为由提出与其解除劳动合同，针对上述解除行为是否具备合法性以及双方劳动合同是否具备继续履行的基础，法院认定如下：《最高人民法院关于审理劳动争议案件适用法律若干问题的解释》第 13 条的规定，因用人单位作出的开除、除名、辞退、解除劳动合同、减少劳动报酬、计算劳动者工作年限等决定而发生的劳动争议，用人单位负举证责任。本案中，其一，北京某航天公司主张苑某在第三方公司项目工作期间请休事假与病假共计 5 天，影响到其公司与第三方公司项目的合作，但依程序请休假系劳动者的合法权利，在请假天数等情节未超过合理限度，且第三方公司亦表示"暂时对项目影响不大"的情况下，北京某航天公司以此为由将苑某辞退缺乏法律与制度依据。其二，苑某在职期间工作地点位于北京，北京某航天公司在苑某自第三方公司撤场后，派其前往山东工作，但未能与苑某就此达成协商一致，故北京某航天公司单方面调整苑某的工作地点并无依据，苑某予以拒绝并不构成北京某航天公司所述的"不服从公司工作安排"。综上所述，北京某航天公司以上述理由将苑某辞退缺乏依据，构成违法解除劳动合同。进而，北京某航天公司主张其公司已无翻译业务的客户需求，无法与苑某继续履行劳动合同，但未能就该项主张提举证据，且第三方公司亦表示北京某航天公司仍就其他项目向其公司派驻翻译。可见，北京某航天公司的主张并不成立，故本院对北京某航天公司的该项主张不予采纳。用人单位违反本法规定解除或者终止劳动合同，劳动者要求继续履行劳动合同的，用人单位应当继续履行。综上，本院采纳苑某的主张，认定北京某航天公司应继续与其履行劳动合同，对于北京某航天公司提出的无需继续履行劳动合同的请求，本院不予支持。

2017 年 10 月 31 日，北京市海淀区人民法院判决：北京某航天公司与苑某继续履行劳动合同。

一审判决后，北京某航天公司不服提起上诉。2018 年 4 月 19 日，北京市第一中级人民法院经审理后判决：驳回上诉，维持原判。

四、法律依据

1. 《中华人民共和国劳动合同法》第三十五条　用人单位与劳动者协商一致，可以变更劳动合同约定的内容。变更劳动合同，应当采用书面形式。

变更后的劳动合同文本由用人单位和劳动者各执一份。

2. 《北京市高级人民法院、北京市劳动人事争议仲裁委员会关于审理劳动争议案件解答》

五、劳动合同的履行和变更

60. 用人单位与劳动者在劳动合同中宽泛地约定工作地点是"全国""北京"等，用人单位在履行劳动合同过程中调整劳动者的工作地点，劳动者不同意，用人单位依据规章制度作出解除劳动合同决定是否支持？

用人单位与劳动者在劳动合同中宽泛地约定工作地点是"全国"、"北京"等，如无对用人单位经营模式、劳动者工作岗位特性等特别提示，属于对工作地点约定不明。劳动者在签订劳动合同后，已经在实际履行地点工作的，视为双方确定具体的工作地点。用人单位不得仅以工作地点约定为"全国"、"北京"为由，无正当理由变更劳动者的工作地点。

用人单位与劳动者在劳动合同中明确约定用人单位可以单方变更工作地点的，仍应对工作地点的变更进行合理性审查。具体审查时，除考虑对劳动者的生活影响外，还应考虑用人单位是否采取了合理的弥补措施（如提供交通补助、班车）等。

034 劳动合同期满未续签，用人单位是否应当支付劳动者二倍工资？

答：劳动合同期满未续签的，用人单位应当自劳动合同期满的次日起支付劳动者未签订劳动合同的 2 倍工资。

▶▶▶ **相关案例**

一、案号

1. ［2013］朝民初字第 23530 号
2. ［2014］三中民终字第 04524 号

二、案情简述

2006 年 7 月 1 日，北京某珠宝贸易有限公司（以下简称"北京某珠宝公司"）与许某签订了书面的《劳动合同书》，期限为 2006 年 7 月 1 日至 2007 年 6 月 30 日。2007 年 7 月 1 日，北京某珠宝公司与许某签订了期限为 2007 年 7 月 1 日至 2008 年 6 月 30 日的书面《劳动合同书》。2008 年 7 月 1 日，双方又签订了期限为 2008 年 7 月 1 日至 2011 年 6 月 30 日的《劳动合同书》。许某称 2012 年 7 月 9 日被北京某珠宝公司无故辞退。

随后，许某向北京市朝阳区劳动人事争议仲裁委员会申请劳动仲裁，请求：裁决北京某珠宝公司支付许某 2011 年 7 月 1 日至 2012 年 6 月 30 日期间未签订书面劳动合同的 2 倍工资差额 48 000 元。该仲裁委员会经审理后裁决支付许某的仲裁请求。

北京某珠宝公司不服仲裁裁决，向北京市朝阳区人民法院提起诉讼请求：北京某珠宝公司无需向许某支付 2011 年 7 月 1 日至 2012 年 6 月 30 日期间未签订书面劳动合同的2倍工资差额48 000元。

三、法院判决

北京市朝阳区人民法院经审理后认为，北京某珠宝公司与许某签订的劳动合同于2011年6月30日到期后，北京某珠宝公司未与许某续签书面的劳动合同，故北京某珠宝公司应当依据上述规定向许某支付未签订劳动合同的2倍工资。关于北京某珠宝公司称其公司与许某续签了劳动合同的主张，因北京某珠宝公司未向法院提供相应的证据，且许某亦否认北京某珠宝公司与其续签了劳动合同，故本院对北京某珠宝公司的上述主张不予采纳。关于许某要求北京某珠宝公司支付其未签订劳动合同的2倍工资差额的诉讼请求，因于法有据，故本院予以支持。关于北京某珠宝公司要求判令其公司无需向许某支付未签订劳动合同的2倍工资差额的诉讼请求，因缺乏事实与法律依据，故本院不予支持。

2013年12月12日，北京市朝阳区人民法院判决：北京某珠宝公司给付许某2011年7月1日至2012年6月30日期间未签订书面劳动合同的2倍工资差额42 000元。

一审判决后，北京某珠宝公司不服提起上诉。2014年4月17日，北京市第三中级人民法院经审理后判决：驳回上诉，维持原判。

四、法律依据

《中华人民共和国劳动合同法》第十条　建立劳动关系，应当订立书面劳动合同。

已建立劳动关系，未同时订立书面劳动合同的，应当自用工之日起一个月内订立书面劳动合同。

用人单位与劳动者在用工前订立劳动合同的，劳动关系自用工之日起建立。

第八十二条　用人单位自用工之日起超过一个月不满一年未与劳动者订立书面劳动合同的，应当向劳动者每月支付二倍的工资。

用人单位违反本法规定不与劳动者订立无固定期限劳动合同的，自应当订立无固定期限劳动合同之日起向劳动者每月支付二倍的工资。

035 劳动者不认可绩效考核结果，应当如何处理？

答： 劳动者不认可绩效考核结果，应由用人单位对考核过程及结果承担举证责任。

▶▶▶ **相关案例**

一、案号

京朝劳仲字［2014］第 04553 号

二、案情简述

2012 年 6 月 18 日，林某入职某商务科技有限公司（以下简称"某商务科技公司"），担任 BD 部总监，主要工作内容为市场营销。某商务科技公司（甲方）与林某（乙方）签订的期限为 2012 年 6 月 18 日至 2015 年 6 月 27 日的《劳动合同书》规定："第二条……经考核，乙方不胜任所在工作岗位要求，甲方有权调整乙方的岗位，乙方应服从工作安排……第二十条乙方应服从甲方的管理，认真履行岗位说明书、工作计划等所规（约）定的义务，拒不服从甲方管理的行为属于严重违反甲方的劳动纪律……乙方违反劳动纪律，甲方可依据规章制度进行处理，直至解除本合同。"

2014 年 1 月 17 日，某商务科技公司向林某发出的《解除劳动合同关系通知书》记载："……鉴于在劳动合同履行期间，经考核无法胜任岗位工作，且不接受公司岗位调整，经本公司与你协商一致，本公司决定解除与你的劳动合同关系……公司将按照《2013 年度绩效考核办法》的规定，依据你的实际业绩完成率核算你 2013 年度绩效工资后支付，另根据合同约定支付你一个月的税后工资。"

随后,林某向北京市朝阳区劳动人事争议仲裁委员会申请劳动仲裁,请求:裁决某商务科技公司支付林某绩效工资90 000元。林某于2014年10月24日因病死亡,该仲裁委员会将林某之妻于蕾、之子林凯迪、之父林大秋、之母闫增英追加为本案申请人。

三、仲裁委员会裁决

北京市朝阳区劳动人事争议仲裁委员会经审理认为,劳动者的工作表现及考核情况属于用人单位掌握的事项。某商务科技公司未就对林某进行绩效考核的公司制度依据提交证据:(2013年度)绩效考核方案表反映出某商务科技公司在2013年上下半年所采取的考核方式并不一致;2013年度员工业绩考核成绩表(1月-12月)中"被考核人签字"处未显示有林某的签名字样且真实性亦不为林某所认可。综上,本仲裁委员会对某商务科技公司关于林某绩效考核情况及2013年度应得绩效工资数额的主张不予采信。因林某认可收到了数额为15 993元的款项且商务科技公司否认曾支付《解除劳动合同关系通知书》所载明的"一个月的税后工资",故本仲裁委员会对某商务科技公司关于已经支付林某2013年度绩效工资15 993元的主张予以采信。依据《中华人民共和国劳动合同法》第30条第1款的规定,某商务科技公司应当支付林某2013年度绩效工资差额74 007元。

《录用通知书》载明"薪酬组成:年薪合计(税前)=基本工资X12+绩效工资X12",且某商务科技公司提交的2013年度绩效考核得分及绩效工资核算表亦列明月度绩效工资基数为7500元,某商务科技公司在双方劳动关系解除后仍应对林某2014年1月份的工作表现进行评估并发放当月的绩效工资。

2015年8月24日,北京市朝阳区劳动人事争议仲裁委员会裁决:某商务科技公司向林某的近亲属支付林某的2013年度绩效工资差额74 007元。

四、法律依据

1.《中华人民共和国劳动争议调解仲裁法》第六条 发生劳动争议,当事人对自己提出的主张,有责任提供证据。与争议事项有关的证据属于用人单位掌握管理的,用人单位应当提供;用人单位不提供的,应当承担不利后果。

2.《中华人民共和国劳动合同法》第三十条　用人单位应当按照劳动合同约定和国家规定，向劳动者及时足额支付劳动报酬。

用人单位拖欠或者未足额支付劳动报酬的，劳动者可以依法向当地人民法院申请支付令，人民法院应当依法发出支付令。

036 对于绩效考核的合理性，用人单位是否应当承担举证责任？

答：用人单位应当对劳动者绩效考核的合理性承担举证责任。

▶▶▶ 相关案例

一、案号

1. ［2021］京 0115 民初 17207 号
2. ［2022］京 02 民终 2389 号

二、案情简述

2019 年 5 月 1 日，郑某转入北京某在线信息科技有限公司（以下简称"北京某在线公司"），任云客服事业部员工，签订劳动合同期限为 2019 年 5 月 1 日至 2020 年 11 月 30 日。2020 年 12 月 11 日，双方终止劳动关系。

郑某 2020 年前三季度考核均为 C 即考核称职，其中第一季度 84.8（5 人排第 4 位）、第二季度 89.92（5 人排第 4 位）、第三季度 94.3（14 人排第 7 位），三季度等级均为 C。北京某在线公司在综合前三季度成绩的基础上，全年整体考核评定为 D。

随后，郑某向北京经济技术开发区劳动人事争议仲裁委员会申请劳动仲裁，请求：裁决北京某在线公司支付郑某 2020 年 1 月 1 日至 12 月 11 日期间年终绩效工资差额 26 774.79 元。该仲裁委员会经审理后裁决支持郑某的部分仲裁请求。

郑某不服仲裁裁决，向北京市大兴区人民法院提起诉讼，诉讼请求同仲裁请求。

三、法院判决

北京市大兴区人民法院经审理后认为，用人单位对劳动者工资、奖金的减少发放负有举证责任。结合郑某前三个季度评级均为 C 等，北京某在线公司提交的证据、证人证言不足以证明郑某第四季度存在导致其年终评级滑落至 D 等的工作失误之情形。《专业序列员工季度绩效考核结果上报表》对于郑某的评分均有部门负责人签字，故本院对"评 C 级目的仅系激励"的证人证言不予采信。综上，本院对北京某在线公司主张郑某年度绩效考核等级 D 等、绩效系数为 0.5 的主张不予采纳。结合其综合排名，郑某在 C 等级（绩效系数范围为 0.8~1）中的成绩并非优异，以该绩效等级中的高系数计算年终奖实属不妥，故本院酌定郑某的绩效系数为 0.8。

2012 年 12 月 15 日，北京市大兴区人民法院判决：北京某在线公司支付郑某 2020 年 1 月 1 日至 2020 年 12 月 11 日期间年终绩效奖金差额 14 579.61 元。

一审判决后，北京某在线公司不服提起上诉。2022 年 3 月 30 日，北京市第二中级人民法院经审理后判决：驳回上诉，维持原判。

四、法律依据

《最高人民法院关于审理劳动争议案件适用法律问题的解释（一）》第四十四条　因用人单位作出的开除、除名、辞退、解除劳动合同、减少劳动报酬、计算劳动者工作年限等决定而发生的劳动争议，用人单位负举证责任。

第四编

劳动合同解除和终止

037 劳动者在订立劳动合同时存在欺诈，用人单位是否可以解除劳动合同？

答： 劳动者在与用人单位订立劳动合同时存在欺诈行为，双方的劳动合同无效，用人单位可以解除劳动合同。

▶▶▶▶ **相关案例**

一、案号

1. ［2016］京 0102 民初 12983 号
2. ［2016］京 02 民终 9331 号

二、案情简述

2004 年 7 月，郭某毕业后入职中国某出版社。双方签有多份书面劳动合同。2009 年 1 月 1 日，中国某出版社读者服务部与郭某签订劳动合同，约定合同期限为 2009 年 1 月 1 日至 2009 年 12 月 31 日，岗位为编辑，并记载郭某在中国某出版社起始工作时间为 2004 年 9 月 20 日。中国某出版社读者服务部系中国某出版社的下属机构，非独立法人，现已注销，相关权利义务由中国某出版社承继。

2015 年 1 月 6 日，中国某出版社在社领导和工会主席均在场的情况下当面向郭某发出《解除劳动关系通知书》。内容为："郭某同志：鉴于：1.2013 年 12 月 20 日之前，你的身份系国家公务员，你入职我社时隐瞒了相关事实。依据《中华人民共和国公务员法》第五十三条、《中华人民共和国劳动合同法》第二十六条等相关法律规定，你与我社建立的劳动关系无效。……据此，依据《中华人民共和国劳动合同法》第三十九条规定，我社通知你：1. 自

2015 年 1 月 6 日开始，我社与你解除劳动关系。……"但郭某拒绝签收。

随后，郭某向北京市西城区劳动人事争议仲裁委员会申请劳动仲裁，请求：裁决中国某出版社与郭某继续履行劳动合同。该仲裁委员会经审理后裁决支持郭某的仲裁请求。

中国某出版社不服仲裁裁决，向北京市西城区人民法院提起诉讼请求：确认中国某出版社与郭某的劳动关系于 2015 年 1 月 6 日解除；中国某出版社无需与郭某继续履行劳动合同。

三、法院判决

北京市西城区人民法院经审理后认为，本案争议焦点为双方劳动关系是否于 2015 年 1 月 6 日解除。劳动者与用人单位诚实守信地告知自身真实情况，保证对方享有充分知情权是建立劳动关系的先决条件。根据查明的事实，郭某原系湖北省某市某区司法局工作人员，其公务员的身份一直保留至 2013 年 12 月 20 日，在 2004 年郭某入职中国某出版社时其仍系公务员身份。在双方建立劳动关系时，郭某没有依据诚实信用的原则向中国某出版社履行说明义务，使得中国某出版社作出了建立劳动关系的错误意思表示，郭某之行为构成欺诈。中国某出版社与郭某之间的劳动合同因郭某的欺诈行为而无效，中国某出版社据此与郭某解除劳动合同并无不当。故本院依法确认双方劳动关系于 2015 年 1 月 6 日解除，中国某出版社无需与郭某继续履行劳动合同。

2016 年 9 月 21 日，北京市西城区人民法院判决：确认中国某出版社与郭某之间的劳动关系于 2015 年 1 月 6 日解除；中国某出版社无需与郭某继续履行劳动合同。

一审判决后，郭某不服提起上诉。2017 年 1 月 10 日，北京市第二中级人民法院经审理后判决：驳回上诉，维持原判。

四、法律依据

《中华人民共和国劳动合同法》第八条 用人单位招用劳动者时，应当如实告知劳动者工作内容、工作条件、工作地点、职业危害、安全生产状况、劳动报酬，以及劳动者要求了解的其他情况；用人单位有权了解劳动者与劳动合同直接相关的基本情况，劳动者应当如实说明。

第二十六条 下列劳动合同无效或者部分无效：

（一）以欺诈、胁迫的手段或者乘人之危，使对方在违背真实意思的情况下订立或者变更劳动合同的；

…………

第三十九条　劳动者有下列情形之一的，用人单位可以解除劳动合同：

…………

（五）因本法第二十六条第一款第一项规定的情形致使劳动合同无效的；

…………

038　劳动者与用人单位各自主张的解除劳动合同理由不一致，应当如何处理？

答： 劳动者与用人单位就各自主张的解除劳动合同理由应当提供证据加以证明，没有证据或者证据不足以证明其主张的，应当承担不利后果。

▶▶▶ 相关案例

一、案号

[2019] 京 0105 民初 2760 号

二、案情简述

唐某曾系北京某医疗美容诊所有限公司（以下简称"北京某美容公司"）员工，主张 2017 年 10 月 22 日其以北京某美容公司未及时足额支付劳动报酬、未依法缴纳社会保险为由提出解除劳动关系。北京某美容公司认可该公司收到了唐某邮寄的《解除劳动关系通知书》。北京某美容公司认为 2017 年 10 月 16 日唐某因个人原因提出离职，而且 2017 年 10 月 19 日后唐某就不来上班了，属于自行离职。

随后，唐某向北京市朝阳区劳动人事争议仲裁委员会申请劳动仲裁，请求：北京某美容公司支付唐某解除劳动关系经济补偿 10 500 元。该仲裁委员会经审理裁决支持唐某的仲裁请求。

北京某美容公司不服仲裁裁决，向北京市朝阳区人民法院提起诉讼请求：判决北京某美容公司不支付唐某解除劳动关系经济补偿 10 500 元。

三、法院判决

北京市朝阳区人民法院审理后认为，当事人对自己提出的诉讼请求所依据的事实有责任提供证据加以证明，没有证据或者证据不足以证明当事人的事实主张的，由负有举证责任的当事人承担不利后果。唐某主张其于 2017 年 10 月 22 日提出解除劳动关系，北京某美容公司亦认可收到了唐某邮寄的《解除劳动关系通知书》，北京某美容公司虽主张唐某 2017 年 10 月 19 日主动提出离职，就其主张未向本院充分举证，本院难以采信，故，本院采信唐某有关其于 2017 年 10 月 22 日与北京某美容公司解除劳动关系的主张。

唐某以北京某美容公司未及时足额支付工资、未缴纳社会保险为由提出解除劳动关系，要求支付解除劳动关系的经济补偿金，符合《中华人民共和国劳动合同法》第 38 条及第 46 条的规定，北京某美容公司应支付唐某解除劳动关系的经济补偿金，仲裁裁决数额不违反法律规定，本院予以确认。

2019 年 3 月 26 日，北京市朝阳区人民法院判决：北京某美容公司支付唐某解除劳动关系经济补偿 10 500 元。

四、法律依据

1. 《中华人民共和国劳动合同法》第三十八条   用人单位有下列情形之一的，劳动者可以解除劳动合同：

…………

（二）未及时足额支付劳动报酬的；

（三）未依法为劳动者缴纳社会保险费的。

…………

2. 《最高人民法院关于审理劳动争议案件适用法律问题的解释（一）》第四十四条   因用人单位作出的开除、除名、辞退、解除劳动合同、减少劳动报酬、计算劳动者工作年限等决定而发生的劳动争议，用人单位负举证责任。

039　劳动者未通过试用期考核，用人单位是否可以解除劳动合同？

答： 用人单位不能就考核流程、考核标准、考核结果等提供证据证明劳动者未通过"试用期考核"的，解除劳动合同违法。

▶▶▶▶ 相关案例

一、案号

1. ［2018］京 0105 民初 3291 号
2. ［2018］京 03 民终 13688 号

二、案情简述

2016 年 6 月 1 日，某国际运输代理（中国）有限公司北京分公司（以下简称"某运输北京分公司"）与樊某签订劳动合同，约定期限为 2016 年 6 月 1 日至 2019 年 5 月 31 日，其中试用期为 2016 年 6 月 1 日至 2016 年 11 月 30 日，樊某的岗位为某区人力资源总监。樊某实际工作至 2016 年 11 月 1 日，当日某运输北京分公司作出劳动合同解除决定书，以"试用期公司解除劳动合同（未通过试用期考核）"为由解除了与樊某的劳动关系。

随后，樊某向北京市朝阳区劳动人事争议仲裁委员会申请劳动仲裁，请求：裁决某运输北京分公司与樊某继续履行劳动合同。该仲裁委员会经审理后裁决支持樊某的仲裁请求。

某运输北京分公司不服仲裁裁决，向北京市朝阳区人民法院提起诉讼请求：判决某运输北京分公司与樊某无需继续履行劳动合同。

三、法院判决

北京市朝阳区人民法院经审理后认为，某运输北京分公司以"试用期公司解除劳动合同（未通过试用期考核）"为由解除与樊某的劳动关系，但某运输北京分公司未就考核流程、考核标准、考核结果提供相应的证据，故本院认定某运输北京分公司系违法解除与樊某的劳动关系。现樊某要求某运输北京分公司继续履行劳动合同符合法律规定，本院予以支持。

2018 年 7 月 30 日，北京市朝阳区人民法院判决：某运输北京分公司与樊某继续履行劳动合同。

一审判决后，某运输北京分公司不服提起上诉。2018 年 12 月 17 日，北京市第三中级人民法院经审理后判决：驳回上诉，维持原判。

四、法律依据

1. 《中华人民共和国劳动合同法》第四十八条　用人单位违反本法规定解除或者终止劳动合同，劳动者要求继续履行劳动合同的，用人单位应当继续履行；劳动者不要求继续履行劳动合同或者劳动合同已经不能继续履行的，用人单位应当依照本法第八十七条规定支付赔偿金。

2. 《最高人民法院关于审理劳动争议案件适用法律问题的解释（一）》第四十四条　因用人单位作出的开除、除名、辞退、解除劳动合同、减少劳动报酬、计算劳动者工作年限等决定而发生的劳动争议，用人单位负举证责任。

040 《离职证明》记载劳动者辞职，是否可以认定为用人单位违法解除劳动合同？

答：如果劳动者不能举证证明《离职证明》记载内容并非其本人的真实意思表示，则用人单位不构成违法解除劳动合同。

▶▶▶ 相关案例

一、案号

京海劳人仲字〔2015〕第 2778 号

二、案情简述

2014 年 3 月 10 日，曲某到北京某商务汽车租赁有限公司（以下简称"北京某汽车租赁公司"）担任财务总监，双方签订了终止日期为 2017 年 3 月 9 日的劳动合同，曲某正常工作至 2014 年 11 月 12 日，并于当日离职。曲某称，因总经理离职，高层想更换财务负责人，北京某汽车租赁公司通知其去其他关联公司上班，曲某不同意北京某汽车租赁公司作出的上述调整，认为北京某汽车租赁公司变相裁人。

随后，曲某向北京市海淀区劳动人事争议仲裁委员会申请劳动仲裁，请求：裁决北京某汽车租赁公司支付曲某违法解除劳动合同赔偿金 52 000 元。

三、仲裁委员会裁决

北京市海淀区劳动人事争议仲裁委员会经审理后认为，曲某虽就北京某汽车租赁公司提出解除劳动合同的主张提供了《离职证明》，但该证据未明确显示相关信息，且《离职证明》显示离职申请人系曲某本人，曲某未提供其他证据予以反驳，应承担相应的不利后果，故对其此项主张不予采信。此外，曲某作为具有完全民事行为能力的劳动者，曾在《离职证明》中确认双方自解除之日起无任何劳动纠纷，且未提供证据证明北京某汽车租赁公司存在胁迫、欺诈等情形，故认定上述行为系曲某的真实意思表示。综上，曲某要求北京某汽车租赁公司支付违法解除劳动合同赔偿金的请求缺乏依据，不予支持。

2015 年 5 月 29 日，北京市海淀区劳动人事争议仲裁委员裁决：驳回曲某的仲裁请求。

四、法律依据

《最高人民法院关于审理劳动争议案件适用法律问题的解释（一）》第四十四条　因用人单位作出的开除、除名、辞退、解除劳动合同、减少劳动报酬、计算劳动者工作年限等决定而发生的劳动争议，用人单位负举证责任。

041 劳动者与用人单位约定不缴纳社会保险，但又以未缴纳社会保险解除劳动合同，是否可以要求支付经济补偿金？

答： 为劳动者缴纳社会保险系用人单位的法定义务，用人单位不能以双方约定不缴纳社保为由拒付解除劳动合同经济补偿金。

▶▶▶▶ **相关案例**

一、案号

1. ［2014］顺民初字第 05380 号
2. ［2014］三中民终字第 15700 号

二、案情简述

2008 年 12 月 18 日，杨某与北京某国际酒店有限公司（以下简称"北京某酒店公司"）签订了期限为 2008 年 12 月 18 日至 2010 年 12 月 17 日的劳动合同，并于 2010 年 12 月 2 日续签劳动合同，期限至 2012 年 12 月 17 日。2012 年 12 月 18 日之后，杨某继续提供实际劳动，但双方未续签劳动合同。2013 年 11 月 6 日，杨某向某酒店公司邮寄送达《解除劳动关系通知书》，解除理由为某酒店公司未为其缴纳社会保险、未及时足额支付劳动报酬。

2013 年 11 月 20 日，杨某向北京市顺义区劳动人事争议仲裁委员会申请劳动仲裁，请求：北京某酒店公司支付杨某 2008 年 12 月 18 日至 2013 年 11 月 7 日解除劳动关系经济补偿金 35 500 元。该仲裁委员会经审理后裁决支持杨某的仲裁请求。

北京某酒店公司不服仲裁裁决，向北京市顺义区人民法院提起诉讼请求：判决某酒店公司不支付杨某解除劳动关系经济补偿金 35 500 元。

三、法院判决

北京市顺义区人民法院经审理后认为，北京某酒店公司没有为杨某缴纳社会保险，并辩称已与杨某约定其社会保险由北京市人才服务中心缴纳。然，为劳动者缴纳社会保险系用人单位的法定义务，现北京某酒店公司未履行该义务，杨某以此为由要求北京某酒店公司依法支付解除劳动关系经济补偿金，此种情形符合《中华人民共和国劳动合同法》第 38 条、第 46 条之规定，本院予以支持。

2014 年 9 月 26 日，北京市顺义区人民法院判决：北京某酒店公司支付杨某解除劳动关系经济补偿金 35 500 元。

一审判决后，北京某酒店公司不服提起上诉。2014 年 12 月 8 日，北京市第三中级人民法院经审理后判决：驳回上诉，维持原判。

四、法律依据

1. 《中华人民共和国劳动合同法》第三十八条　用人单位有下列情形之一的，劳动者可以解除劳动合同：

（一）未按照劳动合同约定提供劳动保护或者劳动条件的；

（二）未及时足额支付劳动报酬的；

（三）未依法为劳动者缴纳社会保险费的；

（四）用人单位的规章制度违反法律、法规的规定，损害劳动者权益的；

（五）因本法第二十六条第一款规定的情形致使劳动合同无效的；

（六）法律、行政法规规定劳动者可以解除劳动合同的其他情形。

用人单位以暴力、威胁或者非法限制人身自由的手段强迫劳动者劳动的，或者用人单位违章指挥、强令冒险作业危及劳动者人身安全的，劳动者可以立即解除劳动合同，不需事先告知用人单位。

第四十六条　有下列情形之一的，用人单位应当向劳动者支付经济补偿：

（一）劳动者依照本法第三十八条规定解除劳动合同的；

（二）用人单位依照本法第三十六条规定向劳动者提出解除劳动合同并与劳动者协商一致解除劳动合同的；

（三）用人单位依照本法第四十条规定解除劳动合同的；

（四）用人单位依照本法第四十一条第一款规定解除劳动合同的；

（五）除用人单位维持或者提高劳动合同约定条件续订劳动合同，劳动者不同意续订的情形外，依照本法第四十四条第一项规定终止固定期限劳动合同的；

（六）依照本法第四十四条第四项、第五项规定终止劳动合同的；

（七）法律、行政法规规定的其他情形。

2. 《中华人民共和国劳动争议调解仲裁法》第六条　发生劳动争议，当事人对自己提出的主张，有责任提供证据。与争议事项有关的证据属于用人单位掌握管理的，用人单位应当提供；用人单位不提供的，应当承担不利后果。

3. 《中华人民共和国劳动法》第十八条　下列劳动合同无效：

（一）违反法律、行政法规的劳动合同；

（二）采取欺诈、威胁等手段订立的劳动合同。

无效的劳动合同，从订立的时候起，就没有法律约束力。确认劳动合同部分无效的，如果不影响其余部分的效力，其余部分仍然有效。

劳动合同的无效，由劳动争议仲裁委员会或者人民法院确认。

042 劳动者擅自不到岗工作，是否属于自动离职？

答：劳动者擅自不到岗工作，不属于自动离职。

>>>> 相关案例

一、案号

京东劳仲字［2013］第235号

二、案情简述

张某曾于2008年2月至2008年11月30日在北京某服装店工作，后于2009年12月13日再次进入该服装店工作，双方同日签订劳动合同。后双方在2011年9月1日再次签订劳动合同，有效期至2013年9月2日。

张某称因自己身体不好，北京某服装店让其从2012年5月17日起回家休病假，直至其2012年11月6日以北京某服装店欠付工资、未缴纳社会保险为由辞职时止，北京某服装店没有发放上述时间段工资。北京某服装店于2012年11月6日收到张某通过EMS寄送的解除劳动关系通知书。北京某服装店主张张某从2012年5月17日起自己不到岗工作，属于自动离职。

随后，张某向北京市东城区劳动人事争议仲裁委员会申请劳动仲裁，请求：裁决北京某服装店支付张某解除劳动合同经济补偿金19 133.75元。

三、仲裁委员会裁决

北京市东城区劳动人事争议仲裁委员会经审理后认为，北京某服装店虽主张张某自2012年5月17日起自己不到岗工作，属于擅自离职，但直至张某邮寄解除劳动合同通知书的11月也没有对张某的该行为作出处理，故本仲裁委员会对服装店关于张某自动离职的主张不予采信，采信张某的主张，即自2012年5月17日至11月5日在家休病假。张某为农业户口，北京某服装店没有为张某缴纳在职期间的社会保险，张某以该理由提出解除劳动合同，依法北京某服装店应支付张某解除劳动合同经济补偿金，张某的该请求本委予以支持。

2013年2月18日，北京市东城区劳动人事争议仲裁委员会裁决：北京某服装店支付张某解除劳动合同经济补偿金10 854元。

四、法律依据

1.《最高人民法院关于审理劳动争议案件适用法律问题的解释（一）》第四十四条　因用人单位作出的开除、除名、辞退、解除劳动合同、减少劳动报酬、计算劳动者工作年限等决定而发生的劳动争议，用人单位负举证责任。

2.《北京市工资支付规定》第二十一条　劳动者患病或者非因工负伤的，在病休期间，用人单位应当根据劳动合同或集体合同的约定支付病假工资。用人单位支付病假工资不得低于本市最低工资标准的80%。

043 劳动者的岗位被撤销，用人单位是否可以"情势变更"为由解除劳动合同？

答： 用人单位撤销劳动者的工作岗位不属于"客观情况发生重大变化"并"致使劳动合同无法履行"的法定情形，解除劳动合同违法。

▶▶▶ **相关案例**

一、案号

1. ［2015］朝民初字第 64432 号
2. ［2017］京 03 民终 1037 号

二、案情简述

2011 年 7 月 30 日，傅某入职某管理咨询（上海）有限公司北京分公司（以下简称"某管理北京分公司"）。2012 年 6 月 1 日，北京某咨询有限公司（以下简称"北京某咨询公司"）、傅某及某管理北京分公司签订《三方协议书》，约定傅某与某管理北京分公司解除劳动关系，与北京某咨询公司自当日建立劳动关系，工作年限连续计算，后双方于 2012 年 7 月 30 日签订无固定期限劳动合同。

2014 年 11 月 14 日，北京某咨询公司向傅某发出《解除劳动合同通知书》："因公司业务调整，您目前的工作岗位已取消，您与公司签订的劳动合同无法继续履行。公司已同你就'变更劳动合同内容'进行过协商，但未能就'变更劳动合同内容'达成协议。因此，公司将解除与您的劳动合同……"北京某咨询公司主张与傅某解除劳动合同的原因为傅某负责的老龄委医疗咨询项目严重亏损，该公司因此解散了傅某所在团队，之后与傅某就变更劳动合同内容（指解除劳动合同）进行协商并向傅某推荐了两个关联公司的工作岗位（需应聘面试），未能达成一致。傅某否认项目亏损，认可北京某咨询公司在其离职后解散了其所在团队，但称未就变更劳动合同进行过协商，认可北京某咨询公司推荐过两个其他关联公司的岗位，称继续履行劳动合同后同意变更工作岗位。

随后，傅某向北京市朝阳区劳动人事争议仲裁委员会申请仲裁，请求：裁决撤销北京某咨询公司于 2014 年 11 月 14 日作出的《解除劳动合同通知书》，继续履行劳动合同。该仲裁委员会经审理后裁决支持傅某的仲裁请求。

北京某咨询公司不服仲裁裁决，向北京市朝阳区人民法院提起诉讼请求：确认北京某咨询公司向傅某下发的《解除劳动合同通知书》有效，双方之间的劳动合同已经解除，双方的劳动合同无需继续履行。

三、法院判决

北京市朝阳区人民法院经审理后认为：北京某咨询公司与傅某解除劳动合同是否符合法律规定，应由北京某咨询公司举证证明。北京某咨询公司主张，傅某所在老龄委医疗项目严重亏损，该公司将整个工作团队撤销，傅某岗位消失，向傅某提供了两个工作机会，亦就解除劳动合同进行了协商，未能达成一致，因此公司与傅某解除劳动合同，符合法律规定。对此，本院认为，《中华人民共和国劳动合同法》第40条第3项的规定，"劳动合同订立时所依据的客观情况发生重大变化，致使劳动合同无法履行，经用人单位与劳动者协商，未能就变更劳动合同内容达成协议的"，用人单位可与劳动者解除劳动合同。北京某咨询公司因亏损而自行终止某一项目的运营不属于劳动合同订立时所依据的客观情况发生重大变化，……因此，其与傅某解除劳动合同不符合法律规定，本院支持傅某要求撤销《解除劳动合同通知书》、继续履行劳动合同的诉讼请求。

2016 年 12 月 2 日，北京市朝阳区人民法院判决：撤销北京某咨询公司于 2014 年 12 月 14 日作出的《解除劳动合同通知书》；北京某咨询公司继续履行与傅某的劳动合同。

一审判决后，北京某咨询公司不服提起上诉。2017 年 5 月 8 日，北京市第三中级人民法院经审理后判决：驳回上诉，维持原判。

四、法律依据

《中华人民共和国劳动合同法》第四十条 有下列情形之一的，用人单位提前三十日以书面形式通知劳动者本人或者额外支付劳动者一个月工资后，可以解除劳动合同：

（一）劳动者患病或者非因工负伤，在规定的医疗期满后不能从事原工作，也不能从事由用人单位另行安排的工作的；

（二）劳动者不能胜任工作，经过培训或者调整工作岗位，仍不能胜任工作的；

（三）劳动合同订立时所依据的客观情况发生重大变化，致使劳动合同无法履行，经用人单位与劳动者协商，未能就变更劳动合同内容达成协议的。

044 待岗人员未完成内部双选，用人单位是否可以其不胜任工作为由解除劳动合同？

答： 待岗人员未完成内部双选，不能证明劳动者不胜任工作，用人单位解除劳动合同违法。

▶▶▶ 相关案例

一、案号

1. ［2021］京 0105 民初 63565 号
2. ［2022］京 03 民终 3108 号

二、案情简述

2003 年 8 月 1 日，曹某入职中国某大学出版社有限责任公司（以下简称"中国某出版社公司"）。因中国某出版社公司改制后实行"岗位聘用、双向选择"的管理制度，在 2019 年 2 月，曹某明确拒绝中国某出版社公司的岗位安排，选择了"双向选择"择岗方式，但曹某始终没有确定工作岗位，自 2019 年 2 月开始曹某一直处于待岗状态。2019 年 8 月，中国某出版社公司安排曹某于 9 月接受培训，培训后曹某仍然没有被中国某出版社公司的任何部门聘用，中国某出版社公司于 2020 年 8 月 12 日向曹某发送《通知》，解除了与曹某的劳动合同。

随后，曹某向北京市朝阳区劳动人事争议仲裁委员会申请劳动仲裁，请求：裁决中国某出版社公司支付曹某违法解除劳动合同赔偿金 111 494.60 元。该仲裁委员会经审理后裁决支持曹某的仲裁请求。

中国某出版社公司不服，向北京市朝阳区人民法院提起诉讼请求：判决某出版社公司无需支付曹某违法解除劳动合同赔偿金 111 494.60 元。

三、法院判决

北京市朝阳区人民法院经审理后认为，因用人单位作出的开除、除名、辞退、解除劳动合同、减少劳动报酬、计算劳动者工作年限等决定而发生的劳动争议，用人单位负举证责任。中国某出版社向曹某出具的解除劳动合同通知中并未明确解除理由，仲裁及诉讼期间，中国某出版社公司主张与曹某解除劳动关系的主要原因为曹某经培训后仍然未被任何部门聘用，属于不能胜任工作，另结合曹某 2019 年考核不合格、严重违反相关规定给中国某出版社公司造成重大损失，故中国某出版社公司与曹某解除了劳动关系。中国某出版社公司主张曹某选择"双向选择"的择岗方式，但无任何部门聘用曹某，在经过培训后仍未被任何部门聘用，以此证明曹某不能胜任工作，所谓的"双向选择"，劳动者可以选择工作岗位，用人单位也应向劳动者提供岗位供劳动者选择，并制定实施办法，但中国某出版社公司未就"双向选择"制定实施办法，亦未向曹某提供工作岗位，即以曹某不胜任工作为由与曹某解除劳动关系，曹某对此不予认可，中国某出版社公司亦未提交其他证据证明曹某不胜任工作，故本院对中国某出版社公司的主张不予采信。

2021 年 11 月 22 日，北京市朝阳区人民法院判决：中国某出版社公司支付曹某违法解除劳动关系赔偿金 111 494.60 元。

一审判决后，中国某出版社公司不服提起上诉。2022 年 4 月 28 日，北京市第三中级人民法院经审理后判决：驳回上诉，维持原判。

四、法律依据

1.《中华人民共和国劳动合同法》第四十条 有下列情形之一的，用人单位提前三十日以书面形式通知劳动者本人或者额外支付劳动者一个月工资后，可以解除劳动合同：

…………

（二）劳动者不能胜任工作，经过培训或者调整工作岗位，仍不能胜任工作的。

…………

第四十八条 用人单位违反本法规定解除或者终止劳动合同，劳动者要求继续履行劳动合同的，用人单位应当继续履行；劳动者不要求继续履行劳动合同或者劳动合同已经不能继续履行的，用人单位应当依照本法第八十七条规定支付赔偿金。

2.《最高人民法院关于审理劳动争议案件适用法律问题的解释（一）》第四十四条　因用人单位作出的开除、除名、辞退、解除劳动合同、减少劳动报酬、计算劳动者工作年限等决定而发生的劳动争议，用人单位负举证责任。

045 劳动者因拖欠工资被迫解除劳动合同，用人单位是否应当支付经济补偿金？

答：用人单位拖欠工资，劳动者以用人单位未及时足额支付劳动报酬为由解除劳动合同，用人单位应当支付经济补偿金。

▶▶▶ **相关案例**

一、案号

1. ［2019］粤 0309 民初 15350 号
2. ［2021］粤 03 民终 9860 号

二、案情简述

2009 年 2 月 26 日，葛某入职某航天刀具有限公司（以下简称"某航天刀具公司"），担任科技项目经理，月薪 10 000 元。因拖欠工资，葛某通过 EMS 快递方式向某航天刀具公司提出被迫解除劳动关系，后于 2019 年 6 月 23 日离职。由于葛某连续旷工 8 天，某航天刀具公司向葛某邮寄了关于"葛某旷工"的通知，并于 2019 年 7 月 2 日向葛某邮寄了关于"解除葛某劳动合同关系"的通知。

随后，葛某向深圳市龙华区劳动人事争议仲裁委员会申请劳动仲裁，请求：裁决某航天刀具公司支付葛某解除劳动合同经济补偿金 105 000 元。该仲裁委员会经审理后裁决：驳回葛某的仲裁请求。

葛某不服仲裁裁决，向广东省深圳市龙华区人民法院提起诉讼，诉讼请求同仲裁请求。

三、法院判决

广东省深圳市龙华区人民法院经审理后认为，某航天刀具公司确实存在拖欠支付工资的行为，针对葛某被迫解除劳动关系的主张，本院予以认可。葛某向某航天刀具公司邮寄的地址虽然并非某航天刀具公司的注册地址，但葛某提交的证据可以证明某航天刀具公司注册地址所在的深圳市龙华新区龙华街道油松社区航天科工厂区 2 栋的第二层亦属于某航天刀具公司的办公地址。针对某航天刀具公司未收到被迫解除劳动合同通知书的主张，本院不予采信。葛某一共在职 10 年 4 个月，某航天刀具公司应向葛某支付被迫解除劳动关系经济补偿金 105 000 元（10 000 元×10.5 个月）。

2020 年 11 月 1 日，广东省深圳市龙华区人民法院判决：某航天刀具公司向葛某支付被迫解除劳动关系经济补偿金 105 000 元。

一审判决后，某航天刀具公司不服提起上诉。2021 年 12 月 16 日，广东省深圳市中级人民法院该院经审理后判决：驳回上诉，维持原判。

四、法律依据

1. 《中华人民共和国劳动合同法》第三十八条　用人单位有下列情形之一的，劳动者可以解除劳动合同：

…………

(二) 未及时足额支付劳动报酬的。

…………

第四十六条　有下列情形之一的，用人单位应当向劳动者支付经济补偿：

(一) 劳动者依照本法第三十八条规定解除劳动合同的。

…………

第四十七条　经济补偿按劳动者在本单位工作的年限，每满一年支付一个月工资的标准向劳动者支付。六个月以上不满一年的，按一年计算；不满六个月的，向劳动者支付半个月工资的经济补偿。

劳动者月工资高于用人单位所在直辖市、设区的市级人民政府公布的本地区上年度职工月平均工资三倍的，向其支付经济补偿的标准按职工月平均工资三倍的数额支付，向其支付经济补偿的年限最高不超过十二年。

本条所称月工资是指劳动者在劳动合同解除或者终止前十二个月的平均工资。

046 用人单位与劳动者均无法证明劳动合同解除原因，是否可以视为双方协商一致解除劳动合同？

答：用人单位与劳动者均无法证明劳动合同解除的原因时，应视为双方协商一致解除劳动合同，用人单位应向劳动者支付经济补偿金。

▶▶▶▶ **相关案例**

一、案号

[2020] 京 0105 民初 17905 号

二、案情简述

2011 年 6 月 1 日，邱某入职中国某出版社有限公司（以下简称"中国某出版社公司"），从事《环球银幕》发行部工作。双方签订自 2011 年 6 月 1 日至 2012 年 5 月 31 日的劳动合同，每月上旬通过银行转账及现金形式发放上个自然月的工资，邱某实际出勤至 2019 年 6 月 28 日。2018 年 6 月，邱某因未核实出入库数据导致严重的工作失误。2019 年 6 月 28 日，邱某再次出现类似错误，编辑部领导找其谈话，并对其提出严厉批评。邱某认可自 2019 年 6 月 29 日没有再到公司上班。2019 年 9 月 2 日，中国某出版社公司向邱某发出要求其返岗并说明情况的《通知函》，邱某于 2019 年 9 月 5 日回函称拒绝返岗。中国某出版社公司认为邱某的行为已构成连续旷工、严重违反公司规章制度，双方之间的劳动关系自 2019 年 9 月 5 日起解除。

随后，邱某向北京市朝阳区劳动人事争议仲裁委员会申请劳动仲裁。该仲裁委员会经审理后裁决：中国某出版社公司向邱某支付违法解除劳动关系赔偿金 116 816.28 元。

中国某出版社公司不服仲裁裁决，向北京市朝阳区人民法院提起诉讼请求：判决中国某出版社公司无需向邱某支付违法解除劳动关系赔偿金116 816.28元。

三、法院判决

北京市朝阳区人民法院经审理后认为，当事人应该对自己的主张举证。本案中，双方于2011年6月1日签订有劳动合同，劳动合同期限为1年，合同到期后双方未续签劳动合同，根据法律规定，自2013年6月1日起视为双方已订立无固定期限劳动合同。邱某主张2019年6月28日中国某出版社公司主编口头与其解除劳动关系，中国某出版社公司不认可邱某所述谈话内容。邱某认可其实际出勤至2019年6月28日，并主张劳动关系自2019年6月28日解除，但邱某提交的微信聊天记录显示，邱某在2019年6月28日之后仍在处理工作事宜，中国某出版社公司也实际发放工资及缴纳社保至2019年8月底。另一方面，中国某出版社公司称其要对邱某进行调岗，但未就此进行举证，自2019年6月28日至2019年8月底期间邱某未到岗，中国某出版社公司亦未就时隔2个月之久才向邱某书面通知返岗给出合理解释。故本院认为，本案中，双方均无法证明劳动合同解除的原因，应视为双方协商一致解除劳动合同，按照相关法律的规定，中国某出版社公司应该向邱某支付经济补偿金。综合本案证据，本院确定中国某出版社公司应支付邱某8.5个月的工资作为经济补偿，具体金额由本院依法判决。

2021年3月29日，北京市朝阳区人民法院判决：中国某出版社公司支付邱某解除劳动关系经济补偿金46 750元。

四、法律依据

《中华人民共和国劳动合同法》第三十六条　用人单位与劳动者协商一致，可以解除劳动合同。

第四十六条　有下列情形之一的，用人单位应当向劳动者支付经济补偿：……

（二）用人单位依照本法第三十六条规定向劳动者提出解除劳动合同并与劳动者协商一致解除劳动合同的；

……

　　第四十七条　经济补偿按劳动者在本单位工作的年限，每满一年支付一个月工资的标准向劳动者支付。六个月以上不满一年的，按一年计算；不满六个月的，向劳动者支付半个月工资的经济补偿。

　　…………

047 用人单位与劳动者对于劳动合同的解除均有过错，用人单位是否应支付经济补偿金？

答：用人单位与劳动者对于劳动合同的解除均有过错，应综合考虑双方过错以及劳动关系已经解除的情况，确定用人单位是否应支付劳动者经济补偿金。

▶▶▶▶ **相关案例**

一、案号

1. ［2021］陕 0104 民初 1379 号
2. ［2021］陕 01 民终 13569 号

二、案情简述

2001 年 7 月，魏某入职陕西航天某集团有限公司（以下简称"陕西某航天公司"），双方先后签订了 2 份 5 年期的书面劳动合同，合同期限分别为自 2001 年 7 月 15 日至 2006 年 7 月 14 日止、2007 年 12 月 27 日至 2012 年 12 月 27 日止。2012 年 12 月 27 日，双方又续签了劳动合同，合同期限自 2012 年 12 月 27 日至 2017 年 12 月 26 日止。2018 年 7 月 11 日，陕西某航天公司人力资源部向魏某下发《续签劳动合同意向通知书》《劳动合同续签意向申请书》。2018 年 7 月 18 日，魏某在《劳动合同续签意向申请书》上签字确认，后魏某与陕西某航天公司并未续签劳动合同。

2008 年 6 月 21 日，魏某学习了《航建公司员工违纪违规处罚办法》，并有魏某的签字确认。魏某于 2019 年 6 月 18 日调入陕西某航天公司九公司，从事造价员工作，月工资 10 000 元。2019 年 10 月 24 日，陕西某航天公司安排魏某于 10 月 25 日去华安工地办理交接手续。2019 年 10 月 25 日，魏某以家中有事为由离岗，未能按公司规定的时间办理交接手续。2019 年 11 月 14 日，魏某到公司办理了工作交接手续，但未向公司履行补请假手续，也未提交其母的住院证明，后再未到公司上班。2019 年 12 月 4 日，陕西某航天公司九公司因魏某旷工行为以书面形式上报至陕西某航天公司。2019 年 12 月 10 日，陕西某航天公司因魏某旷工事宜与其进行了谈话。2019 年 12 月 20 日，陕西某航天公司人力资源部将《关于建议公司解除与魏某同志劳动合同的函》上报至工会委员会讨论。2019 年 12 月 23 日，陕西某航天公司工会委员会同意人力资源部按照陕西某航天公司《员工违纪违规处罚办法》执行，解除与魏某的劳动关系。2019 年 12 月 27 日，陕西某航天公司下发了《关于解除魏某同志劳动关系的决定》，以魏某累计旷工 43 天为由，于 2019 年 12 月 24 日解除与魏某的劳动关系。2019 年 12 月 30 日，魏某收到解除劳动关系的决定，同日办理了离职交接手续。

随后，魏某向西安市莲湖区劳动人事争议仲裁委员会申请劳动仲裁，请求：裁决陕西某航天公司支付申魏某违法解除劳动关系赔偿金 245 998.2 元。该仲裁委员会经审理后裁决：驳回魏某的仲裁请求。

魏某不服仲裁裁决，向西安市莲湖区人民法院提起诉讼，诉讼请求同仲裁请求。

三、法院判决

西安市莲湖区人民法院经审理后认为，2001 年 7 月，魏某入职陕西某航天公司，双方建立劳动关系。2019 年 10 月 25 日，魏某因其母住院未履行请假手续即回山西省孝义市医院陪护，10 月 31 日其母出院后未回单位上班，直到 2019 年 11 月 14 日才回到陕西某航天公司工地进行交接，但仍未按公司的规定履行补请假手续，也未再到岗上班。2019 年 12 月 27 日，陕西某航天公司以魏某旷工 43 天，行为违反了公司的规章制度为由，在征得公司工会和魏某所在单位的意见后，依据《劳动法》及公司规章制度作出的《关于解除魏某同志劳动关系的决定》，合法有效，魏某请求陕西某航天公司支付违法解除劳动关系赔偿金 245 998.2 元之请求，理由不能成立，不予支持。

综上，陕西省西安市莲湖区人民法院判决：驳回魏某的诉讼请求。

一审判决后，魏某不服提起上诉。陕西省西安市中级人民法院经审理后认为，关于魏某要求陕西某航天公司支付违法解除劳动关系的赔偿金 245 998.20 元的诉请，魏某在二审中要求陕西某航天公司支付经济补偿金 122 999.10 元。魏某在其母亲突发意外赶回老家后未按照单位规定及时向单位履行正规的请假手续，存在一定的过错。但魏某通过手机短信向单位领导说明了情况，单位的领导也对魏某的短信予以回复。陕西某航天公司作为用人单位管理方，未提供有效证据证明及时联系过魏某要求其履行请假手续并告知其不履行的后果，且魏某在陕西某航天公司九公司方书记短信要求限期回西安办理手续后，在单位要求的期限内办理了陕西某航天公司九公司的工作交接手续，陕西某航天公司此后未为魏某安排工作，但却在 2019 年 12 月以魏某 2019 年 10 月、11 月存在旷工 43 天为由解除与魏某的劳动关系，也存在一定的过错。综合考虑本案双方的过错情况及劳动关系已经解除的情况，魏某主张陕西某航天公司支付违法解除劳动关系赔偿金的请求不能成立，陕西某航天公司应当支付魏某解除劳动关系的经济补偿金 122 999.10 元，本院对魏某该请求予以支持。

2021 年 9 月 17 日，陕西省西安市中级人民法院判决：撤销陕西省西安市莲湖区人民法院［2021］陕 0104 民初 1379 号民事判决第 4 项；陕西某航天公司支付魏某解除关系经济补偿金 122 999.10 元。

四、法律依据

1. 《陕西省企业工资支付条例》第二十五条　用人单位停工停业，未超过一个工资支付周期的，应当按照劳动合同约定的工资标准支付劳动者工资。

用人单位停工停业，超过一个工资支付周期的，对没有解除劳动合同，也没有安排工作的劳动者，应当按照不低于当地最低工资标准的百分之七十五支付劳动者生活费。

2. 《中华人民共和国劳动合同法》第三十九条　劳动者有下列情形之一的，用人单位可以解除劳动合同：

…………

（二）严重违反用人单位的规章制度的；

…………

048　劳动者参与赌博，用人单位是否可以解除劳动合同？

答：劳动者参与赌博，如属于严重违反规章制度，用人单位可以解除劳动合同。

▶▶▶▶ **相关案例**

一、案号

1. ［2021］京 0105 民初 67242 号
2. ［2022］京 03 民终 1521 号

二、案情简述

2013 年 7 月 16 日，邢某入职中国某银行股份有限公司北京朝阳支行（以下简称"中国某银行朝阳支行"）。2020 年 11 月 10 日，中国某银行朝阳支行向邢某作出了《某银行解除劳动合同通知书》。内容为："邢某：按照《关于给予邢某记过处分并解除劳动合同的决定》和《关于某支行给予邢某解除劳动合同的批复》，我行拟与你解除劳动合同，请你于 2020 年 11 月 20 日前按照我行规定办理完毕工作交接等相关手续。"《关于给予邢某记过处分并解除劳动合同的决定》内容为："……经查，2019 年 4 月 22 日至 2020 年 7 月 26 日，邢某在担任某支行柜员、某支行三级客户经理期间，在赌博平台'ku 游'APP 上进行网络赌球。邢某使用其中行卡进行赌博交易'充值'和'提现'。赌博期间，累计投入赌博资金 102 笔，金额 25.83 万元，累计从赌博平台提现 199 笔，金额 24.14 万元。邢某对上述问题负有直接责任。依据《中华人民共和国公职人员政务处分法》第四十条'有下列行为之一的，予以警告、记过……（三）参与赌博的'、《某银行员工违规行为处理办法》第八条'对有关责任人的处理方式：（二）其他处理：批评教育、经济处理、通报……解除劳动合同等'之规定，决定给予邢某记过处分并解除劳动合同。"

随后，邢某向北京市朝阳区劳动人事争议仲裁委员会申请劳动仲裁，请求：裁决中国某银行朝阳支行支付邢某违法解除劳动合同赔偿金 267 744.75元。该仲裁委员会经审理后裁决：驳回邢某的仲裁请求。

邢某不服仲裁裁决，向北京市朝阳区人民法院提起诉讼，诉讼请求同仲裁请求。

三、法院判决

北京市朝阳区人民法院经审理后认为，邢某认可《谈话笔录》，2020 年 8 月 26 日《情况说明》《检讨书》《承诺书》上的手写内容为其本人书写，签字系其本人所签，其虽主张上述证据无法证明其行为为赌博，但其未提交反证，故本院对邢某的主张不予采信。邢某知晓并承诺遵守《某银行员工违规行为处理办法》，其参与赌博违反了该制度的规定。中国某银行朝阳支行以此为由与邢某解除劳动合同属于合法解除。

2021 年 11 月 29 日，北京市朝阳区人民法院判决：驳回邢某的诉讼请求。

一审判决后，邢某不服提起上诉。2022 年 4 月 24 日，北京市第三中级人民法院经审理后判决：驳回上诉，维持原判。

四、法律依据

1. 《中华人民共和国劳动合同法》第四条　用人单位应当依法建立和完善劳动规章制度，保障劳动者享有劳动权利、履行劳动义务。

用人单位在制定、修改或者决定有关劳动报酬、工作时间、休息休假、劳动安全卫生、保险福利、职工培训、劳动纪律以及劳动定额管理等直接涉及劳动者切身利益的规章制度或者重大事项时，应当经职工代表大会或者全体职工讨论，提出方案和意见，与工会或者职工代表平等协商确定。

在规章制度和重大事项决定实施过程中，工会或者职工认为不适当的，有权向用人单位提出，通过协商予以修改完善。

用人单位应当将直接涉及劳动者切身利益的规章制度和重大事项决定公示，或者告知劳动者。

第三十九条　劳动者有下列情形之一的，用人单位可以解除劳动合同：

……………

（二）严重违反用人单位的规章制度的；

……………

2.《中华人民共和国劳动争议调解仲裁法》第六条　发生劳动争议，当事人对自己提出的主张，有责任提供证据。与争议事项有关的证据属于用人单位掌握管理的，用人单位应当提供；用人单位不提供的，应当承担不利后果。

049 劳动者违反单位规章制度，但性质不严重，用人单位是否可以解除劳动合同？

答： 劳动者严重违反单位规章制度，用人单位可以解除劳动合同，但不能证明劳动者严重违反规章制度的，解除劳动合同违法。

▶▶▶ **相关案例**

一、案号

1. ［2020］桂 0304 民初 4355 号
2. ［2021］桂 03 民终 276 号

二、案情简述

2005 年 7 月 22 日，于某作为乙方与甲方桂林航天某有限公司（以下简称"桂林某航天公司"）签订劳动合同，约定该合同为 1 年期限劳动合同，自 2005 年 7 月 22 日起生效，2006 年 7 月 31 日终止。2016 年 9 月 1 日，双方又签订了一份《劳动合同书》，约定该合同为无固定期限劳动合同，于 2016 年 9 月 1 日生效；乙方同意甲方根据生产和工作需要，在电装岗位工作，甲方安排乙方执行标准工时制度。

2019 年，使用桂林某航天公司生产元器件的某型号产品发生质量问题，为确定问题环节，桂林某航天公司倒查现有同类型产品。2019 年 9 月 26 日，桂林某航天公司发现于某操作的某产品出现漏焊问题，认为其行为致使排查工作陷入被动局面，给公司造成了较大损失，影响恶劣。2019 年 11 月 12 日，桂林某航天公司作出于某违纪解除劳动合同的决定并向其宣读，于某未提出异议并签字。同日，桂林某航天公司以于某严重违反劳动纪律和单位规章制度为由，向其发出了《解除、终止劳动合同通知书》，于某于当日签收该通知书。

随后，于某向桂林市劳动人事争议仲裁委员会申请劳动仲裁，请求：裁决桂林某航天公司支付于某违法解除劳动合同赔偿金 195 000 元。该仲裁委员会经审理后裁决支持于某的仲裁请求。

桂林某航天公司不服仲裁裁决，向广西壮族自治区桂林市象山区人民法院提起诉讼请求：判决桂林某航天公司不需向于某支付违法解除劳动合同赔偿金 195 000 元。

三、法院判决

广西壮族自治区桂林市象山区人民法院经审理后认为，桂林某航天公司以于某严重违反用人单位规章制度为由解除其劳动合同，应当就严重经济损失承担举证责任。但桂林某航天公司提交的差旅费清单、评审费用清单以及出差审批表等仅能说明其因之前的产品出现问题进行了一系列的评审活动，支出了相关费用，而非因于某操作的产品出现问题才产生评审活动，支出相关费用。故桂林某航天公司支出的差旅费及评审费用与于某的操作失误没有直接的因果关系。且桂林某航天公司自认经过评查分析后，于某操作的产品是可以投入使用的。故桂林某航天公司主张于某的操作失误给其造成严重经济损失，因举证不能本院不予支持。桂林某航天公司以于某严重违反规章制度为由解除劳动合同，依据不足，系违法解除劳动合同行为，应向于某支付违法解除劳动合同的赔偿金。因仲裁裁决的赔偿金数额不高于本院核算数额，于某亦表示认可仲裁裁决，本院仍照此处理。

2020 年 11 月 13 日，广西壮族自治区桂林市象山区人民法院判决：桂林某航天公司向于某支付违法解除劳动合同赔偿金 195 000 元。

一审判决后，桂林某航天公司不服提起上诉。2021 年 4 月 21 日，广西壮族自治区桂林市中级人民法院经审理后判决：驳回上诉，维持原判。

四、法律依据

《中华人民共和国劳动合同法》第三十九条　劳动者有下列情形之一的，用人单位可以解除劳动合同：

　　…………

（二）严重违反用人单位的规章制度的；

…………

第四十七条　经济补偿按劳动者在本单位工作的年限，每满一年支付一个月工资的标准向劳动者支付；六个月以上不满一年的，按一年计算；不满六个月的，向劳动者支付半个月工资的经济补偿；

…………

本条所称月工资是指劳动者在劳动合同解除或者终止前十二个月的平均工资。

第八十七条　用人单位违反本法规定解除或者终止劳动合同的，应当依照本法第四十七条规定的经济补偿标准的二倍向劳动者支付赔偿金。

050 劳动者因拖欠工资解除劳动合同，用人单位是否可以并非恶意拖欠工资为由不支付经济补偿金？

答： 劳动者以用人单位拖欠工资为由解除劳动合同，用人单位以拖欠工资并非恶意为由拒绝支付经济补偿金，理由不成立。

▶▶▶ 相关案例

一、案号

[2021] 陕 0113 民初 2101 号

二、案情简述

2017 年 8 月 7 日，王某入职了西安航天某科技有限公司（以下简称"西安某航天公司"），岗位为结构工程师。2020 年 7 月 6 日，王某以西安某航天公司未及时足额支付其在 2020 年 1 月 1 日至 2020 年 7 月 6 日期间的工资为由，通知西安某航天公司解除劳动关系。

随后，王某向西安市劳动人事争议仲裁委员会申请劳动仲裁。该仲裁委员会经审理后裁决：西安某航天公司向王某支付解除劳动合同经济补偿金 20 285.10 元。

西安某航天公司不服仲裁裁决，向西安市雁塔区人民法院提起诉讼请求：判决西安某航天公司无需向王某支付解除劳动合同经济补偿金 20 285.10 元。

三、法院判决

西安市雁塔区人民法院经审理后认为，西安某航天公司未向王某发放 2020 年 1 月 1 日至 7 月 6 日期间的工资，故王某有权解除劳动合同并要求西安某航天公司支付经济补偿。王某于 2017 年 8 月 7 日入职，2020 年 7 月 6 日离职，西安某航天公司依法应当支付王某经济补偿金 20 531.31 元（6843.77元×3 个月），因王某坚持仲裁结果，西安某航天公司应支付王某经济补偿金20 285.10 元。

2021 年 1 月 28 日，西安市雁塔区人民法院判决：西安某航天公司支付王某解除劳动合同经济补偿金 20 285.10 元。

四、法律依据

《中华人民共和国劳动合同法》第三十八条　用人单位有下列情形之一的，劳动者可以解除劳动合同：

…………

（二）未及时足额支付劳动报酬的。

…………

第四十六条　有下列情形之一的，用人单位应当向劳动者支付经济补偿：

（一）劳动者依照本法第三十八条规定解除劳动合同的。

…………

第四十七条　经济补偿按劳动者在本单位工作的年限，每满一年支付一个月工资的标准向劳动者支付。六个月以上不满一年的，按一年计算；不满六个月的，向劳动者支付半个月工资的经济补偿。

…………

本条所称月工资是指劳动者在劳动合同解除或者终止前十二个月的平均工资。

051 劳动者失联，用人单位通过 OA 内网向劳动者送达解除劳动合同通知，是否对劳动者产生法律效力？

答： 用人单位通过 OA 内网公告的方式向失联劳动者送达解除劳动合同通知，如不能证明劳动者已经收到解除劳动合同通知，对劳动者不产生法律效力。

▶▶▶ 相关案例

一、案号

1. ［2021］京 0108 民初 69025 号
2. ［2022］京 01 民终 2720 号

二、案情简述

2005 年 10 月，李某入职中国某银行北京市西三环支行（以下简称"中国某银行西三环支行"）工作，岗位为运款车司机，正常提供劳动至 2007 年 3 月。李某自 2007 年 3 月 26 日起无故未到岗上班，中国某银行西三环支行于 2007 年 3 月接到过北京市公安局平谷分局对李某相关情况的调查。中国某银行西三环支行亦派相关员工至李某家中寻找，但均未找到李某。2007 年 9 月 6 日，中国某银行西三环支行作出《关于对李某严重违反劳动纪律予以除名的通报》。载明：原某行职工李某无故长期旷工，严重违反劳动纪律……决定对李某予以除名。上述文件于 2007 年 9 月 14 日发布于中国某银行西三环支行的 OA 内部工作网。李某否认其收到过上述除名决定。经核实，李某因涉嫌诈骗于 2007 年 3 月 14 日被北京市公安局平谷分局刑侦支队立案，在 2007 年 3 月 21 日至 2019 年 8 月 29 日均在公安系统的在逃系统中登记，李某于 2019 年

8 月 29 日被抓获。

随后，李某向北京市海淀区劳动人事争议仲裁委员会申请劳动仲裁，请求：裁决中国某银行西三环支行对李某作出的除名决定不发生法律效力。该仲裁委员会经审查后作出《不予受理通知书》。

李某不服上述《不予受理通知书》，向北京市海淀区人民法院提起诉讼，诉讼请求同仲裁请求。

三、法院判决

北京市海淀区人民法院经审理后认为，中国某银行西三环支行作为用人单位，在作出涉及职工切身利益的重大处理决定时，应依法向职工本人送达该处理决定。现中国某银行西三环支行于 2007 年 9 月对李某作出了除名决定，虽然李某彼时处于在逃状态，送达存在困难，但仍然可以采取刊登公告等形式送达除名决定，现中国某银行西三环支行仅在单位 OA 内网予以公示，不能视为已经将除名决定依法送达给李某本人，故除名决定的送达程序存在瑕疵，该除名决定对李某不发生法律效力。

2021 年 12 月 30 日，北京市海淀区人民法院判决：确认中国某银行西三环支行对李某作出的除名决定不发生法律效力。

一审判决后，中国某银行西三环支行不服提起上诉。2022 年 4 月 19 日，北京市第一中级人民法院经审理后判决：驳回上诉，维持原判。

四、法律依据

《中华人民共和国民事诉讼法》第九十五条　受送达人下落不明，或者用本节规定的其他方式无法送达的，公告送达。自发出公告之日起，经过三十日，即视为送达。

公告送达，应当在案卷中记明原因和经过。

052　用人单位是否可以劳动合同约定的"客观情况"发生重大变化，致使劳动合同无法履行为由解除劳动合同？

答：如劳动合同约定的"客观情况"不属于法定情形，用人单位解除劳动合同违法。

>>>> **相关案例**

一、案号

[2021] 川 0903 民初 4192 号

二、案情简述

1999 年 7 月 1 日，陆某到某传媒集团有限公司工作（以下简称"某传媒公司"）。根据有关文件的批复，某传媒公司及其他公司共同组建成立四川某传媒有限公司（以下简称"四川某传媒公司"），四川某传媒公司于 2008 年 1 月 18 日登记注册，由某传媒公司经营管理。2008 年 1 月 30 日，陆某与四川某传媒公司签订无固定期限劳动合同。后陆某与四川某传媒公司签订《协商保留劳动关系协议书》，约定 2017 年 5 月 1 日至 2020 年 4 月 30 日为陆某离岗创业期；离岗创业期间，员工可自愿提前办理辞职手续；创业期满后，10 天内不回集团人力资源部报告者，视为自动辞职，如需回公司继续工作，提供参加竞聘上岗双选机会。2020 年 10 月 20 日，根据某市政府国有资产监督管理委员会的通知，将某传媒公司持有的四川某传媒公司股权无偿划转给某传媒集团有限责任公司（以下简称"某传媒集团公司"），变更后某传媒集团公司为四川某传媒公司唯一股东，领导并管理四川某传媒公司。2021 年 2 月 20 日，某传媒集团公司根据四川某传媒公司与陆某签订的劳动合同"第九条（五）3"之约定，解除与陆某的劳动合同。其中第 9 条第（五）第 3 点约定："本合同订立的法律依据或客观条件（如兼并、分立、合资、转制、转产、技术革新、经营方式调整等情况）发生重大变化，致使本合同无法履行，经甲乙双方协商，未能就变更内容达成协议的。"

随后，陆某向遂宁市船山区劳动人事争议仲裁委员会申请劳动仲裁，请求：裁决某传媒集团公司支付陆某违法解除劳动合同赔偿金 261 360 元。该仲裁委员会经审理后裁决：驳回陆某的仲裁请求。

陆某不服仲裁裁决，向四川省遂宁市船山区人民法院提起诉讼，诉讼请求同仲裁请求。

三、法院判决

四川省遂宁市船山区人民法院经审理后认为，本案主要争议在于，某传媒集团公司以客观情况发生重大变化，致使劳动合同无法履行为由解除与陆某的劳动关系，是否符合法律规定。"客观情况发生重大变化"在《中华人民共和国劳动法》第 26 条及《中华人民共和国劳动合同法》第 40 条第 3 项中有内容基本相同的规定，但法律并未列举"客观情况发生重大变化"包括哪些情形。原劳动部曾于 1994 年 9 月 5 日印发关于《中华人民共和国劳动法若干条文的说明》（以下简称《条文说明》）第 26 条规定："本条中的'客观情况'是指发生不可抗力或出现致使劳动合同全部或部分条款无法履行的其他情况，如企业迁移、被兼并、企业资产转移等，并且排除本法第二十七条所列的客观情况。"本案中，陆某的用人单位四川某传媒公司不具有《条文说明》规定的客观情况发生重大变化的情形。故某传媒集团公司解除陆某的劳动关系属违法解除。按照《中华人民共和国劳动合同法》的规定，用人单位应当支付赔偿金。根据《中华人民共和国劳动合同法》第 87 条的规定："用人单位违反本法规定解除或者终止劳动合同的，应当依照本法第四十七条规定的经济补偿标准的二倍向劳动者支付赔偿金。"陆某在劳动合同解除前 12 个月未向四川某传媒公司提供劳动，双方也未提交与陆某同岗位职工的工资收入，故陆某的本人工资参照解除劳动合同时的上一年度，即 2020 年遂宁市最低工资标准计算赔偿金，为 72 600 元（22 月×1650 元/月×2 倍）。

2021 年 8 月 31 日，四川省遂宁市船山区人民法院判决：某传媒集团公司支付陆某违法解除合同赔偿金 72 600 元。

四、法律依据

1. 《中华人民共和国劳动合同法》第四十条　有下列情形之一的，用人单位提前三十日以书面形式通知劳动者本人或者额外支付劳动者一个月工资后，可以解除劳动合同：

…………

（三）劳动合同订立时所依据的客观情况发生重大变化，致使劳动合同无法履行，经用人单位与劳动者协商，未能就变更劳动合同内容达成协议的。

第四十八条　用人单位违反本法规定解除或者终止劳动合同，劳动者要求继续履行劳动合同的，用人单位应当继续履行；劳动者不要求继续履行劳动合同或者劳动合同已经不能继续履行的，用人单位应当依照本法第八十七条规定支付赔偿金。

2. 原劳动部办公厅关于印发《关于〈劳动法〉若干条文的说明》的通知第二十六条　本条中的"客观情况"指：发生不可抗力或出现致使劳动合同全部或部分条款无法履行的其他情况，如企业迁移、被兼并、企业资产转移等，并且排除本法第二十七条所列的客观情况。

3. 《北京市高级人民法院、北京市劳动人事争议仲裁委员会关于审理劳动争议案件解答》

六、劳动合同的解除和终止

79. 哪些情形属于《劳动合同法》第四十条第三项规定的"劳动合同订立时所依据的客观情况发生重大变化"？

"劳动合同订立时所依据的客观情况发生重大变化"是指劳动合同订立后发生了用人单位和劳动者订立合同时无法预见的变化，致使双方订立的劳动合同全部或者主要条款无法履行，或者若继续履行将出现成本过高等显失公平的状况，致使劳动合同目的难以实现。

下列情形一般属于"劳动合同订立时所依据的客观情况发生重大变化"：

（1）地震、火灾、水灾等自然灾害形成的不可抗力；

（2）受法律、法规、政策变化导致用人单位迁移、资产转移或者停产、转产、转（改）制等重大变化的；

（3）特许经营性质的用人单位经营范围等发生变化的。

053 用人单位依法裁减人员，是否可以
不支付经济补偿金？

答：在用人单位在生产经营遭遇严重困难等特定情形下，经法定程序可以裁减人员，但应当向劳动者支付经济补偿金。

▶▶▶ **相关案例**

一、案号

［2020］闽0602民初4570号

二、案情简述

2008年3月，蔡某与漳州某传媒产业有限公司（以下简称"漳州某传媒公司"）建立劳动关系，岗位为财务主管。2013年初，漳州某传媒公司因经营遭遇严重困难，决定裁减人员。2013年4月8日，漳州某传媒公司作出《关于漳州某传媒产业有限公司提前解散人员的安置补偿方案》，蔡某是第二批裁减人员。该文件第2条补偿方案为：对被裁减人员额外补贴1个月工资、按劳动者在本单位工作年限支付经济补偿金。公司负责向劳动部门办理劳动者的失业金领取报批，董事会于2013年4月18日作出批复，同意批准安置方案，第一批裁减人员均已按照上述文件的规定进行安置补偿。

2020年1月15日，漳州某传媒公司作出《关于漳州某传媒产业有限公司裁减人员的决定》，于2020年1月31日前对第二批包括蔡某在内的4位留守人员提前解除劳动关系，并附《漳州某传媒产业有限公司解除劳动关系补偿金明细表》。其中，蔡某的补偿金总额为87 628.64元（经济补偿金82 198.64元、另补一个月工资5430元）。同月20日，蔡某与漳州某传媒公司办理完交

接手续后离开工作岗位。根据《关于漳州某传媒产业有限公司裁减人员的决定》，被裁减人员的经济补偿金应于 2020 年 1 月 23 日前完成支付。

随后，蔡某向漳州市芗城区劳动人事争议仲裁委员会申请劳动仲裁，请求：裁决传媒公司支付蔡某解除劳动合同经济补偿金 82 198.64 元。该仲裁委员会经审理后支持蔡某的仲裁请求。

漳州某传媒公司不服，向漳州市芗城区人民法院提起诉讼，请求：判决漳州某传媒公司无需支付蔡某解除劳动合同经济补偿金 82 198.64 元。

三、法院判决

漳州市芗城区人民法院经审理后认为，漳州某传媒公司因公司减负决定裁减人员，提前解除与蔡某的劳动关系，根据劳动法相关规定，漳州某传媒公司应当向劳动者（即蔡某）支付经济补偿金。漳州某传媒公司按照《关于漳州某传媒产业有限公司裁减人员的决定》的时间与标准确定蔡某应得的经济补偿金及工资，符合法律规定，蔡某也同意该方案。对于漳州某传媒公司主张《关于漳州某传媒产业有限公司裁减人员的决定》系伪造、蔡某主动提出解除劳动合同，其无需向蔡某支付经济补偿金的诉讼请求，证据不足，不予采信，故蔡某请求漳州某传媒公司支付经济补偿金 82 198.64 元，证据充分，理由正当，予以支持。

2020 年 8 月 31 日，漳州市芗城区人民法院判决：漳州某传媒公司支付蔡某解除劳动合同经济补偿金 82 198.64 元。

四、法律依据

《中华人民共和国劳动合同法》第四十一条　有下列情形之一，需要裁减人员二十人以上或者裁减不足二十人但占企业职工总数百分之十以上的，用人单位提前三十日向工会或者全体职工说明情况，听取工会或者职工的意见后，裁减人员方案经向劳动行政部门报告，可以裁减人员：

（一）依照企业破产法规定进行重整的；

（二）生产经营发生严重困难的

…………

第四十六条　有下列情形之一的，用人单位应当向劳动者支付经济补偿：

…………

（四）用人单位依照本法第四十一条第一款规定解除劳动合同的；

…………

054 劳动者违纪，用人单位未进行递进式管理是否可以解除劳动合同？

答：劳动者违反劳动纪律，用人单位未进行递进式管理，解除劳动合同违法。

▶▶▶ 相关案例

一、案号

1. [2021] 京 0106 民初 22928 号
2. [2022] 京 02 民终 7647 号

二、案情简述

2018 年 6 月 4 日，某系统建设工程有限公司（以下简称"某建设工程公司"）与蔡某签订劳动合同书，约定蔡某担任国防科工事业部市场总监，合同期限自 2018 年 6 月 4 日至 2021 年 6 月 30 日止。2021 年 4 月 25 日，某建设工程公司向蔡某发出解除劳动合同通知书，以不能胜任工作（未完成销售指标），严重违反公司制度，旷工 56 天未出勤且无打卡记录，不服从部门工作安排，连续 2 个月无理由未出席营销例会且未提交工作周报为由与蔡某解除劳动关系。

随后，蔡某向北京市丰台区劳动人事争议仲裁委员会申请劳动仲裁，请求：裁决某建设工程公司支付蔡某违法解除劳动合同赔偿金 193 602 元。该仲裁委员会经审理后裁决：驳回蔡某的仲裁请求。

蔡某不服仲裁裁决，向北京市丰台区人民法院提起诉讼，诉讼请求同仲裁请求。

三、法院判决

北京市丰台区人民法院经审理后认为，关于违法解除劳动合同赔偿金，某建设工程公司以蔡某不能胜任工作、严重违反公司制度、旷工 56 天未出勤、不服从部门工作安排、连续 2 个月无理由未出席营销例会且未提交工作周报为由，与蔡某解除劳动关系，蔡某否认其存在上述情形。某建设工程公司主张蔡某旷工，但从未向蔡某发出返岗通知，与常理不符。中电公司主张蔡某不能胜任工作，但未对蔡某进行培训或进行岗位调整，不符合法定解除条件的要求。某建设工程公司主张蔡某不服从工作安排、连续 2 个月无理由未出席例会和提交工作周报，但某建设工程公司未就此听取蔡某意见，亦未通过递进方式对蔡某进行管理，某建设工程公司直接解除劳动合同的行为欠妥，应认定为违法解除。根据蔡某的工作年限和离职前 12 个月平均工资，某建设工程公司应向蔡某支付违法解除劳动合同赔偿金 86 250 元。

2021 年 12 月 31 日，北京市丰台区人民法院判决：某建设工程公司支付蔡某违法解除劳动关系赔偿金 86 250 元。

一审判决后，某建设工程公司不服提起上诉。2022 年 7 月 29 日，北京市第二中级人民法院经审理后判决：驳回上诉，维持原判。

四、法律依据

《中华人民共和国劳动合同法》第三十九条　劳动者有下列情形之一的，用人单位可以解除劳动合同：

…………

（二）严重违反用人单位的规章制度的。

…………

第八十七条　用人单位违反本法规定解除或者终止劳动合同的，应当依照本法第四十七条规定的经济补偿标准的二倍向劳动者支付赔偿金。

055　用人单位及其关联企业与劳动者轮流订立劳动合同，工作年限是否合并计算？

答：用人单位及其关联企业与劳动者轮流订立劳动合同，在计算解除劳动合同经济补偿金的工作年限时，应当将用人单位及其关联企业的工作年限合并计算。

▶▶▶ **相关案例**

一、案号

1. ［2016］鲁 0102 民初 7163 号
2. ［2018］鲁 01 民终 2834 号

二、案情简述

2009 年 3 月至 2014 年 7 月，山东某广告调查有限公司（以下简称"山东某广告公司"）为朱某缴纳社会保险。某晚报工作证载明的朱某的工作部门为全媒体中心，发证日期为 2013 年 4 月 21 日，有效期 3 年，即至 2016 年 4 月 20 日。朱某自 2014 年 8 月至 2015 年 6 月在山东某晚报国际会展有限公司（以下简称"山东某会展公司"）处工作，由山东某会展公司为其缴纳保险。自 2014 年 9 月至 2015 年 6 月，山东某会展公司向朱某支付工资。朱某自 2015 年 7 月至 2015 年 9 月在山东某传媒有限责任公司（以下简称"山东某传媒公司"）处工作，山东某传媒公司未与朱某签订书面劳动合同，由山东某传媒公司为其缴纳保险，并发放 2015 年 7 月和 8 月份的工资。

山东某传媒公司分别于 2015 年 9 月 17 日和 2015 年 9 月 28 日，向朱某送达落款名称为山东某传媒公司和某晚报全媒体运营中心的《限期返岗通知书》

和《辞退告知书》。其中，限期返岗通知书以依据《某晚报全媒体运营中心员工考勤管理制度》之规定，朱某的行为构成旷工，要求其于 2015 年 9 月 21 日前到公司报到，逾期视为自动离职。辞退告知书以依据《某晚报全媒体运营中心员工考勤管理制度》之规定，朱某擅自旷工，经单位催告仍未到岗为由，将朱某辞退。朱某称自 2008 年入职后，工作地点和工作内容未变更。另查明，山东某会展公司与山东某传媒公司有共同的股东系某传媒集团有限公司。

随后，朱某向济南市历下区劳动人事争议仲裁委员会申请劳动仲裁，请求：裁决山东某传媒公司支付朱某 2008 年 9 月至 2015 年 9 月违法解除劳动合同赔偿金 43 166 元。该仲裁委员会经审理后裁决支持朱某部分仲裁请求。

朱某不服仲裁裁决，向济南市历下区人民法院提起诉讼，诉讼请求同仲裁请求。

三、法院判决

济南市历下区人民法院经审理后认为，朱某于 2014 年 8 月至 2015 年 6 月与山东某会展公司存在劳动关系。朱某提供的某晚报工作证发证日期为 2013 年 4 月 21 日，有效期至 2016 年 4 月。2015 年 7 月至 2015 年 9 月朱某与山东某传媒公司存在劳动关系。2015 年 9 月 17 日和 2015 年 9 月 28 日，山东某传媒公司向朱某送达的书面的《限期返岗通知书》和《辞退告知书》落款名称均为山东某传媒公司和某晚报全媒体运营中心，其中某晚报全媒体运营中心与朱某提交的《齐鲁晚报》工作证的部门名称相一致，本院认为朱某的工作期限应当自 2013 年 4 月连续计算。

2015 年 9 月 28 日，山东某传媒公司依据《某晚报全媒体运营中心员工考勤管理制度》之规定，以朱某擅自旷工，经单位催告仍未到岗为由，与朱某解除劳动合同关系。但山东某传媒公司未提交证据证明该管理制度经过公示，山东某传媒公司的行为属于违法解除，且山东某传媒公司自认系公司领导安排朱某工作。根据《最高人民法院关于审理劳动争议案件适用法律若干问题的司法解释（四）》第 5 条之规定，用人单位及其关联企业与劳动者轮流订立劳动合同，劳动者从原用人单位被安排到新用人单位，原用人单位未支付经济补偿，新用人单位向劳动者提出解除劳动合同，在计算支付经济补偿或赔偿金的工作年限时，劳动者请求把原用人单位的工作年限合并计算为新用人单位工作年限的，人民法院应予支持。因此，本院认为，朱某未提供证据证明 2008 年至 2013 年 4 月期间与某晚报全媒体运营中心存在劳动关系，故朱某的工作年限自 2013 年 4 月 21 日至 2015 年 9 月 28 日，共计 2 年 6 个月。山东某传媒公司应当向朱某支付自 2013 年 4 月至 2015 年 9 月的违法解除合同赔偿金为 2343.58 元×2.5×2＝11 717.9 元。对朱某要求山东某传媒公司支付 2008 年 9 月至 2015 年 9 月的赔偿金 43 166 元诉讼请求，本院予以部分支持，超出部分的诉讼请求，本院不予支持。

2017 年 11 月 26 日，济南市历下区人民法院判决：山东某传媒公司支付朱某违法解除劳动合同赔偿金 11 717.90 元。

一审判决后，山东某传媒公司和朱某均不服提起上诉。2018 年 6 月 22 日，济南市中级人民法院经审理后判决：驳回上诉，维持原判。

四、法律依据

1. 《中华人民共和国劳动合同法》第八十七条　用人单位违反本法规定解除或者终止劳动合同的，应当依照本法第四十七条规定的经济补偿标准的二倍向劳动者支付赔偿金。

2. 《最高人民法院关于审理劳动争议案件适用法律问题的解释（一）》第四十六条　劳动者非因本人原因从原用人单位被安排到新用人单位工作，原用人单位未支付经济补偿，劳动者依据劳动合同法第三十八条规定与新用人单位解除劳动合同，或者新用人单位向劳动者提出解除、终止劳动合同，在计算支付经济补偿或赔偿金的工作年限时，劳动者请求把在原用人单位的工作年限合并计算为新用人单位工作年限的，人民法院应予支持。

用人单位符合下列情形之一的，应当认定属于"劳动者非因本人原因从原用人单位被安排到新用人单位工作"：

（一）劳动者仍在原工作场所、工作岗位工作，劳动合同主体由原用人单位变更为新用人单位；

（二）用人单位以组织委派或任命形式对劳动者进行工作调动；

（三）因用人单位合并、分立等原因导致劳动者工作调动；

（四）用人单位及其关联企业与劳动者轮流订立劳动合同；

（五）其他合理情形。

056　用人单位解除劳动合同不符合规章制度规定的递进式处罚规定，是否合法？

答：用人单位规章制度规定对旷工、早退等行为进行递进式处罚，如用人单位解除劳动合同不符合规章制度规定的处罚程序，解除劳动合同违法。

▶▶▶▶ **相关案例**

一、案号

1. ［2015］海民初字第 35505 号
2. ［2016］京 01 民终 3963 号

二、案情简述

2013 年 1 月，陈某入职北京某新媒体信息技术有限公司（以下简称"北京某新媒体公司"），担任网站历史频道主编，职务级别为副主编。双方签订了期限自 2013 年 1 月 16 日至 2016 年 1 月 31 日期间的劳动合同。

陈某执行每周工作五天、每天工作八小时的标准工时制，正常班制工作时间为 9：00 至 18：00，另有早班班制，含 1 小时午休时间。北京某新媒体公司称早班时间为 7 点至 15 点，执行早班班制需要经过领导审批，陈某称早班工作时间为 7：30 前上班，15 点下班，早班可以自由调整，无需经过领导审批。关于陈某出勤情况的评定依据，北京某新媒体公司称应结合打卡记录及向员工的主管领导核实的意见，陈某则主张其作为主编一级，工作时间系弹性状态，比较灵活机动，门禁卡只是用来进出所用，其出勤状况系依据打卡记录参照其个人对考勤的解释进行评定，不能单独根据打卡记录进行评定，后北京某新媒体公司想将其辞退，故对其个人对考勤的解释故意不予通过。

北京某新媒体公司提举陈某的打卡记录（2013 年 1 月 17 日至 2015 年 4 月 16 日）、打卡考勤记录（2013 年 5 月 2 日至 2015 年 3 月 31 日）。其中，打卡记录显示最早打卡时间及最晚打卡时间，打卡考勤记录另显示有班次、解释时间、解释结束时间、实际出勤及说明等项目。两个记录显示，陈某的上下班打卡时间均不规范；打卡考勤记录中说明处载明，除 2015 年 2 月备注有 9 次早退（2 日、3 日、4 日、6 日、9 日、11 日、17 日、27 日、28 日）、2 次缺勤（25 日、26 日），其余不规范打卡期间均备注为正常工作。陈某对打卡记录的真实性予以认可，对打卡考勤记录的真实性不予认可，主张 2015 年 2 月 25 日、26 日分别为春节后正月初七与初八，其春节前已与领导口头请过假，因需要外出，参加研讨会或拜访记者。其亦不存在早退情况，2015 年 2 月显示的提前打卡出门情况均是外出工作，系其作为历史频道主编的本职工作，平时其外出工作不需要向领导汇报。2015 年 4 月 15 日，北京某新媒体公司以陈某旷工及早退为由，提出与陈某解除劳动关系。

随后，陈某向北京市劳动人事争议仲裁委员会申请劳动仲裁。该仲裁委员会经审理后裁决：北京某新媒体公司支付陈某违法解除劳动合同赔偿金 77 310 元。

北京某新媒体公司不服仲裁裁决，向北京市海淀区人民法院提起诉讼请求：判决北京某新媒体公司无需支付陈某违法解除劳动合同赔偿金 77 310 元。

三、法院判决

北京市海淀区人民法院经审理后认为，就"陈某旷工、早退构成严重违纪"的解除理由能否成立，首先，从事实层面上看，作为负有管理责任的用人单位，北京某新媒体公司应就主张解除原因的成立负有相应的举证责任。现依据双方均确认真实性的打卡记录、结合陈某不同班制的上下班时间，可见陈某确在 2015 年 2 月存在 2 天并无打卡记录、9 天提前打卡签退的情形，但此情形是否构成旷工与早退的认定，须注意到本案中的一个特定事实情况，即陈某的工作岗位北京某新媒体公司网站历史频道主编，长期以来其并不规范的打卡时间均被公司备注为正常工作，而该情况可以佐证陈某所持外出工作亦是其工作职责范畴、工作状态较为弹性、考勤情况需要结合打卡记录及其个人对工作的解释予以评定的主张。北京某新媒体公司对此不予认可，但未能进一步举证推翻陈某的上述主张，应自行承担相应法律后果。同时，从制度层面上看，北京某新媒体公司自行提举的员工手册中，第 6.2.4（26）条明文规定为"受到最终警告后，再一次实施任何会处予书面警告或最终警告处分的违纪行为的"属于严重违反公司规章制度的行为，公司可将其予以辞退。本案中，北京某新媒体公司虽主张陈某存在一次应处以"最终警告"行为（旷工 2 天）、一次应处以"书面警告"行为（一月内累计 9 次早退），但未举证证明已按照员工手册中载明的上述处理流程进行实施操作。员工手册虽另载明"员工行为同时违反多项条款时，可累计一并处罚"，但显然并不适用于第 6.2.4（26）中载明的递进式规定，故北京某新媒体公司据此将陈某辞退亦并无制度依据，本院对北京某新媒体公司的主张不予采纳。综上，本院认定北京某新媒体公司于 2015 年 4 月 15 日与陈某解除劳动关系并无事实与法律依据，构成违法解除劳动关系，故北京某新媒体公司应按照陈某的工作年限及工资标准支付其违法解除劳动关系赔偿金，其中陈某的工资标准高于本地区上年度职工月平均工资的三倍，故工资标准应按职工月平均工资三倍的数额支付。经核算，上述赔偿金的数额应为 96 945 元。

2015 年 12 月 31 日，北京市海淀区人民法院判决：北京某新媒体公司支付陈某违法解除劳动关系赔偿金 96 945 元。

一审判决后，北京某新媒体公司不服提起上诉。2016 年 6 月 24 日，北京市第一中级人民法院经审理后判决：驳回上诉，维持原判。

四、法律依据

1. 《中华人民共和国劳动法》第二十五条　劳动者有下列情形之一的，用人单位可以解除劳动合同：

……………

（二）严重违反劳动纪律或者用人单位规章制度的。

……………

2. 《中华人民共和国劳动合同法》第四十八条　用人单位违反本法规定解除或者终止劳动合同，劳动者要求继续履行劳动合同的，用人单位应当继续履行；劳动者不要求继续履行劳动合同或者劳动合同已经不能继续履行的，用人单位应当依照本法第八十七条规定支付赔偿金。

第八十七条　用人单位违反本法规定解除或者终止劳动合同的，应当依照本法第四十七条规定的经济补偿标准的二倍向劳动者支付赔偿金。

4.《最高人民法院关于审理劳动争议案件适用法律问题的解释（一）》第四十四条　因用人单位作出的开除、除名、辞退、解除劳动合同、减少劳动报酬、计算劳动者工作年限等决定而发生的劳动争议，用人单位负举证责任。

057　劳动者提供虚假诊断证明书，用人单位是否可以解除劳动合同？

答：劳动者提供虚假诊断证明书，如属于严重违反单位规章制度的，用人单位可以解除劳动合同。

▶▶▶▶ 相关案例

一、案号

1. ［2021］浙 0212 民初 6990 号
2. ［2021］浙 02 民终 4813 号

二、案情简述

2008 年 9 月 9 日，王某入职北京某网络技术有限公司（以下简称"北京某网络技术公司"），从事售后服务专员助手工作，双方签订的《劳动合同》约定期限自 2008 年 9 月 9 日起至 2011 年 9 月 8 日止，期满续订；双方后于 2014 年 9 月 9 日签订无固定期限劳动合同，此期间至北京某网络技术公司通知王某解除劳动合同时，王某从事高级客户经理工作，月工资由基本工资 3500 元加提成构成。双方签订的《劳动合同》约定：根据经营需要，北京某网络技术公司及其所隶属的集团有权制订各项规章制度，并通过在内部局域网公布，提供书面文件要求签收，在会议或培训上宣布，通过电子邮件告知或张贴通知等方式向王某公示，王某应自觉学习上述各项规章制度，并严格遵守。

王某于 2020 年 5 月 9 日生育孩子，当日开始休产假，至 2020 年 9 月 13 日产假期满。2020 年 9 月 10 日，王某取得"宁波市第六医院"疾病诊断意见书一份，诊断意见为腰椎间盘突出，建议休息 2 个月，医师"余可谊"。王某将该疾病诊断意见书通过办公系统上传后，获得审批通过，在 2020 年 9 月 14 日至 2020 年 11 月 10 日休病假。病假期满后，王某再次申请休年休假 15 天，休假期间自 2020 年 11 月 11 日至 2020 年 12 月 1 日。

2020 年 12 月 1 日，北京某网络技术公司通过电话询问六院医务科得知该院没有"余可谊"医师，遂询问王某提交的 2020 年 9 月 10 日的病假条来历；王某称其于 9 月 10 日去六院挂号就诊，因个人原因没有使用自己的医保卡，用了临时卡挂号，医生开具病假条后去服务台领取了盖章的病假条，病历等资料要去找一下；北京某网络技术公司遂要求王某第二天带齐资料过来。次日，王某未到公司上班，北京某网络技术公司电话询问情况，王某称其腰疼，在宁波第五医院就诊，北京某网络技术公司要求其下午一起去六院核实情况，王某当时同意；中午时分，王某发信息称其腰疼，无法去六院核实情况，申请休病假 1 周，自 2020 年 12 月 2 日至 12 月 8 日，其在该院开具了建议休假 1 周的疾病诊断意见书。北京某网络技术公司于 2020 年 12 月 2 日下午持王某提交的疾病诊断意见书原件至六院导医台核实情况，六院工作人员表示该院没有"余可谊"医师，该疾病诊断意见书也不是六院出具的；六院还出具了一份证明，确认王某在 2020 年 9 月 10 日在六院没有就诊记录，医院没有"余可谊"医师，疾病诊断意见书所盖公章并非该院合法正规公章，与该院无关。同年 12 月 4 日，北京某网络技术公司再次派人与王某面谈，王某仍坚持在六院就诊后开具了疾病诊断意见书，其还称资料找不到了。

2020 年 12 月 8 日，北京某网络技术公司以王某提交虚假的疾病诊断意见书为由，参照《中供团队员工纪律制度》（2018 年 12 月修订版）一类违规弄虚作假的说明，判定王某行为属于一类违规，对王某作出辞退的处分决定，并向公司工会委员会报送了拟与王某解除劳动合同的意见。2020 年 12 月 11 日，北京某网络技术公司通过短信等电子方式向王某告知，因其严重违反公司规章制度，决定提前解除劳动合同；北京某网络技术公司又于 2020 年 12 月 14 日向王某寄送了《解除劳动合同通知》，告知其已于 2020 年 12 月 11 日解除劳动合同。

2021 年 1 月 4 日，王某向浙江省宁波市鄞州区劳动人事争议仲裁委员会申请劳动仲裁，请求：裁决北京某网络技术公司支付王某违法解除劳动合同赔偿金 457 692 元。该仲裁委员会经审理后裁决：驳回王某的仲裁请求。

王某不服仲裁裁决，向宁波市鄞州区人民法院提起诉讼，诉讼请求同仲裁请求。

三、法院判决

宁波市鄞州区人民法院经审理后认为，依法订立的劳动合同对用人单位和劳动者均具有约束力。双方签订的《劳动合同》约定，王某应自觉学习北京某网络技术公司通过在内部局域网公布等各种方式公示的各项规章制度，并严格遵守，王某作为一名已在北京某网络技术公司工作十多年的员工，理应遵守公司的各项规章制度；北京某网络技术公司解除劳动合同依据的《员工纪律制度》《中供团队员工纪律制度》有证据证明自2014年起即在公司内部公布实施，上述制度均将向公司隐瞒或有意提交虚假的重大信息，如医疗诊断信息、休假凭证等作为一类违规行为，按规定应予以辞退部分，上述制度的制定、实施经过了在职工内部讨论、协商的过程，并予以公示，应为合法有效。王某以虚假的疾病诊断意见书申请休病假，在北京某网络技术公司向其核实情况时坚持称在六院就诊后取得疾病诊断意见书，北京某网络技术公司要求其提交相关资料时以就诊资料找不到为由不予配合，后续又对北京某网络技术公司提出的到六院核实情况不予配合，经调查核实王某并没有在六院的就诊记录，其取得的疾病诊断意见书并非六院出具，基于上述事实有理由相信王某对该疾病诊断意见书并非合法来源的情况知晓，构成公司制度规定的有意提交虚假重大信息的一类违规行为，北京某网络技术公司据此解除与王某的劳动合同有合法依据，不构成违法解除，故王某要求北京某网络技术公司支付违法解除劳动合同赔偿金的诉讼请求于法无据，本院不予支持。

2021年9月10日，浙江省宁波市鄞州区人民法院判决：驳回王某的诉讼请求。

一审判决后，王某不服提起上诉。2021年12月30日，浙江省宁波市中级人民法院经审理后判决：驳回上诉，维持原判。

四、法律依据

《中华人民共和国劳动合同法》第三条 订立劳动合同，应当遵循合法、公平、平等自愿、协商一致、诚实信用的原则。

依法订立的劳动合同具有约束力，用人单位与劳动者应当履行劳动合同约定的义务。

第四条　用人单位应当依法建立和完善劳动规章制度，保障劳动者享有劳动权利、履行劳动义务。

用人单位在制定、修改或者决定有关劳动报酬、工作时间、休息休假、劳动安全卫生、保险福利、职工培训、劳动纪律以及劳动定额管理等直接涉及劳动者切身利益的规章制度或者重大事项时，应当经职工代表大会或者全体职工讨论，提出方案和意见，与工会或者职工代表平等协商确定。

在规章制度和重大事项决定实施过程中，工会或者职工认为不适当的，有权向用人单位提出，通过协商予以修改完善。

用人单位应当将直接涉及劳动者切身利益的规章制度和重大事项决定公示，或者告知劳动者。

第三十九条　劳动者有下列情形之一的，用人单位可以解除劳动合同：

…………

（二）严重违反用人单位的规章制度的；

…………

058 劳动者提出解除劳动合同，是否需要用人单位同意？

答：劳动者提前 30 天通知用人单位解除劳动合同，解除通知送达用人单位即生效，无需用人单位同意。

▶▶▶▶ 相关案例

一、案号

1. ［2021］京 0113 民初 17448 号
2. ［2022］京 03 民终 252 号

二、案情简述

2019 年 7 月 23 日，刘某入职某集团工业有限公司（以下简称"某集团工业公司"），担任技术中心合成员，双方签订了劳动合同，刘某实际提供劳动至 2021 年 4 月 28 日。刘某的人事档案仍在某集团工业公司，某集团工业公司至今仍为刘某缴纳社会保险和公积金。2021 年 4 月 29 日，刘某向某集团工业公司注册地邮寄了《解除劳动关系通知》，该邮件于 2021 年 4 月 30 日被签收。某集团工业公司表示没有收到《解除劳动关系通知书》，某集团工业公司与刘某未解除劳动关系，某集团工业公司为刘某解决北京户口，刘某尚在双方约定的服务期内，故刘某仍属于某集团工业公司员工。

随后，刘某向北京市顺义区劳动人事争议仲裁委员会申请劳动仲裁，请求：某集团工业公司为刘某出具解除劳动合同证明。该仲裁委员会经审理后裁决支持刘某的仲裁请求。

某集团工业公司不服仲裁裁决，向北京市顺义区人民法院提起诉讼请求：

判决某集团工业公司无需为刘某出具解除劳动合同证明。

三、法院判决

北京市顺义区人民法院经审理后认为，依据《中华人民共和国劳动合同法》第 37 条之规定，劳动者提前 30 日以书面形式通知用人单位，可以解除劳动合同。由此可以看出，劳动法律赋予了劳动者单方解除劳动合同的权利。刘某主张于 2021 年 3 月 29 日向某集团工业公司递交了离职信，某集团工业公司认可其集团工业公司人事部员工收到了离职信，其虽主张人事部员工无权为刘某办理离职手续，但结合刘某提交的办理离职过程中的一系列手续及文件，且某集团工业公司认可刘某的工作已经交接完毕的事实，本院对刘某主张的 3 月 29 日已经向某集团工业公司提交离职信予以采信。同时，刘某于 2021 年 4 月 29 日再次向某集团工业公司邮寄了《解除劳动关系通知书》，本院认为，可以证明刘某已经将解除劳动关系的意思表示送达给了某集团工业公司，故可以认定双方已经解除了劳动关系。

2021 年 12 月 6 日，北京市顺义区人民法院判决：某集团工业公司为刘某出具解除劳动合同证明。

一审判决后，某集团工业公司不服提起上诉。2022 年 3 月 16 日，北京市第三中级人民法院经审理后判决：驳回上诉，维持原判。

四、法律依据

《中华人民共和国劳动合同法》第三十七条　劳动者提前三十日以书面形式通知用人单位，可以解除劳动合同。劳动者在试用期内提前三日通知用人单位，可以解除劳动合同。

第五十条　用人单位应当在解除或者终止劳动合同时出具解除或者终止劳动合同的证明，并在十五日内为劳动者办理档案和社会保险关系转移手续。

劳动者应当按照双方约定，办理工作交接。用人单位依照本法有关规定应当向劳动者支付经济补偿的，在办结工作交接时支付。

用人单位对已经解除或者终止的劳动合同的文本，至少保存二年备查。

059 用人单位违法解除劳动合同，劳动者是否可以要求继续履行？

答：用人单位违法解除与劳动者的劳动合同，如双方已经缺乏继续履行劳动合同所必需的信赖及合作基础，劳动合同不能继续履行。

▶▶▶ 相关案例

一、案号

1. ［2019］京 0115 民初 16331 号
2. ［2019］京 02 民终 11863 号

二、案情简述

2018 年 8 月 20 日，刘某入职北京某贸易有限公司（以下简称"北京某贸易公司"），双方于该日签订了起止期限为 2018 年 8 月 20 日至 2021 年 12 月 31 日的劳动合同书，并约定：刘某的试用期为 2018 年 8 月 20 日至 2019 年 2 月 15 日；刘某的工作岗位为机构负责人；若刘某在试用期内出现不能按要求完成工作任务，或达不到岗位任职要求，视为不符合录用条件。

2018 年 9 月 25 日，北京某贸易公司以刘某"在上一家公司非正常离职、存在财务问题，做事方式、工作方式或性格与贸易公司不匹配"为由，要求刘某自动离职，并与刘某进行了长时间的沟通。刘某不认可北京某贸易公司所提的理由，并拒绝了北京某贸易公司的上述要求。2018 年 12 月 4 日，北京某贸易公司通知刘某当面谈话沟通，但刘某表示希望用邮件和电话联系，并拒绝了北京某贸易公司的当面沟通要求。2018 年 12 月 11 日，北京某贸易公司向刘某邮寄送达了《解除劳动关系通知书》，以刘某"不符合试用期录用条件"为由，通知刘某自 2018 年 12 月 10 日起解除双方之间的劳动合同。

2018 年 12 月 24 日，刘某向北京经济技术开发区劳动人事争议仲裁委员会申请劳动仲裁请求：确认北京某贸易公司与刘某解除劳动合同的行为违法，北京某贸易公司继续与刘某履行劳动合同。2019 年 5 月 13 日，该仲裁委员会经审理后裁决：确认北京某贸易公司与刘某解除劳动合同的行为违法，驳回刘某的其他仲裁请求。

刘某不服仲裁裁决，向北京市大兴区人民法院提起诉讼，诉讼请求同仲裁请求。

三、法院判决

北京市大兴区人民法院经审理后认为，北京某贸易公司没有证据证明公司与刘某解除劳动合同的行为合法，且刘某和北京某贸易公司均同意京开劳人仲字［2019］第 479 号裁决书的第一项裁决，本院对该项裁决予以确认。用人单位违反法律规定解除劳动合同，且劳动合同已经不能继续履行的，用人单位应当依照法律规定支付赔偿金。在本案中，北京某贸易公司系在试用期内以刘某不符合录用条件为由与刘某解除的劳动合同。虽然北京某贸易公司与刘某解除劳动合同的行为违法，但试用期是用人单位对新招收的劳动者进行道德品质、劳动态度、工作能力、身体状况等进一步考查的时间期限，也是用人单位与劳动者之间相互适应、双向选择的过程。基于北京某贸易公司与刘某进行沟通时存在的根本性分歧，以及双方对继续进行沟通的方式存在的分歧和障碍等情况，足以认定双方缺乏据以建立或继续履行劳动合同所必需的信赖及合作基础。以上情况，结合刘某关于其从北京某贸易公司离职后已通过其他单位缴纳社会保险费，且相应单位为其负担了部分社会保险费的陈述内容，足以认定刘某与北京某贸易公司之间的劳动合同已经不具备继续履行的条件，即双方的劳动合同已经不能继续履行。综上，对刘某关于要求北京某贸易公司继续履行双方签订的劳动合同的诉讼请求，本院不予支持。

2019 年 8 月 9 日，北京市大兴区人民法院判决：北京某贸易公司在 2018 年 12 月 10 日与刘某解除劳动合同的行为违法，驳回刘某的其他诉讼请求。

一审判决后，刘某不服提起上诉。2019 年 9 月 29 日，北京市第二中级人民法院经审理后判决：驳回上诉，维持原判。

四、法律依据

1.《中华人民共和国劳动合同法》第四十八条 用人单位违反本法规定解除或者终止劳动合同，劳动者要求继续履行劳动合同的，用人单位应当继续履行；劳动者不要求继续履行劳动合同或者劳动合同已经不能继续履行的，用人单位应当依照本法第八十七条规定支付赔偿金。

2.《北京市高级人民法院、北京市劳动人事争议仲裁委员会关于审理劳动争议案件解答》

六、劳动合同的解除和终止

76. 用人单位违法解除或终止劳动合同后，劳动者要求继续履行劳动合同，哪些情形可以认定为"劳动合同确实无法继续履行"？

劳动合同确实无法继续履行主要有以下情形：

…………

（5）劳动者已入职新单位的；

…………

（7）其他明显不具备继续履行劳动合同条件的。

…………

77. 劳动者与用人单位因劳动合同是否为违法解除发生争议，劳动者要求继续履行劳动合同的情况下，原单位提交了其他单位为劳动者缴纳社会保险的凭证，并以此主张劳动者与新单位之间已经形成劳动关系，此时社会保险缴纳记录能否作为认定劳动者与新单位形成劳动关系的依据？并由此导致劳动者与用人单位"劳动合同已经不能继续履行"？

不能仅以社会保险缴纳记录作为认定劳动者与新单位形成劳动关系的依据。但此时举证责任转移，由劳动者证明其与新用人单位之间不是劳动关系。若劳动者不能提出反证，则依据其与新用人单位之间的社保缴费记录确认劳动者与原用人单位"劳动合同确实无法继续履行"。新用人单位不是案件当事人的，劳动者与新用人单位之间的社保缴费记录仅为"劳动合同确实无法继续履行"的裁判理由，不应径行裁判劳动者与新用人单位之间是否形成劳动关系。

060 劳动者不胜任工作，用人单位是否可以解除劳动合同？

答： 劳动者不能胜任工作，经过培训或者调整工作岗位后，仍不能胜任工作的，用人单位可以解除劳动合同。

▶▶▶ **相关案例**

一、案号

1. ［2021］京 0108 民初 33528 号
2. ［2021］京 01 民终 11052 号

二、案情简述

2019 年 5 月 27 日，何某入职北京某移动软件有限公司（以下简称"北京某软件公司"），双方签订了有效期至 2022 年 5 月 31 日的劳动合同。

北京某软件公司称因何某绩效考核分数较低，属于不能胜任工作，何某签订的其公司制定的《绩效改进计划》，实为对何某进行的培训，其中约定了何某的具体改进目标和衡量标准，如何某经此次改进考核未达标，则视为其经改进后仍不能胜任工作，何某应提起离职申请。经评测，何某此次改进计划反馈分数低于最低要求，应视为其不能胜任工作。北京某软件公司于 2020 年 11 月 4 日通过微信形式告知何某改进计划不达标，属于经培训后其仍不能胜任工作，并向其邮寄了解除协议。何某认可存在两次绩效考核，但主张公司仅向其明示了最终分数，未告知其具体的考核标准及考核过程，故其并非不能胜任工作，其实际并未收到公司邮寄的文件，故认为劳动合同并未解除。

随后，何某向北京市海淀区劳动人事争议仲裁委员会申请劳动仲裁，请求：裁决北京某软件公司与何某继续履行劳动合同。该仲裁委员会经审理后裁决支持何某的仲裁请求。

北京某软件公司不服仲裁裁决，向北京市海淀区人民法院提起诉讼请求：判决北京某软件公司无需与何某继续履行劳动合同。

三、法院判决

北京市海淀区人民法院经审理后认为，在本案中，双方均认可真实性的微信截图显示，北京某软件公司于 2020 年 11 月 4 日基于何某不能胜任工作，2020 年 9 月邀请何某进入绩效改进计划进行培训，但根据绩效改进计划反馈，何某未通过绩效考核测试，遂以经过培训后仍不能胜任工作为由提出解除劳动合同。就北京某软件公司是否构成违法解除劳动合同，本院分析如下：依据法律规定，即便何某不能胜任工作，北京某软件公司亦应对何某进行培训或者调岗，经培训或调岗后，如何某仍不能胜任工作，北京某软件公司方可解除劳动合同。现北京某软件公司与何某签订的《绩效改进计划》，明显属于公司制定的工作计划和目标，而非培训。北京某软件公司提交的《绩效改进计划反馈》虽显示何某的评分低于绩效改进计划的最低要求，但上述文件未载有何某的签字确认信息，北京某软件公司亦未针对考评得分提举对应的客观依据，故本院对《绩效改进计划反馈》的真实性及证明目的均不予采信，进而对北京某软件公司所持何某未通过绩效考核测试，属于经过培训后仍不能胜任工作之主张亦不予采信。综上，本院认定，北京某软件公司以何某不能胜任工作，且经培训后，仍不能胜任工作为由提出解除劳动合同，依据不足，构成违法解除劳动合同。进而，认定何某要求与北京某软件公司继续履行劳动合同，并无不当，本院予以支持。

2021 年 10 月 26 日，北京市海淀区人民法院判决：北京某软件公司与何某继续履行劳动合同。

一审判决后，北京某软件公司不服提起上诉。2022 年 3 月 15 日，北京市第一中级人民法院经审理后判决：驳回上诉，维持原判。

四、法律依据

《中华人民共和国劳动合同法》第四十条　有下列情形之一的，用人单位提前三十日以书面形式通知劳动者本人或者额外支付劳动者一个月工资后，可以解除劳动合同：

…………

（二）劳动者不能胜任工作，经过培训或者调整工作岗位，仍不能胜任工作的；

…………

第四十八条　用人单位违反本法规定解除或者终止劳动合同，劳动者要求继续履行劳动合同的，用人单位应当继续履行；劳动者不要求继续履行劳动合同或者劳动合同已经不能继续履行的，用人单位应当依照本法第八十七条规定支付赔偿金。

061 劳动者学历造假，用人单位是否可以解除劳动合同？

答： 劳动者学历造假存在欺诈行为，而且违背了作为劳动者应遵循的诚实信用原则，用人单位可以解除劳动合同。

▶▶▶▶ **相关案例**

一、案号

1. ［2021］京 0101 民初 16354 号
2. ［2021］京 02 民终 15522 号

二、案情简述

2008 年 8 月 1 日，庄某入职某石油化工进出口有限公司（以下简称"某石化进出口公司"），岗位为健康安全环保部质量健康主管。2012 年底，庄某将《硕士研究生毕业证书》及《硕士学位证书》扫描件委托同事交给某石化进出口公司，其中均显示庄某在北京国际经济管理学院金融经济理论专业学习并获得硕士学位，上述 2 份证书无原件。

2021 年 1 月 20 日，某石化进出口公司以庄某向公司提交虚假学历、学位证明材料、使用虚假的学位和学历信息参与竞聘，并在公司调查核实过程中继续提供虚假情况，掩盖事实，违反公司多项规章制度及《中华人民共和国劳动法》第 3 条规定的劳动纪律和职业道德为由，与庄某解除劳动关系。

随后，庄某向北京市东城区劳动人事争议仲裁委员会申请仲裁裁决，请求：确认某石化进出口公司解除劳动合同行为违法，某石化进出口公司支付庄某违法解除劳动合同赔偿金 905 121.84 元。该仲裁委员会经审理后裁决：

驳回庄某的仲裁请求。

庄某不服仲裁裁决，向北京市东城区人民法院提起诉讼，诉讼请求同仲裁请求。

三、法院判决

北京市东城区人民法院经审理后认为，关于某石化进出口公司解除行为的合法性问题，现有证据足以证实庄某存在提交虚假学历、学位证明的行为，庄某虽主张公司不应将未经核实真实性的材料放入其档案，但忽略了其作为劳动者对所提交材料真实性负责的义务，在填写《竞聘申请表》时，庄某将无原件、真实性存疑的学历、学位证明作为学习经历填写，无论其是否竞聘成功，都违反了《竞聘申请表》对于填写内容的真实性负责的声明和承诺，故本院认为，庄某的行为违背了作为劳动者应遵循的诚实信用原则，某石化进出口公司据此作出的解除行为合法、有效。

2021 年 10 月 26 日，北京市东城区人民法院判决：驳回庄某的诉讼请求。

一审判决后，庄某不服提起上诉。2021 年 12 月 14 日，北京市第二中级人民法院经审理后判决：驳回上诉，维持原判。

四、法律依据

1. 《中华人民共和国劳动法》第三条　劳动者享有平等就业和选择职业的权利、取得劳动报酬的权利、休息休假的权利、获得劳动安全卫生保护的权利、接受职业技能培训的权利、享受社会保险和福利的权利、提请劳动争议处理的权利以及法律规定的其他劳动权利。

劳动者应当完成劳动任务，提高职业技能，执行劳动安全卫生规程，遵守劳动纪律和职业道德。

第二十五条　劳动者有下列情形之一的，用人单位可以解除劳动合同：
…………

（二）严重违反劳动纪律或者用人单位规章制度的。
…………

2. 《中华人民共和国劳动合同法》第三条　订立劳动合同，应当遵循合法、公平、平等自愿、协商一致、诚实信用的原则。
…………

第八条　用人单位招用劳动者时，应当如实告知劳动者工作内容、工作条件、工作地点、职业危害、安全生产状况、劳动报酬，以及劳动者要求了解的其他情况；用人单位有权了解劳动者与劳动合同直接相关的基本情况，劳动者应当如实说明。

第二十六条　下列劳动合同无效或者部分无效：

（一）以欺诈、胁迫的手段或者乘人之危，使对方在违背真实意思的情况下订立或者变更劳动合同的；

…………

第三十九条　劳动者有下列情形之一的，用人单位可以解除劳动合同：

…………

（五）因本法第二十六条第一款第一项规定的情形致使劳动合同无效的；

…………

062 劳动者未办理离职手续，是否影响劳动关系解除？

答：劳动者与用人单位劳动关系是否解除，不以劳动者是否已经办理离职手续为必需条件。

▶▶▶ **相关案例**

一、案号

1. ［2019］京 0102 民初 28677 号
2. ［2019］京 02 民终 13888 号

二、案情简述

2000 年 2 月 1 日，郝某入职北京某快餐有限公司（以下简称"北京某快餐公司"），双方签订了 2011 年 2 月 17 日生效的无固定期限劳动合同书。2018 年 9 月 11 日，郝某向北京某快餐公司发送电子邮件。电子邮件内容为："请接受我的离职申请，烦请尽快寻找接替我岗位的人选，以便顺利地做好相关工作的交接。谢谢。" 2018 年 10 月 17 日，郝某向北京某快餐公司发送微信，微信内容为因郝某要住院做静脉曲张手术，故离职要延迟，待伤势休养好再回公司办理手续。2018 年 12 月 24 日，北京某快餐公司以电子邮件的形式回复郝某。内容为："根据郝某 2018 年 9 月 11 日书面请辞报告，9 月份公司已经批准了郝某的离职申请。"根据当时协商的结果，郝某承诺休息完年假后 2018 年 10 月 22 日返回公办理离职手续，故此 10 月 22 日即算作公司与郝某的劳动关系终止日。2018 年 12 月 25 日，郝某再以电子邮件的形式回复北京某快餐公司。内容为："不认同公司所说的劳动关系终止日为 2018 年 10 月 22 日，另称自九月份提出了离职申请后，没收到公司的反馈邮件，没有收到纸质离职通知，自己也没有签署任何的纸质离职报告，其不认可自己已离职。"

随后，郝某向北京市西城区劳动人事争议仲裁委员会申请劳动仲裁，请求：裁决北京某快餐公司支付郝某违法解除劳动关系赔偿金 267 900 元。该仲裁委员会经审理后裁决：驳回郝某的仲裁请求。

郝某不服仲裁裁决，向北京市西城区人民法院提起诉讼，诉讼请求同仲裁请求。

三、法院判决

北京市西城区人民法院经审理后认为，关于郝某要求北京某快餐公司支付违法解除劳动关系赔偿金的诉讼请求，通过郝某 2018 年 9 月 11 日向公司发送的电子邮件及其附件、2018 年 10 月 17 日向公司发送的微信可以看出，郝某已向公司提出了辞职申请，是劳动者依法单方行使解除权，无需以用人单位的批复作为解除劳动合同的生效要件。因此，郝某的邮件一经发出即发生法律效力，郝某单方解除劳动合同的行为已经成立，是否办理离职手续并非劳动关系是否解除的因素。郝某将北京某快餐公司 2018 年 12 月 24 日发出邮件同意其辞职的行为视为用人单位单方违法解除劳动合同并要求支付赔偿金的主张，缺乏法律依据。因此，本院对郝某提出的该项诉讼请求，不予支持。

2019 年 9 月 30 日，北京市西城区人民法院判决：驳回郝某的诉讼请求。

一审判决后，郝某不服提起上诉。2019 年 11 月 29 日，北京市第二中级人民法院经审理后判决：驳回上诉，维持原判。

四、法律依据

《中华人民共和国劳动合同法》第三十七条　劳动者提前三十日以书面形式通知用人单位，可以解除劳动合同。劳动者在试用期内提前三日通知用人单位，可以解除劳动合同。

第四十六条　有下列情形之一的，用人单位应当向劳动者支付经济补偿：

……………

（二）用人单位依照本法第三十六条规定向劳动者提出解除劳动合同并与劳动者协商一致解除劳动合同的；

……………

063 劳动者提前一年申请辞职，是否具有法律效力？

答： 劳动者提前一年自愿申请辞职，具有解除劳动合同的法律效力。

▶▶▶▶ 相关案例

一、案号

1. ［2018］京 0108 民初 56996 号
2. ［2019］京 01 民终 5358 号

二、案情简述

2004 年 10 月 28 日，刘某入职某通讯股份有限公司（以下简称"某通讯公司"）。2016 年 3 月 2 日，双方签订无固定期限劳动合同，其中约定刘某的月工资标准为 15 160 元，刘某正常工作至 2017 年 5 月 31 日，工资支付至当日。2017 年 4 月，刘某填写了《无薪休假申请表》，自愿申请自 2017 年 6 月 1 日至 2018 年 5 月 31 日，共计 365 天的无薪休假。该表说明页的第 12 条载明"期满后，若部门无相应岗位安排，员工本人确认假期结束后的第一个工作日就是员工因个人原因提出辞职之日。员工在该日不向公司递交因个人原因辞职的书面申请的，本申请与辞职申请具有同等法律效力"。2018 年 5 月 29 日，刘某无薪休假期将满，向某通讯公司发出《关于要求继续履行劳动合同的通知》，要求请某通讯公司继续履行与其签订的无固定期限劳动合同。2018 年 5 月 31 日，某通讯公司作出《部门告知书》和《终止劳动合同通知》。《部门告知书》载明因部门无相应岗位安排，要求刘某依据《无薪休假申请表》的约定于 2018 年 6 月 1 日提出书面辞职申请。《终止劳动合同通知》的内容为通知与刘某的劳动合同于 2018 年 6 月 1 日终止。

随后，刘某向北京市海淀区劳动人事争议仲裁委员会申请劳动仲裁，请求：裁决某通讯公司支付刘某违法解除劳动合同赔偿金 564 879 元。该仲裁委员会经审理后裁决：驳回刘某的仲裁请求。

刘某不服仲裁裁决，向北京市海淀区人民法院提起诉讼，诉讼请求同仲裁请求。

三、法院判决

北京市海淀区人民法院经审理后认为，刘某填写的《无薪休假申请表》载明"本人自愿申请无薪假期，请假日期从 2017 年 6 月 1 日至 2018 年 5 月 31 日，共计 365 天"。现刘某已实际进行休假，某通讯公司为其缴纳了休假期间的社会保险。《无薪休假申请表》明确说明："期满后，若部门无相应岗位安排，员工本人确认假期结束后的第一个工作日就是员工因个人原因提出辞职之日。员工在该日不向公司递交因个人原因辞职的书面申请的，本申请表与辞职申请具有同等法律效力。"刘某作为完全民事行为能力人，在填写《无薪休假申请表》时知道或应当知道上述说明的含义和后果，其未就上述申请的填写违背本人意愿进行举证，其应当受其中条款的约束。2018 年 5 月 29 日，刘某在向某通讯公司发出的《关于要求继续履行劳动合同的通知》中陈述："本人刘某自 2017 年 6 月 1 日开始申请无薪休假，至今休假期将满，因公司人员编制冻结原因，导致我无法回公司工作。"综上，本院认为，《无薪休假申请表》所载规定，双方劳动合同于 2018 年 5 月 31 日解除，该情形不属于某通讯公司违法解除劳动合同，对于刘某要求某通讯公司支付违法解除劳动合同赔偿金的诉讼请求，本院不予支持。

2019 年 3 月 5 日，北京市海淀区人民法院判决：驳回刘某的诉讼请求。

一审判决后，刘某不服提起上诉。2019 年 6 月 12 日，北京市第一中级人民法院经审理后判决：驳回上诉，维持原判。

四、法律依据

《中华人民共和国劳动合同法》第三条　订立劳动合同，应当遵循合法、公平、平等自愿、协商一致、诚实信用的原则。

…………

第三十七条　劳动者提前三十日以书面形式通知用人单位，可以解除劳动合同。劳动者在试用期内提前三日通知用人单位，可以解除劳动合同。

064　信托等特殊行业，是否可以限制从事风险项目的劳动者辞职？

答：无论劳动者从事何种行业，劳动者提前 30 日以书面形式通知用人单位即可解除劳动合同，用人单位限制劳动者离职没有法律依据。

▶▶▶ **相关案例**

一、案号

1. ［2021］京 0105 民初 21116 号
2. ［2021］京 03 民终 13305 号

二、案情简述

陈某于 2019 年 4 月提前 30 日以个人原因书面向某信托有限责任公司（以下简称"某信托公司"）提出离职。2019 年 5 月 15 日，某信托公司发出《关于风险项目相关人员继续履行劳动合同的通知》，要求各风险项目直接相关人员继续履行劳动合同，不得以提前 30 日书面通知方式解除劳动合同。某信托公司提交了国务院国有资产监督管理委员会于 2020 年 2 月 28 日发出的《关于加强中央企业所属信托公司风险防范和完善管理的通知》，内容包括"严格限制风险项目责任人员离职"。某信托公司持续向陈某支付工资，为陈某缴纳社会保险。陈某自述于 2020 年 11 月自行办理了社会保险、住房公积金转移手续，并注销了与工资相关的银行卡。

随后，陈某向北京市朝阳区劳动人事争议仲裁委员会申请劳动仲裁，请求：裁决某信托公司为陈某出具解除劳动关系证明。该仲裁委员会经审理后裁决支持陈某的仲裁请求。

某信托公司不服仲裁裁决，向北京市朝阳区人民法院提起诉讼请求：判决某信托公司无需向陈某出具《解除劳动关系证明》。

三、法院判决

北京市朝阳区人民法院经审理后认为，《劳动合同法》规定，劳动者提前30日以书面形式通知用人单位，可以解除劳动合同。某信托公司与陈某均确认陈某于2019年4月书面形式向某信托公司发出了解除劳动合同申请，故陈某解除劳动合同的行为符合法律规定，应发生法律效力，某信托公司亦应按照法律规定为陈某出具解除劳动合同证明。

2021年2月26日，北京市朝阳区人民法院判决：某信托公司为陈某出具解除劳动合同证明。

一审判决后，某信托公司不服提起上诉。2021年10月21日，北京市第三中级人民法院经审理后判决：驳回上诉，维持原判。

四、法律依据

《中华人民共和国劳动合同法》第三十七条　劳动者提前三十日以书面形式通知用人单位，可以解除劳动合同。劳动者在试用期内提前三日通知用人单位，可以解除劳动合同。

第五十条　用人单位应当在解除或者终止劳动合同时出具解除或者终止劳动合同的证明，并在十五日内为劳动者办理档案和社会保险关系转移手续。

…………

065　用人单位与劳动者协商解除劳动合同，是否可以劳动者另有其他违纪行为不支付经济补偿金？

答：用人单位与劳动者协商解除劳动合同后，又以劳动者另有其他违纪行为为由拒绝支付劳动者经济补偿金没有法律依据。

▶▶▶ **相关案例**

一、案号

1. ［2017］京 0108 民初 9675 号
2. ［2017］京 01 民终 5641 号

二、案情简述

孙某与某资产管理有限责任公司（以下简称"某资产管理公司"）存在劳动关系。2015 年 9 月 1 日，双方协商一致解除劳动关系，至解除劳动关系之时，孙某的累积连续工作年限为 32.5 年。在某资产管理公司支付解除劳动合同经济补偿之前，某资产管理公司因发现孙某在处理国有资产过程中存在经济问题，纪检部门及检察机关介入调查，因此补偿一事暂时搁置。

随后，孙某向北京市海淀区劳动人事争议仲裁委员会申请劳动仲裁，请求：裁决某资产管理公司支付解除劳动合同经济补偿金 683 098 元。该仲裁委员会经审查后作出《不予受理通知书》。

孙某不服上述《不予受理通知书》，向北京市海淀区人民法院提起诉讼，诉讼请求同仲裁请求。

三、法院判决

北京市海淀区人民法院经审理后认为，就经济补偿金一节，双方劳动关系的解除系由某资产管理公司提出、双方协商一致解除劳动关系，在劳动关系解除之时及双方围绕补偿金支付展开商议之时，并未约定该补偿金的支付需要以孙某无违法违纪事实为前提，故某资产管理公司现提出因孙某可能涉及违法违纪情况，在无确切结论时不予支付该补偿金的主张，依据不足，本院不予采信，该公司仍应按照约定向孙某支付双方约定的补偿金。双方均认可补偿年限按照 32.5 年计算，本院对此亦不持异议。根据《中华人民共和国劳动合同法》第 47 条第 2 款之规定，劳动者月工资高于用人单位所在直辖市、设区的市级人民政府公布的本地区上年度职工月平均工资 3 倍的，向其支付经济补偿的标准按职工月平均工资 3 倍的数额支付，向其支付经济补偿的年限最高不超过 12 年。孙某未举证证明双方约定按照其离职前 12 个月平均工资对解除劳动合同经济补偿金进行核算，故本院对其该项主张不予采信，某资产管理公司向其支付经济补偿的标准应当按照 2014 年北京市职工月平均工资的 3 倍进行计算，具体数额以本院核算为准。

2017 年 4 月 28 日，北京市海淀区人民法院判决：某资产管理公司支付孙某解除劳动合同经济补偿金 630 142.50 元。

一审判决后，某资产管理公司不服提起上诉。2017 年 8 月 15 日，北京市第一中级人民法院经审理后判决：驳回上诉，维持原判。

四、法律依据

《中华人民共和国劳动合同法》第三十六条　用人单位与劳动者协商一致，可以解除劳动合同。

第四十六条　有下列情形之一的，用人单位应当向劳动者支付经济补偿：

…………

（二）用人单位依照本法第三十六条规定向劳动者提出解除劳动合同并与劳动者协商一致解除劳动合同的；

…………

第四十七条　经济补偿按劳动者在本单位工作的年限，每满一年支付一个月工资的标准向劳动者支付。六个月以上不满一年的，按一年计算；不满六个月的，向劳动者支付半个月工资的经济补偿。

　　劳动者月工资高于用人单位所在直辖市、设区的市级人民政府公布的本地区上年度职工月平均工资三倍的，向其支付经济补偿的标准按职工月平均工资三倍的数额支付，向其支付经济补偿的年限最高不超过十二年。

　　本条所称月工资是指劳动者在劳动合同解除或者终止前十二个月的平均工资。

066 劳动者严重违反单位规章制度，用人单位解除劳动合同是否应当支付经济补偿金？

答： 劳动者严重违反单位规章制度，用人单位以此为由解除劳动合同的，无需支付劳动者经济补偿金。

▶▶▶▶ **相关案例**

一、案号

1. ［2021］京 0113 民初 1582 号
2. ［2021］京 03 民终 8336 号

二、案情简述

2002 年 11 月 13 日，王某入职北京空港某服务有限公司（以下简称"北京某空港公司"），双方签订有书面劳动合同。2020 年 1 月 30 日至 2020 年 2 月 16 日期间王某未出勤，也未提交病休证明。王某称未提交病休证明的原因是因疫情原因无法去医院看病，因此无法让医院开具病休证明。2020 年 4 月 9 日，北京某空港公司发函告知王某，因王某未按要求提交 2020 年 1 月 30 日至 2020 年 2 月 16 日期间病休证明，所以 2020 年 1 月 30 日至 2 月 16 日王某未出勤期间的考勤只能按旷工记录。按照北京某空港公司《BGS 奖惩规定》，连续旷工达到 7 天或一年内累计旷工达到 14 天，属于违反各类行政规定，构成一级过失，北京某空港公司可以解除劳动合同。2020 年 4 月 17 日，北京某空港公司作出与王某解除劳动合同的决定。

随后，王某向北京市顺义区劳动人事争议仲裁委员会申请劳动仲裁，请求：裁决北京某空港公司支付王某违法解除劳动合同赔偿金 199 378.94 元。

该仲裁委员会经审理后裁决：驳回王某的仲裁请求。

王某不服仲裁裁决，向北京市顺义区人民法院提起诉讼，诉讼请求同仲裁请求。

三、法院判决

北京市顺义区人民法院经审理后认为，劳动者应当遵守劳动纪律和用人单位依法制定的规章制度。关于王某 2020 年 2 月 3 日之后未出勤的认定，首先，新冠肺炎疫情防控期间，患者就医政策确实较以往进行了调整，但仍可以在遵守疫情防控政策及做好防护措施的情况下就诊，并非不能挂号就诊。其次，王某是否应当休病假，应当由专业的医疗机构进行认定，即使王某 2020 年 1 月 30 日前持续休病假，也并不代表其此后必然也需要休病假。最后，王某明确知晓公司的请假流程及需要提交的材料，即使在疫情防控期间，在未与公司协商一致的情况下，其仍需遵守单位规章制度，在北京某空港公司要求王某补交病休证明，已经尽到询问核实义务的情况下，王某既未提交病休证明亦未回到北京某空港公司上班，有失妥当。综上所述，对于北京某空港公司认定王某 2020 年 2 月 3 日至 2 月 16 日构成旷工的主张，本院予以采信。北京某空港公司依照《BGS 考勤管理规定》《BGS 奖惩规定（试行）》解除与王某的劳动合同并无不当。本院对王某要求北京某空港公司支付违法解除劳动关系赔偿金的诉讼请求，不予支持。

2021 年 3 月 24 日，北京市顺义区人民法院判决：驳回王某的诉讼请求。

一审判决后，王某不服提起上诉。2021 年 7 月 12 日，北京市第三中级人民法院经审理后判决：驳回上诉，维持原判。

四、法律依据

《中华人民共和国劳动合同法》第三十九条　劳动者有下列情形之一的，用人单位可以解除劳动合同：

⋯⋯⋯⋯⋯

（二）严重违反用人单位的规章制度的。

⋯⋯⋯⋯⋯

第四十六条　有下列情形之一的，用人单位应当向劳动者支付经济补偿：

（一）劳动者依照本法第三十八条规定解除劳动合同的；

（二）用人单位依照本法第三十六条规定向劳动者提出解除劳动合同并与劳动者协商一致解除劳动合同的；

（三）用人单位依照本法第四十条规定解除劳动合同的；

（四）用人单位依照本法第四十一条第一款规定解除劳动合同的；

（五）除用人单位维持或者提高劳动合同约定条件续订劳动合同，劳动者不同意续订的情形外，依照本法第四十四条第一项规定终止固定期限劳动合同的；

（六）依照本法第四十四条第四项、第五项规定终止劳动合同的；

（七）法律、行政法规规定的其他情形。

067 劳动者未上班，用人单位办理社会保险停保手续，是否视为解除劳动合同？

答： 劳动者未上班，用人单位未履行人事管理义务而为劳动者办理社会保险停保手续，视为用人单位解除劳动合同。

▶▶▶ **相关案例**

一、案号

1. ［2019］辽 0105 民初 4683、4820 号
2. ［2020］辽 01 民终 5042 号

二、案情简述

1995 年 8 月 1 日，邹某入职沈阳航天某有限责任公司（以下简称"沈阳某航天公司"）工作。2016 年 12 月 26 日，邹某与沈阳某航天公司签订无固定期限劳动合同，约定邹某岗位为行政管理，月薪标准为 7460 元。劳动合同履行期间，邹某担任某研究所所长。2018 年 4 月 16 日，沈阳某航天公司将邹某工作岗位调至某厂副厂长，并将邹某月工资由 7460 元下调至 5760 元。邹某工作岗位调整后，至新岗位工作，并与沈阳某航天公司签订《2018 年度涉密人员保密责任书》并填写《某厂干部履历表》。调岗后，邹某向沈阳某航天公司要求继续保留原工资待遇，因沈阳某航天公司未予答复，邹某于 2018 年 5 月 23 日向沈阳某航天公司递交离职申请，但沈阳某航天公司未予审批，邹某在新岗位工作至 2018 年 6 月 30 日。此后，邹某未再继续上班工作。沈阳某航天公司为邹某发放工资至 2018 年 7 月 30 日。2018 年 8 月 10 日，沈阳某航天公司以终止合同为由办理了邹某社会保险停保手续。截至 2018 年 7 月 30

日，邹某前 12 个月平均收入为 9572.08 元。2018 年 9 月 1 日，邹某与案外人沈阳某电子应用设备有限公司签订《劳动合同书》，并将其社会保险关系转至该公司。

随后，邹某向沈阳市劳动人事争议仲裁委员会申请劳动仲裁，请求：沈阳某航天公司支付邹某解除劳动合同经济补偿金 192 896.70 元。该仲裁委员会经审理后裁决支持邹某的仲裁请求。

沈阳某航天公司不服仲裁裁决，向沈阳市皇姑区人民法院提起诉讼请求：判决沈阳某航天公司不给付邹某解除劳动合同经济补偿金 192 896.70 元。

三、法院判决

沈阳市皇姑区人民法院经审理后认为，邹某在调岗后因沈阳某航天公司未保留其原工资待遇，于 2018 年 5 月 23 日向沈阳某航天公司提出辞职申请，但沈阳某航天公司对邹某申请未予回复，邹某在提出辞职申请后持续上班，故双方劳动关系在 2018 年 7 月 1 日前并未解除。沈阳某航天公司在 2018 年 7 月审核考勤时，发现邹某当月未上班，理应履行通知邹某返回、告知邹某办理离职手续等义务，却在 2018 年 8 月 10 日自行为邹某办理了社会保险停保手续，因沈阳某航天公司未提供证据证明其履行前述人事管理义务，应当承担举证不能的不利后果，故认定解除涉诉劳动合同的主体为沈阳某航天公司。沈阳某航天公司应向邹某支付经济补偿金 224 943.88 元。现邹某在本案中仅主张沈阳某航天公司支付经济补偿金 218 500 元，属对自身权利的处分，不违反法律规定，本院予以准许。

综上，沈阳市皇姑区人民法院判决：沈阳某航天公司待邹某履行完毕办理工作交接和离职脱密手续之时，向邹某支付经济补偿金 218 500 元。

一审判决后，沈阳某航天公司不服提起上诉。2020 年 5 月 9 日，辽宁省沈阳市中级人民法院经审理后判决：驳回上诉，维持原判。

四、法律依据

1. 《中华人民共和国劳动合同法》第三十六条　用人单位与劳动者协商一致，可以解除劳动合同。

第四十六条　有下列情形之一的，用人单位应当向劳动者支付经济补偿：

……………

（二）用人单位依照本法第三十六条规定向劳动者提出解除劳动合同并与劳动者协商一致解除劳动合同的；

…………

第五十条　用人单位应当在解除或者终止劳动合同时出具解除或者终止劳动合同的证明，并在十五日内为劳动者办理档案和社会保险关系转移手续。

劳动者应当按照双方约定，办理工作交接。用人单位依照本法有关规定应当向劳动者支付经济补偿的，在办结工作交接时支付。

用人单位对已经解除或者终止的劳动合同的文本，至少保存二年备查。

2.《中华人民共和国劳动合同法实施条例》第二十七条　劳动合同法第四十七条规定的经济补偿的月工资按照劳动者应得工资计算，包括计时工资或者计件工资以及奖金、津贴和补贴等货币性收入。劳动者在劳动合同解除或者终止前12个月的平均工资低于当地最低工资标准的，按照当地最低工资标准计算。劳动者工作不满12个月的，按照实际工作的月数计算平均工资。

068 劳动者已达到法定退休年龄且未领取退休金，用人单位是否可以终止劳动合同？

答：劳动者到达法定退休年龄，虽未领取退休金，但不符合建立劳动关系的主体要求，用人单位可以终止与劳动者的劳动合同。

▶▶▶ 相关案例

一、案号

1. ［2021］京 0112 民初 42528 号
2. ［2022］京 03 民终 1878 号

二、案情简述

2014 年 5 月 20 日，丁某入职北京某石油有限公司（以下简称"北京某石油公司"）处工作。2017 年 11 月 5 日，丁某到达法定退休年龄，但其继续在北京某石油公司处提供劳务。2021 年 2 月 26 日，北京某石油公司作出劳务关系终止通知书，称因取消永乐店基地的工作地点，决定于 2021 年 3 月 1 日与丁某解除劳务关系，结算工资至 2 月 28 日。

随后，丁某向北京市通州区劳动人事争议仲裁委员会申请劳动仲裁，请求：确认丁某与北京某石油公司在 2017 年 11 月 6 日至 2021 年 2 月 28 日期间存在劳动关系。该仲裁委员会经审查后作出《不予受理通知书》。

丁某不服上述《不予受理通知书》，向北京市通州区人民法院提起诉讼，诉讼请求同仲裁请求。

三、法院判决

北京市通州区人民法院经审理后认为，丁某于 2017 年 11 月 5 日达到法定退休年龄，此后已不具备与北京某石油公司建立劳动关系的主体资格，故其要求确认 2017 年 11 月 6 日以后与北京某石油公司存在劳动关系的诉讼请求无事实及法律依据。

2021 年 12 月 27 日，北京市通州区人民法院判决：驳回丁某的诉讼请求。

一审判决后，丁某不服提起上诉。2022 年 4 月 20 日，北京市第三中级人民法院经审理后判决：驳回上诉，维持原判。

四、法律依据

1. 《中华人民共和国劳动合同法实施条例》第二十一条　劳动者达到法定退休年龄的，劳动合同终止。

2. 《中华人民共和国劳动合同法》第四十四条　有下列情形之一的，劳动合同终止：

…………

（二）劳动者开始依法享受基本养老保险待遇的；

…………

3. 《最高人民法院关于审理劳动争议案件适用法律问题的解释（一）》第三十二条　用人单位与其招用的已经依法享受养老保险待遇或者领取退休金的人员发生用工争议而提起诉讼的，人民法院应当按劳务关系处理。

…………

069 在医疗期内，用人单位是否可以终止劳动合同？

答： 在劳动者医疗期未满的情况下，用人单位终止劳动合同违法。

▶▶▶ **相关案例**

一、案号

1. ［2018］湘 0103 民初 6238 号
2. ［2019］湘 01 民终 1698 号

二、案情简述

2011 年 6 月 1 日，周某与某传媒股份有限公司（以下简称"某传媒公司"）签订《劳动合同书》，期限为 2011 年 6 月 1 日至 2014 年 5 月 31 日，工作内容为专题摄像部摄像工作。合同期满后，双方续订了劳动合同，合同期限为 2014 年 6 月 1 日至 2017 年 5 月 31 日，工作任务是在视觉部承担高级摄像工作，底薪标准为 2835 元/月。

2017 年 5 月 23 日，周某到湖南省第二人民医院就诊，诊断为：适应障碍，处理意见为：减轻劳动强度、休息 1 周、改善工作环境。2017 年 5 月 27 日至 6 月 2 日，周某向某传媒公司请病假 7 天。2017 年 6 月 5 日，某传媒公司资产管理部出具《关于周某退到人力资源部的报告》。该报告载明：周某不胜任本部门的岗位工作，将其退回人力资源部。2017 年 6 月 13 日，某传媒公司向周某出具《培训调岗通知函》。该函载明：周某在资产管理部的工作考核不达标，某传媒公司对周某再进行岗位调整并岗前培训，并要求周某于 2017 年 6 月 14 日至 2017 年 7 月 13 日到平台事业部节目采购部门进行相关岗位知识和技能培训，期限为 1 个月。

2017年6月16日，周某再次到湖南省第二人民医院就诊。诊断为：适应障碍，建议休息1个月。2017年6月27日，某传媒公司向周某出具《劳动合同期满不续签通知书》，通知周某劳动合同于2017年5月31日期满终止，决定不与周某续签劳动合同。周某最后工作至2017年6月15日。周某离职前12个月的平均工资为4997元。

随后，周某向长沙市劳动人事争议仲裁委员会申请劳动仲裁请求：裁决传媒公司支付周某违法解除劳动合同赔偿金126 378元。该仲裁委员会经审理后支持周某的仲裁请求。

某传媒公司不服仲裁裁决，向长沙市天心区人民法院提起诉讼请求：判决某传媒公司不予支付周某违法解除劳动合同赔偿金126 378元。

三、法院判决

长沙市天心区人民法院经审理后认为，合法的劳动关系受到法律的保护。某传媒公司与周某自2011年6月1日签订书面劳动合同，周某在2017年5月31日劳动合同期满后仍在某传媒公司处工作，双方存在事实劳动关系，周某于2017年6月16日被诊断为适应障碍，医嘱建议休息1个月。2017年6月27日，某传媒公司在周某医疗期未满的情况下出具《劳动合同期满不续签通知书》违反法律规定，某传媒公司应向周某支付违法解除劳动合同赔偿金。

2018年12月12日，长沙市天心区人民法院判决：某传媒公司向周某支付违法解除劳动合同赔偿金64 961元。

一审判决后，某传媒公司不服提起上诉。在湖南省长沙市中级人民法院主持下，某传媒公司与周某达成调解协议。

四、法律依据

《中华人民共和国劳动合同法》第四十二条　劳动者有下列情形之一的，用人单位不得依照本法第四十条、第四十一条的规定解除劳动合同：

（一）从事接触职业病危害作业的劳动者未进行离岗前职业健康检查，或者疑似职业病病人在诊断或者医学观察期间的；

（二）在本单位患职业病或者因工负伤并被确认丧失或者部分丧失劳动能力的；

（三）患病或者非因工负伤，在规定的医疗期内的；

....

第四十五条　劳动合同期满，有本法第四十二条规定情形之一的，劳动合同应当续延至相应的情形消失时终止。但是，本法第四十二条第二项规定丧失或者部分丧失劳动能力劳动者的劳动合同的终止，按照国家有关工伤保险的规定执行。

第四十七条　经济补偿按劳动者在本单位工作的年限，每满一年支付一个月工资的标准向劳动者支付。六个月以上不满一年的，按一年计算；不满六个月的，向劳动者支付半个月工资的经济补偿。

....

本条所称月工资是指劳动者在劳动合同解除或者终止前十二个月的平均工资。

第四十八条　用人单位违反本法规定解除或者终止劳动合同，劳动者要求继续履行劳动合同的，用人单位应当继续履行；劳动者不要求继续履行劳动合同或者劳动合同已经不能继续履行的，用人单位应当依照本法第八十七条规定支付赔偿金。

第八十七条　用人单位违反本法规定解除或者终止劳动合同的，应当依照本法第四十七条规定的经济补偿标准的二倍向劳动者支付赔偿金。

070 用人单位终止以完成一定工作任务为期限的劳动合同，是否应当支付经济补偿金？

答： 以完成一定工作任务为期限的劳动合同，因工作任务完成而终止的，用人单位应当向劳动者支付经济补偿金。

▶▶▶▶ 相关案例

一、案号

［2016］吉 0104 民初 1466 号

二、案情简述

2011 年 3 月，李某到某集团有限责任公司（以下简称"某集团公司"）的某世纪城二期工程中任水暖工程师一职，双方未签订劳动合同，亦未缴纳各类保险。2011 年 4 月至 7 月，每月工资为 6000 元。之后，每月工资实际发放 7999.80 元。2015 年 9 月，某集团公司通知李某终止合作，发放李某的工资至 2015 年 10 月。李某自 2007 年 4 月初次参加社会保险交纳，现由吉林一鸣企业管理有限公司为其向长春市社会保险事业管理局缴纳养老保险及失业保险。

随后，李某向吉林省长春市朝阳区劳动人事争议仲裁委员会申请劳动仲裁，请求：裁决某集团公司支付李某违法解除劳动合同赔偿金 80 000 元。该仲裁委员会经审查后作出《不予受理通知书》。

李某不服上述《不予受理通知书》，向长春市朝阳区人民法院提起诉讼，诉讼请求同仲裁请求。

三、法院判决

长春市朝阳区人民法院经审理后认为，李某被某集团公司聘为某世纪城二期的水暖工程师一职属实，某世纪城是某集团公司所开发的工程项目，李某自 2011 年开始工作至项目结束。根据《中华人民共和国劳动法》第 20 条的规定"劳动合同的期限分为固定期限、无固定期限和以完成一定的工作为期限……"根据《中华人民共和国劳动合同法》第 15 条的规定："以完成一定工作任务为期限的劳动合同，是指用人单位与劳动者约定以某项工作的完成为合同期限的劳动合同。……"结合李某的工作性质和某集团公司的企业性质，李某与某集团公司之间应是以完成一定工作任务为期限的劳动关系，双方应当签订以完成一定工作任务为期限的劳动合同，李某与某集团公司的劳动关系因任务已经完成，故于 2015 年 9 月结束。某集团公司已经提前通知李某，并发放工资至 2015 年 10 月，李某与某集团公司的劳动关系不存在违法解除，故对李某要求违法解除劳动合同赔偿金的请求不予支持。根据《中华人民共和国劳动合同法实施条例》第 22 条的规定"以完成一定工作任务为期限的劳动合同因任务完成而终止的，用人单位应当依照劳动合同法第四十七条的规定向劳动者支付经济补偿"，故某集团公司应当给予李某经济补偿，李某工作时限为 2011 年 3 月至 2015 年 9 月，为 4 年 6 个月，应按 5 年给付经济补偿为 39 999 元（7999.8 元×5 年）。因某集团公司多支付了第 10 月份的工资，故应予以扣除，实际给付 31 999.2 元。

2016 年 8 月 4 日，长春市朝阳区人民法院判决：某集团公司给付李某解除劳动合同经济补偿金 31 999.2 元。

四、法律依据

1. 《中华人民共和国劳动法》第二十条 劳动合同的期限分为有固定期限、无固定期限和以完成一定的工作为期限。

…………

2. 《中华人民共和国劳动合同法》第十五条 以完成一定工作任务为期限的劳动合同，是指用人单位与劳动者约定以某项工作的完成为合同期限的劳动合同。

用人单位与劳动者协商一致，可以订立以完成一定工作任务为期限的劳动合同。

第四十七条 经济补偿按劳动者在本单位工作的年限，每满一年支付一个月工资的标准向劳动者支付。六个月以上不满一年的，按一年计算；不满六个月的，向劳动者支付半个月工资的经济补偿。

劳动者月工资高于用人单位所在直辖市、设区的市级人民政府公布的本地区上年度职工月平均工资三倍的，向其支付经济补偿的标准按职工月平均工资三倍的数额支付，向其支付经济补偿的年限最高不超过十二年。

本条所称月工资是指劳动者在劳动合同解除或者终止前十二个月的平均工资。

3.《中华人民共和国劳动合同法实施条例》第二十二条 以完成一定工作任务为期限的劳动合同因任务完成而终止的，用人单位应当依照劳动合同法第四十七条的规定向劳动者支付经济补偿。

071 劳动合同期满后，用人单位终止劳动关系是否属于违法解除劳动关系？

答： 第一次固定期限劳动合同期满后用人单位终止劳动关系的，不属于违法解除劳动关系，但应支付劳动者终止劳动关系经济补偿金。

▶▶▶▶ **相关案例**

一、案号

1. ［2021］京 0115 民初 17207 号
2. ［2022］京 02 民终 2389 号

二、案情简述

2017 年 12 月 1 日，郑某入职某信息导航有限公司（以下简称"某信息导航公司"），签订劳动合同期限为 2017 年 12 月 1 日至 2020 年 11 月 30 日。因某信息导航公司合并重组，郑某被要求于 2019 年 5 月 1 日转入某在线信息科技有限公司（以下简称"某在线信息公司"），换签劳动合同期限为 2019 年 5 月 1 日至 2020 年 11 月 30 日，岗位为云客服事业部员工，月标准固定部分是 11 618 元，每年发放过节费、十三薪等。2020 年 12 月 8 日，某在线信息公司向郑某发送的邮件载明："现公司与你协商一致终止劳动关系，不再续签劳动合同，离职日期为 2020 年 12 月 11 日……" 2020 年 12 月 11 日，双方终止劳动关系，郑某终止前 12 个月平均工资数额为 15 910 元。

随后，郑某向北京经济技术开发区劳动人事争议仲裁委员会申请劳动仲裁，请求：裁决某在线信息公司支付郑某违法解除劳动合同赔偿金 109 823.58 元。该仲裁委员会经审理后裁决：驳回郑某的仲裁请求。

郑某不服仲裁裁决，向北京市大兴区人民法院提起诉讼，诉讼请求同仲裁请求。

三、法院判决

北京市大兴区人民法院经审理后认为，关于违法解除劳动合同赔偿金的问题：劳动合同到期后，某在线信息公司终止劳动关系，是否构成违法解除或者违法终止劳动关系？根据《最高人民法院关于审理劳动争议案件适用法律问题的解释（一）》第34条的规定："劳动合同期满后，劳动者仍在原用人单位工作，原用人单位未表示异议的，视为双方同意以原条件继续履行劳动合同。一方提出终止劳动关系的，人民法院应予支持。"某在线信息公司在劳动合同到期后较短时间内提出终止劳动关系，应当视为符合《中华人民共和国劳动合同法》第44条第1款规定的终止情形，并不构成违法终止劳动关系，故郑某主张某在线信息公司系违法解除劳动关系，无事实和法律依据，本院不予支持。某在线信息公司向郑某发出通知提出终止劳动关系，终止日期为2020年12月11日，故本院认定双方劳动关系于2020年12月11日终止，某在线信息公司需支付终止劳动合同经济补偿金。郑某亦主张，若本案无法认定公司违法解除劳动合同关系，同意某在线信息公司支付其经济补偿金，故本院对郑某的该项主张予以确认。针对工作年限，劳动者非因本人原因从原用人单位被安排到新用人单位工作的，劳动者在原用人单位的工作年限合并计算为新用人单位的工作年限。郑某2017年12月1日入职某信息导航公司，后因合并重组被要求与某在线信息公司签订劳动合同，其在某信息导航公司的工作年限应被合并计入某在线信息公司的工作年限；双方庭审中均认可郑某离职前12个月平均工资为15 910元，本院不持异议，终止劳动合同经济补偿金具体金额以本院核算为准。

2021年12月15日，北京市大兴区人民法院判决：某在线信息公司支付郑某终止劳动合同经济补偿金55 685元。

一审判决后，某在线信息公司不服提起上诉。2022年3月30日，北京市第二中级人民法院经审理后判决：驳回上诉，维持原判。

四、法律依据

《中华人民共和国劳动合同法》第四十四条　有下列情形之一的，劳动合同终止：

（一）劳动合同期满的。

…………

第四十六条　有下列情形之一的，用人单位应当向劳动者支付经济补偿：

…………

（五）除用人单位维持或者提高劳动合同约定条件续订劳动合同，劳动者不同意续订的情形外，依照本法第四十四条第一项规定终止固定期限劳动合同的；

…………

第四十七条　经济补偿按劳动者在本单位工作的年限，每满一年支付一个月工资的标准向劳动者支付。六个月以上不满一年的，按一年计算；不满六个月的，向劳动者支付半个月工资的经济补偿。

劳动者月工资高于用人单位所在直辖市、设区的市级人民政府公布的本地区上年度职工月平均工资三倍的，向其支付经济补偿的标准按职工月平均工资三倍的数额支付，向其支付经济补偿的年限最高不超过十二年。

本条所称月工资是指劳动者在劳动合同解除或者终止前十二个月的平均工资。

2.《最高人民法院关于审理劳动争议案件适用法律问题的解释（一）》第三十四条　劳动合同期满后，劳动者仍在原用人单位工作，原用人单位未表示异议的，视为双方同意以原条件继续履行劳动合同。一方提出终止劳动关系的，人民法院应予支持。

…………

072　劳动者考核不合格又拒绝调岗的，用人单位是否可以解除劳动合同？

答： 用人单位以考核不合格为由调整劳动者的工作岗位，劳动者予以拒绝的。如果用人单位不能证明调整岗位的合理性及必要性，解除劳动合同违法。

▶▶▶ **相关案例**

一、案号

1. ［2021］京 0105 民初 57764 号
2. ［2022］京 03 民终 2360 号

二、案情简述

2011 年 6 月，韩某入职某保险集团股份有限公司（以下简称"某保险公司"）。某保险公司对韩某 2019 年绩效考核结果为 D，但考核未显示考核结果分数计算方式及分数扣减明细。因韩某年度考核不合格，某保险公司对其调岗，韩某拒不到新岗位报到，某保险公司以此认定韩某违反《劳动合同》第 28 条及《考勤休假管理办法》第 24 条的规定，属于严重违反劳动纪律和用人单位规章制度，并以此为由于 2020 年 9 月 25 日解除与韩某的劳动关系。

随后，韩某向北京市朝阳区劳动人事争议仲裁委员会申请劳动仲裁，请求：裁决某保险公司支付韩某违法解除劳动合同赔偿金 318 348.17 元。该仲裁委员会经审理后裁决支持韩某的仲裁请求。

某保险公司不服仲裁裁决，向北京市朝阳区人民法院提起诉讼请求：判决某保险公司无须支付韩某违法解除劳动合同赔偿金 318 348.17 元。

三、法院判决

北京市朝阳区人民法院经审理后认为，某保险公司提交的证据不足以证明其公司扣减考核分数的标准及合理性，韩某不认可绩效考核结果为D，其提交的考核结果截图显示韩某绩效结果为C-，某保险公司虽不认可其真实性，但亦未提交其他向韩某送达考核结果的证据，故本院对某保险公司提交的2019年绩效考核结果不予采信。某保险公司提交的证据不足以证明其为韩某提供的培训内容，韩某亦不认可该培训系针对绩效考核结果进行的培训；培训后某保险公司未对韩某的培训结果进行考核或评估，也未提交证据证明其在对韩某已进行相关培训的情况下，另行作出调岗决定具备合理性及必要性；某保险公司向韩某发出的进入内部人才市场通知中载明将安排韩某进行双选，但某保险公司并未就双选过程及提供给韩某进行选择的岗位进行举证；某保险公司将韩某调整至"办公室文档机要处档案岗"与韩某原本"保险管理类岗位"差异过大，某保险公司亦未就将韩某调整至该岗位的合理性举证证明。综上，本院认为，某保险公司对韩某调整工作岗位，缺乏合理性及必要性，故某保险公司认定韩某拒不到岗的行为严重违反劳动纪律和用人单位规章制度，缺乏法律依据，某保险公司据此与韩某解除劳动关系的行为系违法解除，某保险公司应支付韩某违法解除劳动关系赔偿金。

2021年12月29日，北京市朝阳区人民法院判决：某保险公司支付韩某违法解除劳动关系赔偿金318 348.17元。

一审判决后，某保险公司不服提起上诉。2022年5月5日，北京市第三中级人民法院经审理后判决：驳回上诉，维持原判。

四、法律依据

1.《中华人民共和国劳动合同法》第三十九条 劳动者有下列情形之一的，用人单位可以解除劳动合同：

…………

（二）严重违反用人单位的规章制度的；

…………

第四十条 有下列情形之一的，用人单位提前三十日以书面形式通知劳动者本人或者额外支付劳动者一个月工资后，可以解除劳动合同：…………

（二）不能胜任工作，经过培训或者调整工作岗位，仍不能胜任工作的；

第四十八条 用人单位违反本法规定解除或者终止劳动合同，劳动者要求继续履行劳动合同的，用人单位应当继续履行；劳动者不要求继续履行劳动合同或者劳动合同已经不能继续履行的，用人单位应当依照本法第八十七条规定支付赔偿金。

2.《最高人民法院关于审理劳动争议案件适用法律问题的解释（一）》第四十四条 因用人单位作出的开除、除名、辞退、解除劳动合同、减少劳动报酬、计算劳动者工作年限等决定而发生的劳动争议，用人单位负举证责任。

第五编

工　资

073 用人单位因政策限制未及时发放工资，是否合法？

答： 该种情形不属于用人单位迟延支付劳动者工资的法定理由。

▶▶▶ **相关案例**

一、案号

1. ［2017］京 0106 民初 3020 号
2. ［2017］京 02 民终 6724 号

二、案情简述

2006 年 8 月 1 日，孙某入职北京某印务有限公司（以下简称"北京某印务公司"）工作，任职机长岗位，双方签订有劳动合同，约定 2014 年起月工资为保底 4200 元加提成，每月 15 日发放上一自然月工资。自 2016 年 6 月起，北京某印务公司未再正常支付孙某工资。2016 年 8 月 2 日，孙某以北京某印务公司未及时足额支付劳动报酬为由提出解除劳动合同。北京某印务公司称其租赁房产因军队政策原因退租搬迁，其单位于 2016 年 5 月下旬停工、停产，导致孙某 2016 年 6 月的工资于 2016 年 8 月 2 日发放，该延误属于不可抗力。

随后，孙某向北京市丰台区劳动争议仲裁委员会申请劳动仲裁，请求：裁决北京某印务公司支付孙某解除劳动合同经济补偿金 50 400 元。该仲裁委员会经审理后裁决支持孙某的部分仲裁请求。

北京某印务公司不服仲裁裁决，向北京市丰台区人民法院提起诉讼请求：判决北京某印务公司不支付孙某解除劳动合同经济补偿金 44 100 元。

三、法院判决

北京市丰台区人民法院经审理后认为，当事人对自己的主张，有责任提供证据，没有证据或者证据不足以证明当事人的事实主张的，由负有举证责任的当事人承担不利后果。北京某印务公司于 2016 年 7 月 31 日已收到孙某邮寄的《解除劳动合同通知书》，故对其关于双方至今存在劳动关系的主张，本院不予采信，双方劳动关系于该日解除。依据《中华人民共和国劳动合同法》第 38 条"用人单位有下列情形之一的，劳动者可以解除劳动合同：……（二）未及时足额支付劳动报酬的"的规定，北京某印务公司与孙某约定每月 15 日支付上一自然月工资，截至 2016 年 7 月 31 日，北京某印务公司尚未支付孙某 2016 年 6 月工资，故孙某 2016 年 7 月 31 日以北京某印务公司未按约定时间及时支付劳动报酬提出解除劳动关系，符合上述规定。依据《中华人民共和国劳动合同法》第 46 条"有下列情形之一的，用人单位应当向劳动者支付经济补偿：（一）劳动者依照本法第三十八条规定解除劳动合同的……"第 47 条"经济补偿按劳动者在本单位工作的年限，每满一年支付一个月工资的标准向劳动者支付。六个月以上不满一年的，按一年计算；不满六个月的，向劳动者支付半个月工资的经济补偿"及第 98 条"本法自 2008 年 1 月 1 日起施行"的规定，北京某印务公司应支付孙某解除劳动合同经济补偿 37 800 元。

综上，北京市丰台区人民法院判决：北京市丰台区人民法院支付孙某解除劳动合同经济补偿金 37 800 元。

一审判决后，北京某印务公司与孙某均不服提起上诉。2017 年 7 月 18 日，北京市第二中级人民法院经审理后判决：驳回上诉，维持原判。

四、法律依据

1.《中华人民共和国劳动合同法》第三十条　用人单位应当按照劳动合同约定和国家规定，向劳动者及时足额支付劳动报酬。

第三十八条　用人单位有下列情形之一的，劳动者可以解除劳动合同：

…………

（二）未及时足额支付劳动报酬的；

…………

2.《中华人民共和国劳动法》第五十条　工资应当以货币形式按月支付给劳动者本人。不得克扣或者无故拖欠劳动者的工资。

074 劳动者要求支付年薪，是否应当承担举证责任？

答：劳动者要求用人单位支付年薪，应当承担举证责任。

▶▶▶ 相关案例

一、案号

京西劳人仲字［2015］第 1044 号

二、案情简述

2012 年 3 月 6 日，黄某与无锡某数据通信股份公司北京科技分公司（以下简称"无锡某北京分公司"）签署《录用通知书》，待遇中规定年薪 32 万，其中月薪为税前每月 20 000 元，奖金按部门纯利 1% 计提，年底补发年薪 80 000 元。黄某于 2014 年 9 月 30 日解除劳动合同关系，无锡某北京分公司口头同意年底补发 1 月至 9 月的年薪 60 000 元。2014 年 12 月底与无锡某北京分公司人事部总监沟通，无锡某北京分公司决定不发放剩余年薪。

随后，黄某向北京市西城区劳动人事争议仲裁委员会申请劳动仲裁，请求：裁决无锡某北京分公司支付黄某 2014 年年薪 60 000 元。

三、仲裁委员会裁决

北京市西城区劳动人事争议仲裁委员会经审理后认为，依据证据规则，当事人对自己提出的仲裁请求所依据的事实或者反驳对方仲裁请求所依据的事实有责任提供证据加以证明。没有证据或者证据不足以证明当事人事实主张的，由负有举证责任的当事人承担不利后果。黄某针对其主张虽提交了《录用通知书》、2013 年和 2014 年的完税证明，但《录用通知书》没有人事行政部负责人签字，亦未有无锡某数据北京分公司及人事行政部盖章。2013年和2014年的完税证明未显示交税单位为无锡某北京分公司且该完税证明亦无法证明黄某的工资标准，故本委对黄某的主张不予采信。

2015年5月20日，北京市西城区劳动人事争议仲裁委员会裁决：驳回黄某的仲裁请求。

四、法律依据

《中华人民共和国劳动争议调解仲裁法》第六条　发生劳动争议，当事人对自己提出的主张，有责任提供证据。与争议事项有关的证据属于用人单位掌握管理的，用人单位应当提供；用人单位不提供的，应当承担不利后果。

075 用人单位口头通知降薪，劳动者未提起异议是否视为同意？

答：用人单位口头通知降薪，即便劳动者未提出异议，也不能视为劳动者同意降薪。

▶▶▶ **相关案例**

一、案号

1. ［2020］京 0108 民初 48982 号
2. ［2022］京 01 民终 2006 号

二、案情简述

2019 年 8 月 1 日，岑某与某国际资信评估有限公司（以下简称"某资信评估公司"）签署了 3 年期的劳动合同，约定工资为 25 000 元。某资信评估公司于 2019 年 12 月 2 日口头通知岑某月工资降为 8000 元，自 2019 年 11 月起执行。2020 年 2 月 14 日，岑某向某资信评估公司总裁及法定代表人发送邮件：去年 8 月，公司战略调整，渠道管理纳入投服部分，自己的工作重点除了投服，还负责协助部门领导搭建渠道基础工作。去年 11 月开始，公司实施了工资新的发放方式，这种工资发放方式本人没有任何意见，但是对于我的工资由之前原工资 25 000 元（税前）被调整到 8000 元（税前），每月税后工资不到 3000 元是不合理的，公司发放我的工资完全与我的岗位职责以及 2019 年 7 月签署的合同薪酬完全不匹配。2020 年 6 月 17 日，某资信评估公司以未能与岑某就降薪一事协商一致为由将岑某开除。

随后，岑某向北京市朝阳区劳动人事争议仲裁委员会申请劳动仲裁，请求：裁决某资信评估公司支付岑某2019年11月1日至2020年6月18日期间工资差额125 942.53元。该仲裁委员会经审查后作出《不予受理通知书》。

岑某不服仲裁裁决，向北京市朝阳区人民法院提起诉讼，仲裁请求同诉讼请求。

三、法院判决

北京市朝阳区人民法院经审理后认为，根据《最高人民法院关于审理劳动争议案件适用法律问题的解释（一）》第43条的规定："用人单位与劳动者协商一致变更劳动合同，虽未采用书面形式，但已经实际履行了口头变更的劳动合同超过一个月，变更后的劳动合同内容不违反法律、行政法规且不违背公序良俗，当事人以未采用书面形式为由主张劳动合同变更无效的，人民法院不予支持。"本案中，岑某未提交有效的证据证明其曾在岗位和薪资变更1个月内提出异议，其应承担举证不能的不利后果。

2021年12月13日，北京市朝阳区人民法院判决：驳回岑某的诉讼请求。

一审判决后，岑某不服提起上诉。北京市第一中级人民法院经审理后认为，依据《中华人民共和国劳动合同法》第35条的规定，用人单位与劳动者协商一致，可以变更劳动合同约定的内容。变更劳动合同，应当采取书面形式。劳动者的劳动报酬属于劳动合同的重要内容之一，其内容的变更，尤其是对劳动者不利的变更，应当采取书面形式，使劳动者充分了解其民事法律行为的意义及利害关系，避免作出仓促、轻率的决定。本案中，某资信评估公司作为用人单位，将岑某的劳动报酬从每月25 000元调整为8000元，既未通过书面形式变更劳动合同，又未提供充分、有效的证据证明双方协商一致。相反，岑某明确就降薪一事提出了异议，加之某资信评估公司亦以双方未能就变更劳动合同内容达成协议为由解除双方劳动关系，足以认定岑某劳动报酬的变更并未经过双方协商一致。据此，本院认定，某资信评估公司应当按照月工资25 000元的标准向岑某补足工资差额。

2022年4月27日，北京市第一中级人民法院判决：撤销原审判决第三项；某资信评估公司支付岑某2019年11月1日至2020年6月18日期间工资差额125 942.53元。

四、法律依据

1.《中华人民共和国劳动合同法》第三十五条　用人单位与劳动者协商一致，可以变更劳动合同约定的内容。变更劳动合同，应当采用书面形式。

……………

2.《最高人民法院关于审理劳动争议案件适用法律问题的解释（一）》第四十三条　用人单位与劳动者协商一致变更劳动合同，虽未采用书面形式，但已经实际履行了口头变更的劳动合同超过一个月，变更后的劳动合同内容不违反法律、行政法规且不违背公序良俗，当事人以未采用书面形式为由主张劳动合同变更无效的，人民法院不予支持。

076 用人单位调整劳动者工作岗位并降薪，是否应当支付工资差额？

答： 用人单位单方调整劳动者工作岗位并降薪，既未与劳动者协商一致，又未证明劳动者不能胜任工作，应当按原工资标准向劳动者支付工资差额。

▶▶▶▶ **相关案例**

一、案号

1. ［2021］京 0108 民初 3600 号
2. ［2021］京 01 民终 9771 号

二、案情简述

2013 年 12 月 23 日，衡某入职中国某出版社有限责任公司（以下简称"中国某出版社公司"），双方签订了期限自当日至 2015 年 12 月 22 日期间的劳动合同，约定衡某担任教育图书出版中心部门副主任岗位。后双方续签劳动合同至 2020 年 12 月 22 日。

2019 年 7 月中国某出版社公司组织员工竞聘，除正副社长外，其余 53 名在职员工竞聘 54 个岗位，竞聘前衡某担任教育图书出版中心副主任，原所在的部门设 2 名副主任，竞聘后改为设一名副主任。衡某报名竞聘教育图书出版中心副主任，未竞聘成功。针对未竞聘成功的理由，中国某出版社公司表示系衡某得分低而落选。

衡某竞聘落选后，向中国某出版社公司提交了竞聘编辑的竞聘表，后撤回。2019 年 7 月 23 日中国某出版社公司作出《关于衡某待岗的通知》，载明"鉴于公司多次通知您参加员工竞聘，您均拒绝参加，按照《员工竞聘上岗实施办法》相关规定，经公司7月22日总经理办公会研究决定，从竞聘结果公布次日起您为待岗人员，在原部门待岗，待岗期间工作由原部门安排。待岗3个月内享受原岗位的基本工资3920元，不享受预发绩效工资、年终奖，第4个月至第6个月期间享受原岗位50%的基本工资，不享受预发绩效工资、年终奖；待岗6个月后仍未能上岗的，公司与其解除劳动关系。待岗人员不享受在岗职工有关福利待遇。以上工资低于北京市最低工资标准的，按北京市最低工资标准计发。特此通知"。双方均确认此后衡某正常出勤，但中国某出版社公司主张2019年7月24日起衡某没有正式的工作任务。

随后，衡某向北京市海淀区劳动人事争议仲裁委员会申请劳动仲裁，请求：裁决中国某出版社公司支付衡某2019年7月1日至2020年7月16日期间工资差额81 872.26元。该仲裁委员会经审理后裁决：驳回衡某的仲裁请求。

衡某不服仲裁裁决，向北京市海淀区人民法院提起诉讼，诉讼请求同仲裁请求。

三、法院判决

北京市海淀区人民法院经审理后认为，中国某出版社公司以全员竞聘方式将衡某所在岗位设置由2名变更为1名，但未举证证明此种调整的必要性与合理性，且《同意大会决议签字表》并未显示系针对何会议内容的决议，故无法实现相应的证明目的。进而，在以此为由不再允许衡某从事原岗位时，中国某出版社公司既未与衡某协商一致变更劳动合同，亦未提举有效证据证明衡某存在不能胜任工作的情形，仅凭个人主观评分无法达到相应的证明目的。此外，中国某出版社公司亦不存在停工停业情形，故对衡某安排待岗降薪构成拒不提供劳动条件，应按照衡某原工资标准向其支付2019年7月1日至2020年7月16日期间工资差额。经核算，衡某就此主张81 872.26元并无不当，本院予以支持。

2021年8月12日，北京市海淀区人民法院判决：中国某出版社公司向衡某支付2019年7月1日至2020年7月16日期间差额81 872.26元。

一审判决后，中国某出版社公司不服提起上诉。2021年12月27日，北京市第一中级人民法院经审理后判决：驳回上诉，维持原判。

四、法律依据

1. 《中华人民共和国劳动合同法》第三十五条　用人单位与劳动者协商一致，可以变更劳动合同约定的内容。变更劳动合同，应当采用书面形式。

…………

第四十条　有下列情形之一的，用人单位提前三十日以书面形式通知劳动者本人或者额外支付劳动者一个月工资后，可以解除劳动合同：

…………

（二）劳动者不能胜任工作，经过培训或者调整工作岗位，仍不能胜任工作的；

…………

2. 《北京市高级人民法院、北京市劳动人事争议仲裁委员会关于〈审理劳动争议案件解答〉》

五、劳动合同的履行和变更

59. 用人单位调整劳动者工作岗位的，如何处理？

用人单位与劳动者约定可根据生产经营情况调整劳动者工作岗位的，经审查用人单位证明生产经营情况已经发生变化，调岗属于合理范畴，应支持用人单位调整劳动者工作岗位。

用人单位与劳动者在劳动合同中未约定工作岗位或约定不明的，用人单位有正当理由，根据生产经营需要，合理地调整劳动者工作岗位属于用人单位自主用工行为。判断合理性应参考以下因素：用人单位经营必要性、目的正当性，调整后的岗位为劳动者所能胜任、工资待遇等劳动条件无不利变更。

用人单位与劳动者签订的劳动合同中明确约定工作岗位但未约定如何调岗的，在不符合《劳动合同法》第四十条所列情形时，用人单位自行调整劳动者工作岗位的属于违约行为，给劳动者造成损失的，用人单位应予以赔偿，参照原岗位工资标准补发差额。对于劳动者主张恢复原工作岗位的，根据实际情况进行处理。经审查难以恢复原工作岗位的，可释明劳动者另行主张权利，释明后劳动者仍坚持要求恢复原工作岗位，可驳回请求。

用人单位在调整岗位的同时调整工资，劳动者接受调整岗位但不接受同时调整工资的，由用人单位说明调整理由。应根据用人单位实际情况、劳动者调整后的工作岗位性质、双方合同约定等内容综合判断是否侵犯劳动者合法权益。

077 违法分包人是否应支付违法承包人招用工人的工资？

答：违法分包人将工程违法分包给违法承包人，应支付违法承包人招用工人的工资。

相关案例

一、案号

1. ［2020］新 0103 民初 8734 号
2. ［2021］新 01 民终 1602 号

二、案情简述

某航天建设集团有限公司（以下简称"某航天集团公司"）作为总承揽人，将其承揽的"司机之家"建设项目分包给自然人孙某。杨某于 2016 年 8 月至 2019 年 12 月期间在"司机之家"项目担任材料员兼会计工作。某航天集团公司否认与孙某之间存在劳动关系，不同意支付工资。

随后，杨某向新疆维吾尔自治区乌鲁木齐市沙依巴克区劳动人事争议仲裁委员会申请劳动仲裁，请求：裁决某航天集团公司支付杨某自 2016 年 8 月至 2019 年 12 月期间工资 420 000 元。该仲裁委员会经审理后裁决支持杨某的仲裁请求。

某航天集团公司不服仲裁裁决，向新疆维吾尔自治区乌鲁木齐市沙依巴克区人民法院提起诉讼请求：判决某航天集团公司不予支付杨某自 2016 年 8 月至 2019 年 12 月期间工资 420 000 元。

三、法院判决

新疆维吾尔自治区乌鲁木齐市沙依巴克区人民法院经审理后认为，本案的争议焦点是某航天集团公司是否应当支付杨某工资。杨某提供的《劳动合同书》可以证实其在"司机之家"建设项目工作的事实。某航天集团公司以工地停工及不存在劳动关系抗辩，但是未提交证据予以印证。而且，某航天集团公司与杨某之间是否存在劳动关系与某航天集团公司是否需要向杨某支付工资并无必然联系。即使按照某航天集团公司所述，其将工程劳务分包给了案外人孙某，也属于违法分包。在杨某能够证实孙某或者某航天某集团公司存在欠付工资的情形下，杨某向某航天集团公司主张支付欠付工资应予以支持。关于工资数额，本院调取的 2 份未发工资表写明欠付工资的具体时间、金额，杨某也签字予以认可，对未发工资表以外的时间，杨某未能提供证据证实自己提供了劳动，结合杨某已领取 20 000 元工资的事实，某航天集团公司应支付杨某工资数额为 58 666.5 元（51 666.6 元+26 999.9 元−20 000 元）。

2021 年 1 月 7 日，新疆维吾尔自治区乌鲁木齐市沙依巴克区人民法院判决：某航天集团公司支付杨某工资 58 666.5 元。

一审判决后，杨某不服提起上诉。2021 年 5 月 24 日，新疆维吾尔自治区乌鲁木齐市中级人民法院经审理后判决：驳回上诉，维持原判。

四、法律依据

1. 《中华人民共和国劳动争议调解仲裁法》第六条 发生劳动争议，当事人对自己提出的主张，有责任提供证据。与争议事项有关的证据属于用人单位掌握管理的，用人单位应当提供；用人单位不提供的，应当承担不利后果。

2. 《中华人民共和国劳动法》第五十条 工资应当以货币形式按月支付给劳动者本人。不得克扣或者无故拖欠劳动者的工资。

3. 《中华人民共和国劳动合同法》第九十四条 个人承包经营违反本法规定招用劳动者，给劳动者造成损害的，发包的组织与个人承包经营者承担连带赔偿责任。

078 劳动者持工资欠条是否可以直接起诉要求支付工资？

答： 劳动者持用人单位出具的工资欠条可以向人民法院提起诉讼要求支付工资。

▶▶▶ 相关案例

一、案号

[2022] 新 4002 民初 710 号

二、案情简述

2016 年 9 月 21 日，朱某入职于某航天建设公司伊宁市分公司（以下简称"某航天伊宁分公司"），于 2018 年 11 月 23 日离职。2018 年 11 月 28 日，某航天伊宁分公司向朱某出具截至 2018 年 11 月 23 日尚欠朱某工资明细清单，载明 2016 年 9 月 21 日至 2018 年 11 月 23 日期间应付朱某工资总额为 652 500 元，已付工资 490 000 元，至本月累计尚欠工资 162 500 元。某航天伊宁分公司会计贾某签字确认"工资核对无误，欠朱某 162 500 元"并加盖某航天伊宁分公司财务专用章。2018 年 12 月 1 日，某航天伊宁分公司负责人邓某在尚欠朱某工资明细清单彩印件上签字确认。2018 年 12 月 4 日，某航天伊宁分公司向朱某支付工资 100 000 元，2020 年 1 月 22 日，航天伊宁分公司负责人通过微信转账向朱某支付 5000 元。

随后，朱某向新疆维吾尔自治区伊宁市人民法院起诉，请求：判决某航天伊宁分公司支付朱某工资 57 500 元。

三、法院判决

新疆维吾尔自治区伊宁市人民法院经审理后认为，朱某、某航天伊宁分公司对朱某于 2016 年 9 月 21 日入职某航天伊宁分公司，2018 年 11 月 23 日离职均无异议，本院予以确认。朱某主张某航天伊宁分公司欠付其工资，有其提交的尚欠朱某工资明细清单予以证实，该工资明细单经公司会计贾某签字确认欠付金额为 162 500 元并加盖公司财务专用章，某航天伊宁分公司对加盖公章处真实性认可，对彩印件邓某本人签字处真实性亦认可，但抗辩盖章及签字的先后顺序不能确定，朱某有造假的可能。结合庭审中某航天伊宁分公司负责人邓某当庭向其公司会计贾某核实，贾某陈述"当时是对朱某的工资结算后出的工资表""记不清楚了，应该是你（指某航天伊宁分公司负责人邓某）盖了以后，确认以后我才签的"，某航天伊宁分公司的抗辩意见，本院不予采信。即便没有邓某本人的签字，朱某提交的加盖公司财务专用章的明细单也足以证实某航天伊宁分公司欠付朱某工资的事实。依据《最高人民法院关于审理劳动争议案件适用法律问题的解释（一）》的规定，朱某诉请某航天伊宁分公司支付工资 57 500 元，于法有据，本院予以支持。

2022 年 2 月 11 日，新疆维吾尔自治区伊宁市人民法院判决：某航天伊宁分公司支付朱某工资 57 500 元。

四、法律依据

《最高人民法院关于审理劳动争议案件适用法律问题的解释（一）》第十五条　劳动者以用人单位的工资欠条为证据直接提起诉讼，诉讼请求不涉及劳动关系其他争议的，视为拖欠劳动报酬争议，人民法院按照普通民事纠纷受理。

079 用人单位作出的《解除劳动合同通知书》被撤销，是否应当补发工资？

答：用人单位作出解除劳动合同的处理决定在实体方面存在问题被依法撤销的，应当按照劳动者正常的工资标准向劳动者支付工资。

▶▶▶ **相关案例**

一、案号

1. ［2017］京 0108 民初 30373 号
2. ［2018］京 01 民终 1056 号

二、案情简述

2003 年 1 月 2 日，赵某入职北京某军医出版社（以下简称"北京某出版社"），担任发行部区域经理。双方于 2014 年 1 月 1 日签订无固定期限劳动合同。2015 年 7 月 21 日，赵某在未取得生育许可的情况下生育二胎。2015 年 7 月 20 日，北京某出版社因赵某违法生育二胎向赵某作出《解除劳动合同通知书》。

随后，赵某向北京市海淀区劳动人事争议仲裁委员会申请劳动仲裁，请求：裁决撤销北京某出版社于 2015 年 7 月 20 日作出的《解除劳动合同通知书》，双方继续履行劳动合同。该仲裁委员会经审理后裁决支持赵某的仲裁请求。

北京某出版社不服仲裁裁决，向北京市海淀区人民法院提起诉讼请求：判决不撤销北京某出版社的《解除劳动合同通知书》，不继续履行劳动合同。该院经审理后判决：撤销北京某出版社于 2015 年 7 月 20 日向赵某作出的

《解除劳动合同通知书》，北京某出版社与赵某继续履行劳动合同。一审判决后，北京某出版社不服提起上诉。北京市第一中级人民法院经审理后判决：驳回上诉，维持原判。2016年11月1日，赵某恢复上班。

随后，赵某再次向北京市海淀区劳动人事争议仲裁委员会申请劳动仲裁，请求：裁决北京某出版社支付赵某2015年7月21日至2016年10月31日期间工资197 668元。该仲裁委员会经审理后裁决支持赵某部分仲裁请求。

赵某不服仲裁裁决，向北京市海淀区人民法院提起诉讼，诉讼请求同仲裁请求。

三、法院判决

北京市海淀区人民法院经审理后认为，用人单位作出的与劳动者解除劳动合同的处理决定被依法撤销后，劳动者主张用人单位给付上述处理决定作出后至仲裁或诉讼期间的工资，应按以下原则把握：①用人单位作出的处理决定仅因程序方面存在瑕疵而被依法撤销的，用人单位应按最低工资标准向劳动者支付上述期间的工资；②用人单位作出的处理决定因在实体方面存在问题而被依法撤销的，用人单位应按劳动者正常劳动时的工资标准向劳动者支付上述期间的工资。在本案中，北京某出版社同意补发赵某2015年7月21日至2016年10月31日期间的工资，但对补发工资的标准双方各执一词，就此本院分析如下：

首先，《北京市人口与计划生育条例》第40条规定："机关、社会团体、企业事业组织的职工违反本条例规定生育的，由其所在单位给予行政处分或者纪律处分；分娩的住院费和医药费自理，产假期间停止其工资福利待遇；三年内不得被评为先进个人、不得提职，并取消一次调级。"赵某于2015年7月21日在未取得生育许可的情况下生育二胎，故北京某出版社无需支付赵某2015年7月21至2015年10月26日期间工资。

其次，[2015] 海民初字45994号判决书、[2016] 京01民终5084号判决书均已确认北京某出版社提出与赵某解除劳动合同缺乏法律依据，构成违法解除劳动合同，并均已判决撤销北京某出版社作出的《解除劳动合同通知书》，双方继续履行劳动合同，上述情况符合用人单位作出的处理决定因在实体方面存在问题而被依法撤销之情形，故北京某出版社应按照赵某正常劳动时的工资标准补发赵某相应工资。其中，双方均认可赵某自2016年4月1日起月工资标准调整为 4700 元（税前），故本院按照上述标准核算赵某 2016 年 4 月 1 日至 2016 年 10 月 31 日期间工资。双方均认可赵某 2014 年 7 月至 2015 年 6 月期间月平均工资为 11 451 元（税前），故本院按照上述标准核算赵某 2015 年 10 月 27 日至 2016 年 3 月 31 日期间工资。综上，本院认定，北京某出版社应支付赵某 2015 年 7 月 21 日至 2016 年 10 月 31 日期间工资共计 92 260.96 元（税前）。

2017 年 12 月 6 日，北京市海淀区人民法院判决：北京某出版社支付赵某 2015 年 7 月 21 日至 2016 年 10 月 31 日期间工资 92 260.96（税前）。

一审判决后，北京某出版社不服提起上诉。2018 年 2 月 9 日，北京市第一中级人民法院经审理后判决：驳回上诉，维持原判。

四、法律依据

1. 《中华人民共和国劳动合同法》第三十条　用人单位应当按照劳动合同约定和国家规定，向劳动者及时足额支付劳动报酬。

　　…………

2. 《北京市人口与计划生育条例》第四十条规定 机关、社会团体、企业事业组织的职工违反本条例规定生育的，由其所在单位给予行政处分或者纪律处分；分娩的住院费和医药费自理，产假期间停止其工资福利待遇；三年内不得被评为先进个人、不得提职，并取消一次调级。

080 劳动者是否可以要求按照"同工同酬" 原则支付工资差额?

答: 劳动者工资低于相同岗位其他员工,并要求用人单位按照"同工同酬"原则支付工资差额的,应综合历史原因、个体差异等情况判断,而不能绝对适用同工同酬原则。

▶▶▶▶ 相关案例

一、案号

[2021] 京 0119 民初 3989 号

二、案情简述

2011 年 1 月 1 日,北京市某旅游总公司(以下简称"北京某旅游公司")(甲方)与丁某(乙方)签订《劳动合同书(固定期限)》,第 3 条约定"本合同有效期自 2011 年 1 月 1 日起至 2015 年 12 月 31 日止"。

2011 年 3 月 5 日,北京某旅游公司(甲方)与丁某(乙方)签订《劳动合同补充协议》。约定:因工作需要,甲方同意乙方借调至某办事处工作;借调期间,乙方仍属于甲方职工,人事关系仍在甲方;借调期间,乙方工资及相关福利待遇由办事处负责发放,乙方的社会保险及公积金由办事处负责缴纳。同日,旅游公司与丁某在原《劳动合同书》第 15 页签署《劳动合同变更书》,约定丁某岗位由总公司职员变更为办事处后勤服务中心职员。

2016 年 1 月 1 日,北京某旅游公司与丁某在 2011 年《劳动合同书》第 14 页签署《劳动合同续订书》,约定"本次续订劳动合同期限类型为固定期限合同,续订合同生效日期为 2016 年 1 月 1 日,续订合同 2018 年 12 月 31 日终止"。2019 年 1 月 1 日,北京某旅游公司(甲方)与丁某(乙方)签订《劳动合同书(无固定期限)》。

随后,丁某向北京市延庆区劳动人事争议仲裁委员会申请劳动仲裁,请求:裁决北京某旅游公司支付丁某 2011 年 1 月 1 日至今同岗位正式员工工资差额 713 107.58 元。该仲裁委员会经审理后裁决:驳回丁某的仲裁请求。

丁某不服仲裁裁决,向北京市延庆区人民法院提起诉讼,诉讼请求同仲裁请求。

三、法院判决

北京市延庆区人民法院经审理后认为,劳动者享有同工同酬的权利,但同工同酬只是相对的同工同酬,而非绝对的同工同酬;劳动者存在个体差异,能力水平、熟练程度等不可能完全一样,即使是处于相同岗位的劳动者,也会因资历、能力、经验等多方面的因素,导致劳动成果个体间存在差异,亦会影响到劳动者实际工资收入。同时,用人单位根据本单位的生产经营特点和经济效益,可以依法自主确定本单位的工资分配方式和工资水平。本案中,北京某旅游公司不同时期实行的薪酬制度并不相同,而闫某、丁某入职时间分别为 1990 年 7 月和 2011 年 1 月 1 日,由于入职时间不同致其二人的工资构成及标准并不相同,因此,现有证据尚不足以证明丁某在工作岗位、工作内容、工作职责、工作业绩、自身情况等方面与闫某或其他人员完全相同。另外,在丁某入职北京某旅游公司之前,延特委字〔2010〕17 号《关于招用工作人员的规定》、延特办字〔2010〕24 号《合同制工人工资及福利待遇管理办法》两份文件已经发布并执行;丁某入职北京某旅游公司后,双方在固定期限、无固定期限两份《劳动合同书》中工资构成及标准进行了明确约定,并约定严格遵守延特委字〔2010〕17 号、延特办字〔2010〕24 号两份文件。综上所述,丁某参照闫某工资标准主张工资差额的诉讼请求,缺乏事实和法律依据,本院对此不予支持。

2021 年 11 月 7 日,北京市延庆区人民法院判决:驳回丁某的诉讼请求。

四、法律依据

《中华人民共和国劳动法》第四十六条　工资分配应当遵循按劳分配原则，实行同工同酬。

…………

081 用人单位未保存 2 年内的工资支付记录，是否应当承担不利后果？

答：用人单位应当保存 2 年内的工资支付记录。否则，应当承担不利的法律后果。

▶▶▶ 相关案例

一、案号

1. ［2021］京 0115 民初 8501 号
2. ［2022］京 02 民终 3305 号

二、案情简述

2009 年 2 月 28 日，韩某入职北京某空港建设工程有限公司（以下简称"北京某空港公司"）任职机械手，北京某空港公司于每月 10 日左右通过银行转账形式发放韩某上一个自然月的工资。北京某空港公司主张在春节期间统一安排了劳动者休年休假，通知通过 OA 系统发放，员工可自行查阅，没有让韩某填过年休假申请单或休假单。北京某空港公司自 2019 年 7 月 1 日起安排韩某待岗。2020 年 12 月 15 日，北京某空港公司向韩某邮寄了解除劳动关系通知书。

随后，韩某向北京市大兴区劳动人事争议仲裁委员会申请劳动仲裁，请求：裁决北京某空港公司支付韩某 2009 年 2 月 28 日至 2020 年 12 月 25 日未休年休假工资 176 551.65 元。该仲裁委员会经审理后裁决支持韩某部分仲裁请求。

韩某不服仲裁裁决，向北京市大兴区人民法院提起诉讼，诉讼请求同仲裁请求。

三、法院判决

北京市大兴区人民法院经审理后认为，韩某未提交证据证明其入职北京某空港公司前的工龄，根据韩某入职北京某空港公司的时间，韩某自 2010 年 2 月 28 日起享受每年 5 天的年休假。根据《北京市工资支付规定》，用人单位对至少 2 年之内的工资支付记录负有保管备查义务，此处的 2 年是指仲裁之日往前 2 年，韩某于 2020 年 12 月 25 日申请仲裁，故北京某空港公司对其已安排韩某休 2018 年 1 月 1 日至 2020 年 12 月 25 日期间的年休假负有举证责任。韩某自 2019 年 7 月 1 日至 2020 年 12 月 25 日期间一直处于待岗状态，未向北京某空港公司提供劳动，故北京某空港公司无需支付韩某前述期间未休年休假工资。北京某空港公司为证明其在前述期间曾安排韩某休年休假，向法院提交了放假通知，韩某不认可放假通知的真实性，北京某空港公司亦未提交其公司向韩某送达放假通知的相关证据，故其应支付韩某 2018 年 1 月 1 日至 2019 年 6 月 30 日期间的未休年休假工资。关于 2017 年 12 月 31 日及以前的未休年休假工资问题，因为已经超过用人单位 2 年的工资保管备查期限义务，且韩某未提交充分证据证明北京某空港公司未安排其休年休假，亦未向其支付未休年休假工资，故本院对其该部分诉讼请求不予支持。

2021 年 12 月 27 日，北京市大兴区人民法院判决：北京某空港公司支付韩某 2018 年 1 月 1 日至 2019 年 6 月 30 日期间未休年休假工资 6021.28 元。

一审判决后，韩某不服提起上诉。2022 年 3 月 30 日，北京市第二中级人民法院经审理后判决：驳回上诉，维持原判。

四、法律依据

1. 《北京市工资支付规定》第十三条　用人单位应当按照工资支付周期编制工资支付记录表，并至少保存二年备查。工资支付记录表应当主要包括用人单位名称、劳动者姓名、支付时间以及支付项目和金额、加班工资金额、应发金额、扣除项目和金额、实发金额等事项。

…………

2. 《中华人民共和国劳动合同法》第七条　用人单位自用工之日起即与劳动者建立劳动关系。用人单位应当建立职工名册备查。

082 经工会同意用人单位延迟发放工资，是否合法？

答：即便征得工会同意用人单位延迟发放工资，但因未与劳动者协商并征得劳动者同意，用人单位延迟发放工资违法。

▶▶▶▶ **相关案例**

一、案号

1. ［2021］京 0113 民初 14512 号
2. ［2021］京 03 民终 17301 号

二、案情简述

2012 年 5 月 2 日，王某入职北京某食品饮料有限公司（以下简称"北京某食品公司"），双方签订的无固定期限《劳动合同书》约定北京某食品公司于每月 25 日以人民币形式支付王某上月工资，遇未能预见的特殊情况可延时支付工资，但不超过 3 个工作日。北京某食品公司于 2020 年 4 月 3 日向工会发送《工资缓发告知函》："北京某食品公司工会：受新冠疫情的影响，公司经营受到严重影响，资金周转紧张，工资无法保障及时发放，会出现工资缓发的现象但只是暂时的，缓发的工资不会超过约定发放日期的 2 个月，工资缓发情况预计在疫情结束后会缓解。员工有特殊情况的，按照个案处理原则，员工提出申请后，及时发放……"北京某食品公司工会于 2020 年 4 月 7 日加盖印章并注明"同意公司的意见，通过张贴栏宣传"。北京某食品公司工会于 2020 年 4 月 7 日作出《关于同意公司工资延迟发放的决议》："北京某食品公司工会于 2020 年 4 月 7 日下午在工厂会议室通过现场及电话会议方式召开职工代表大会。会议应到 20 人，现场实到 12 人，电话上线 8 人……经表决，参会人员一致同意公司在疫情期间，可以根据公司的运营情况对员工发放工资的时间做调整，但最长不能超过工资约定发放时间的两个月，与公司一起共渡难关。"并加盖有北京某食品公司工会印章。

2021年4月13日，王某向北京某食品公司发送了《解除劳动合同通知书》，告知按劳动合同规定……2021年1月劳动报酬应于2021年2月25日前支付，但截至2021年4月13日仍未支付，要求解除劳动合同并支付经济补偿金。

随后，王某向北京市顺义区劳动人事争议仲裁委员会申请劳动仲裁，请求：裁决北京某食品公司支付王某解除劳动关系经济补偿金63 000元。该仲裁委员会经审理后裁决：驳回王某的仲裁请求。

王某不服仲裁裁决，向北京市顺义区人民法院提起诉讼，诉讼请求同仲裁请求。

三、法院判决

北京市顺义区人民法院经审理后认为，自2019年开始，王某每月获发工资的时间均晚于《劳动合同书》约定的时间近1个月，2020年开始，王某获发工资的时间更是晚于《劳动合同书》约定的时间超过1个月。根据《劳动合同书》的约定，王某2021年1月的工资最迟应于2021年2月25日之前发放，但实际却于2021年4月14日发放，迟延发放的时间已超过了一个工资支付周期。北京某食品公司虽主张已经过工会同意可以迟延发放工资不超过2个月，但并未提交证据证明告知过王某本人或获得过王某本人的同意，故本院对北京某食品公司的意见不予采信。本院认为，王某2021年1月的工资迟延发放超过一个工资支付周期，其以此为由提出解除劳动关系，北京某食品公司应支付解除劳动关系的经济补偿金。

2021年9月26日，北京市顺义区人民法院判决：北京某食品公司支付王某解除劳动关系经济补偿金63 000元。

一审判决后，北京某食品公司不服提起上诉。2022年1月26日，北京市第三中级人民法院经审理后判决：驳回上诉，维持原判。

四、法律依据

1. 《北京市工资支付规定》第二十六条　用人单位因生产经营困难暂时

无法按时支付工资的，应当向劳动者说明情况，并经与工会或者职工代表协商一致后，可以延期支付工资，但最长不得超过 30 日。

2. 《中华人民共和国劳动合同法》第三十条　用人单位应当按照劳动合同约定和国家规定，向劳动者及时足额支付劳动报酬。

…………

第三十八条　用人单位有下列情形之一的，劳动者可以解除劳动合同：

…………

（二）未及时足额支付劳动报酬的；

…………

第四十六条　有下列情形之一的，用人单位应当向劳动者支付经济补偿：

（一）劳动者依照本法第三十八条规定解除劳动合同的；

…………

083　用人单位是否可以自主决定发放双薪？

答： 用人单位有权按照依法制定的规章制度自主决定是否发放劳动者双薪。

> **▶▶▶ 相关案例**

一、案号

1. ［2019］京 0115 民初 2961 号
2. ［2019］京 02 民终 6043 号

二、案情简述

2008 年 12 月 1 日，简某入职某（中国）饮料有限公司（下称"某饮料公司"），双方劳动合同期限至 2018 年 9 月 8 日，合同约定：员工手册为劳动合同的附件。某饮料公司向简某送达了 2013 年版和 2017 年版的员工手册。其中，2013 年版的员工手册规定："双薪和花红是公司根据公司业绩情况提供给员工的现金性福利，公司每年将根据公司业绩情况及员工个人工作表现决定是否发放双薪及花红。"2017 年版的员工手册规定："激励项目：……双薪花红等。双薪花红是公司根据业绩情况提供给员工的业绩奖励，由公司根据业绩情况及员工个人工作表现决定是否发放，不是公司固定的薪酬福利部分，……各激励项目是对在职员工的认可与保留，凡在激励发放前离职/申请离职或与公司有劳动纠纷的员工，不享受相应激励。"2017 年 9 月 20 日，简某以"个人发展受限，找到新工作"为由，与某饮料公司解除了劳动合同。

2018 年 9 月 18 日，简某向北京经济技术开发区劳动人事争议仲裁委员会申请劳动仲裁。请求：裁决某饮料公司向简某支付 2015 年、2016 年和 2017

年的年终奖（即双薪花红）113 904 元。该仲裁委员会经审理后裁决：驳回简某的仲裁请求。

简某不服仲裁裁决，向北京市大兴区人民法院提起诉讼，诉讼请求同仲裁请求。

三、法院判决

北京市大兴区人民法院经审理后认为，向劳动者支付双薪花红并非用人单位的法定义务，根据作为某饮料公司与简某签订的劳动合同附件的 2007 年版和 2013 年版的员工手册的相关规定，是否向劳动者支付双薪花红应属公司自主决定的权限范围。某饮料公司在 2015 年度仅向营销员工和工厂员工发放双薪花红，在 2016 年度全员未发放双薪花红，故某饮料公司不向简某支付上述两个年度的双薪花红并无不当。根据作为某饮料公司与简某签订的劳动合同的附件的 2017 版员工手册的规定，是否向劳动者支付双薪花红应属某饮料公司自主决定的权限范围，且在双薪花红发放前离职/申请离职的员工，不享受双薪花红。然而，简某在明确知晓上述规定及相应不利影响的情况下，仍于 2017 年 9 月 20 日以"个人发展受限，找到新工作"为由与某饮料公司解除了劳动合同。由此可见，简某系因其个人原因丧失了 2017 年版员工手册规定的 2017 年度双薪花红的获取资格，某饮料公司对此并无过错，故某饮料公司不向简某支付 2017 年度的双薪花红并无不当。

2019 年 4 月 11 日，北京市大兴区人民法院判决：驳回简某的诉讼请求。

一审判决后，简某不服提起上诉。2019 年 5 月 24 日，北京市第二中级人民法院经审理后判决：驳回上诉，维持原判。

四、法律依据

《中华人民共和国劳动法》第四条　用人单位应当依法建立和完善规章制度，保障劳动者享有劳动权利和履行劳动义务。

第四十七条　用人单位根据本单位的生产经营特点和经济效益，依法自主确定本单位的工资分配方式和工资水平。

084　未经劳动者同意，用人单位可以降薪吗？

答：降薪属于变更劳动合同内容，用人单位需与劳动者协商一致，否则违法。如果用人单位降薪有合理的理由，也可以单方降薪。

▶▶▶ 相关案例

一、案号

1. ［2020］京 0105 民初 57697 号
2. ［2021］京 03 民终 8887 号

二、案情简述

2017 年 9 月 19 日，王某与北京某人力资源有限责任公司（以下简称"北京某人力资源公司"）签订劳动合同，后王某被派遣至某大学工作，劳动合同期限至 2019 年 9 月 18 日。王某的工资由该大学发放。王某的工资构成包括基本工资 2000 元+岗位津贴 1500 元+主管岗贴 1000 元+专业技能 300 元+加班费（数额不固定），2018 年 9 月至 2018 年 11 月发放了主管岗贴、加班费和专业技能，2018 年 12 月至 2019 年 9 月未发放该 3 个项目的金额。

随后，王某向北京市朝阳区劳动人事争议仲裁委员会申请劳动仲裁，请求：裁决某大学支付王某 2018 年 10 月 17 日至 2019 年 8 月 16 日期间岗位工资 43 880 元，北京某人力资源公司承担连带赔偿责任。该仲裁委员会经审理后裁决：驳回王某的仲裁请求。

王某不服劳动仲裁，向北京市朝阳区人民法院提起诉讼，诉讼请求同仲裁请求。

三、法院判决

北京市朝阳区人民法院经审理后认为，发生劳动争议，当事人对自己提出的主张，有责任提供证据。用人单位调整劳动者的薪酬和岗位，需与劳动者协商一致，某大学取消王某的主管岗贴 1000 元和专业技能 300 元，但未举证证明与王某协商一致，其仅根据体育部党政联席会议纪要单方降低薪酬，缺乏法律依据。王某认可某大学提交的工资明细的真实性，对该证据本院予以采信。王某提交的《关于场地人员岗位调整的报告》显示：其 2018 年 7 月 21 日后担任安防主管，该证据与某大学提交的工资明细显示的开始发放主管岗贴的时间吻合，某大学和北京某人力资源公司未举证证明王某担任安防主管的期间，故对王某关于其 2018 年 10 月 17 日至 2019 年 8 月 16 日期间均存在主管岗贴 1000 元及专业技能 300 元的主张，本院予以采信。某大学应依法支付王某 2018 年 10 月 17 日至 2019 年 8 月 16 日期间的工资差额 13 000 元（1300 元×10 个月）。

2020 年 12 月 15 日，北京市朝阳区人民法院判决：某大学、北京某人力资源公司支付王某 2018 年 10 月 17 日至 2019 年 8 月 16 日期间的工资差额 13 000 元。

一审判决后，王某不服提起上诉。2021 年 7 月 28 日，北京市第三中级人民法院经审理后判决：驳回上诉，维持原判。

四、法律依据

1.《中华人民共和国劳动合同法》第三十条　用人单位应当按照劳动合同约定和国家规定，向劳动者及时足额支付劳动报酬。

…………

第三十五条　用人单位与劳动者协商一致，可以变更劳动合同约定的内容。变更劳动合同，应当采用书面形式。

变更后的劳动合同文本由用人单位和劳动者各执一份。

2.《最高人民法院关于审理劳动争议案件适用法律问题的解释（一）》第四十四条　因用人单位作出的开除、除名、辞退、解除劳动合同、减少劳动报酬、计算劳动者工作年限等决定而发生的劳动争议，用人单位负举证责任。

3. 《北京市高级人民法院、北京市劳动人事争议仲裁委员会关于审理劳动争议案件解答》

五、劳动合同的履行和变更

59. 用人单位调整劳动者工作岗位的，如何处理？

用人单位与劳动者约定可根据生产经营情况调整劳动者工作岗位的，经审查用人单位证明生产经营情况已经发生变化，调岗属于合理范畴，应支持用人单位调整劳动者工作岗位。

用人单位与劳动者在劳动合同中未约定工作岗位或约定不明的，用人单位有正当理由，根据生产经营需要，合理地调整劳动者工作岗位属于用人单位自主用工行为。判断合理性应参考以下因素：用人单位经营必要性、目的正当性，调整后的岗位为劳动者所能胜任、工资待遇等劳动条件无不利变更。

用人单位与劳动者签订的劳动合同中明确约定工作岗位但未约定如何调岗的，在不符合《劳动合同法》第四十条所列情形时，用人单位自行调整劳动者工作岗位的属于违约行为，给劳动者造成损失的，用人单位应予以赔偿，参照原岗位工资标准补发差额。对于劳动者主张恢复原工作岗位的，根据实际情况进行处理。经审查难以恢复原工作岗位的，可释明劳动者另行主张权利，释明后劳动者仍坚持要求恢复原工作岗位，可驳回请求。

用人单位在调整岗位的同时调整工资，劳动者接受调整岗位但不接受同时调整工资的，由用人单位说明调整理由。应根据用人单位实际情况、劳动者调整后的工作岗位性质、双方合同约定等内容综合判断是否侵犯劳动者合法权益。

085　劳动者请求支付加班工资，是否受仲裁时效的限制？

答：劳动关系存续期间因拖欠劳动报酬发生争议的，不受1年仲裁时效期间的限制，但劳动关系终止的，应当自劳动关系终止之日起1年内提出。

▶▶▶ 相关案例

一、案号

［2017］京0105民初9123号

二、案情简述

2012年1月4日，聂某入职中国某集团建设有限公司（以下简称"中国某建设公司"），双方签订了期限自2012年1月4日至2015年1月4日的劳动合同，聂某实际工作到2015年1月4日。劳动合同到期后，中国某建设公司向聂某送达了劳动合同到期终止通知书。

随后，聂某向北京市朝阳区劳动人事争议仲裁委员会申请劳动仲裁，请求：裁决中国某建设公司向聂某支付2013年到2014年期间加班费472 420元。该仲裁委员会经审查后作出《不予受理通知书》。

聂某不服上述《不予受理通知书》，向北京市朝阳区人民法院提起诉讼，诉讼请求同仲裁请求。

三、法院判决

北京市朝阳区人民法院经审理后认为，根据《中华人民共和国劳动争议调解仲裁法》第27条的规定，"劳动争议申请仲裁的时效期间为一年……劳动关系存续期间因拖欠劳动报酬发生争议的，劳动者申请仲裁不受本条第一款规定的仲裁时效期间的限制；但是，劳动关系终止的，应当自劳动关系终止之日起一年内提出"。本案中，根据中国某建设公司提交的"劳动合同到期终止通知书"及"收据"可以认定，聂某知晓双方劳动关系于 2015 年 1 月 4 日到期终止，聂某亦认可其最后工作至 2015 年 1 月 4 日，但其直至 2016 年 12 月 23 日才向朝阳仲裁委员会申请仲裁，其相关诉讼请求均已经超过仲裁时效，故本院不予支持。

2017 年 5 月 2 日，北京市朝阳区人民法院：驳回聂某的诉讼请求。

四、法律依据

《中华人民共和国劳动争议调解仲裁法》第二十七条　劳动争议申请仲裁的时效期间为一年。仲裁时效期间从当事人知道或者应当知道其权利被侵害之日起计算。

……………

劳动关系存续期间因拖欠劳动报酬发生争议的，劳动者申请仲裁不受本条第一款规定的仲裁时效期间的限制；但是，劳动关系终止的，应当自劳动关系终止之日起一年内提出。

086 劳动者停职调查期间，用人单位发放 最低工资是否合法？

答： 劳动者停职调查期间，用人单位可以按照依法制定的规章制度发放劳动者最低工资。

▶▶▶ **相关案例**

一、案号

1. ［2018］京 0107 民初 30079 号
2. ［2019］京 01 民终 1833 号

二、案情简述

2007 年 8 月 1 日，郭某入职北京某工业有限公司（以下简称"北京某工业公司"），双方签订了劳动合同，最后一次于 2016 年 8 月 1 日续签为无固定期限劳动合同。2016 年 12 月，北京某工业公司接群众举报反映郭某有利用职务之便损害公司利益的情况，自 2016 年 12 月至 2018 年 4 月期间，北京某工业公司对郭某进行调查，在此期间没有给郭某安排工作，按北京市最低工资标准支付郭某工资。调查期间，郭某于 2018 年 4 月 3 日向北京某工业公司提出书面离职申请，北京某工业公司未予批准。2018 年 5 月 4 日之后，郭某未再到北京某工业公司上班，北京某工业公司亦未再支付工资。

随后，郭某向北京市石景山区劳动争议仲裁委员会申请劳动仲裁。该仲裁委员会经审理后裁决：北京某工业公司支付郭某 2017 年 1 月至 2018 年 4 月未足额支付工资 45 008 元。

北京某工业公司不服仲裁裁决，向北京市石景山区人民法院提起诉讼请求：

判决北京某工业公司无须支付郭某2017年1月至2018年4月工资45 008元。

三、法院判决

北京市石景山区人民法院经审理后认为，用人单位通过民主程序制定的规章制度，不违反国家法律、行政法规及政策规定，并已向劳动者公示的，可以作为人民法院审理劳动争议案件的依据。本案中，根据北京某工业公司提交的立案审批表、调查谈话笔录、立案通知书、调查谈话笔录等证据并结合郭某的自述，郭某在职期间确实存在被纪检部门立案并停职调查的事实，且北京某工业公司亦对郭某作出了相关处理决定的结论。依据《北京某工业公司员工日常管理规定（暂行）》第23条的规定，郭某在停职调查期间停发岗位工资和各项奖金、补贴，工资按当地最低标准发放。现郭某认可该规定已经经过北京某工业公司公示且经过民主程序。故北京某工业公司请求不予支付郭某调查待岗期间的差额工资的主张，有事实和法律依据，本院予以支持。

2018年12月6日，北京市石景山区人民法院判决：北京某工业公司无须支付郭某2017年1月至2018年4月期间的差额工资45 008元。

一审判决后，北京某工业公司不服提起上诉。2019年6月21日，北京市第一中级人民法院经审理后判决：驳回上诉，维持原判。

四、法律依据

1. 《中华人民共和国劳动合同法》第四条　用人单位应当依法建立和完善劳动规章制度，保障劳动者享有劳动权利、履行劳动义务。

用人单位在制定、修改或者决定有关劳动报酬、工作时间、休息休假、劳动安全卫生、保险福利、职工培训、劳动纪律以及劳动定额管理等直接涉及劳动者切身利益的规章制度或者重大事项时，应当经职工代表大会或者全体职工讨论，提出方案和意见，与工会或者职工代表平等协商确定。

在规章制度和重大事项决定实施过程中，工会或者职工认为不适当的，有权向用人单位提出，通过协商予以修改完善。

用人单位应当将直接涉及劳动者切身利益的规章制度和重大事项决定公示，或者告知劳动者。

2. 《最高人民法院关于审理劳动争议案件适用法律问题的解释（一）》

第五十条　用人单位根据劳动合同法第四条规定，通过民主程序制定的规章制度，不违反国家法律、行政法规及政策规定，并已向劳动者公示的，可以作为确定双方权利义务的依据。

用人单位制定的内部规章制度与集体合同或者劳动合同约定的内容不一致，劳动者请求优先适用合同约定的，人民法院应予支持。

087 大多数劳动者同意取消绩效工资，是否对其他劳动者具有法律效力？

答： 即便用人单位征得大多数劳动者同意取消绩效工资，但未征得其他劳动者的同意，对其他劳动者不具有法律效力。

▶▶▶ **相关案例**

一、案号

1. ［2021］京 0112 民初 19741064 号
2. ［2021］京 03 民终 10692 号

二、案情简述

2017 年 11 月 1 日，韩某入职北京某建设发展有限公司（以下简称"北京某建筑公司"），双方签订劳动合同，约定工资构成为 80% 岗位工资和 20% 绩效工资。2020 年北京某建筑公司以生产经营发生严重困难为由，与包括韩某在内的全体员工（106 人）进行协商，取消 2020 年的绩效工资，其中 74 人予以同意，韩某及其他员工未同意。2020 年 3 月 31 日，因韩某瞒报返京信息，北京某建筑公司以韩某严重违反公司规章制度为由，与韩某解除劳动关系。

随后，韩某向北京市通州区劳动人事争议仲裁委员会申请劳动仲裁，请求：裁决北京某建筑公司支付韩某 2018 年 1 月 1 日至 2020 年 3 月 31 日期间绩效工资 55 145.70 元。该仲裁委员会经审理后裁决支持韩某的仲裁请求。

北京某建筑公司不服仲裁裁决，向北京市通州区人民法院提起诉讼，请求：判决北京某建筑公司无需支付韩某 2018 年 1 月 1 日至 2020 年 3 月 31 日期间绩效工资 55 145.70 元。

三、法院判决

北京市通州区人民法院经审理后认为，就绩效奖金一事，北京某建筑公司和韩某皆认可韩某工资由岗位工资和绩效工资构成，且绩效工资总额固定，只是基于职级而有所不同。北京某建筑公司主张绩效工资的发放视公司经营状况和个人表现而定，但就其主张未提供相应的证据予以佐证，应承担举证不能的不利后果。北京某建筑公司因经营困难，未经与韩某达成合意，取消2020年绩效工资的行为，于法无据。北京某建筑公司应足额支付韩某2018年1月1日至2020年3月31日期间的绩效工资，仲裁裁决核定的数额不高于本院核算。故对于北京某建筑公司要求不支付韩某相应期间绩效工资55 145.70元的诉讼请求，无事实和法律依据，本院不予支持。

综上，北京市通州区人民法院判决：北京某建筑公司支付韩某2018年1月1日至2020年3月31日期间绩效工资55 145.70元。

一审判决后，北京某建筑公司不服提起上诉。2021年7月8日，北京市第三中级人民法院经审理后判决：驳回上诉，维持原判。

四、法律依据

《中华人民共和国劳动合同法》第三十五条　用人单位与劳动者协商一致，可以变更劳动合同约定的内容。变更劳动合同，应当采用书面形式。

变更后的劳动合同文本由用人单位和劳动者各执一份。

088　劳动者离职，用人单位是否可以不发放年度绩效工资？

答：即便劳动者离职，如用人单位与劳动者没有约定发放年度绩效工资的条件，则应当发放劳动者年度绩效工资。

▶▶▶▶ **相关案例**

一、案号

1. ［2021］鲁 0212 民初 4084 号
2. ［2021］鲁 02 民终 11439 号

二、案情简述

2020 年 3 月 30 日，刘某入职青岛某航天科技发展集团有限公司（以下简称"青岛某航天公司"），担任财务总监，约定年薪 27.6 万元，按照 6：2：2 的比例发放，月基本工资 13 800 元，月绩效工资 4600 元，年绩效工资 55200 元。试用期 6 个月，前三个月发放上述薪资标准的 80%，第四个月起 100% 发放。刘某工作至 2020 年 8 月 26 日离职，青岛某航天公司为刘某发放月基本工资及月绩效工资至 2020 年 8 月 26 日，未向刘某发放年绩效工资。

随后，刘某向青岛市崂山区劳动人事争议仲裁委员会申请劳动仲裁，请求：裁决青岛某航天公司支付刘某 2020 年 3 月 30 日至 2020 年 8 月 31 日工资 21 969.47 元。该仲裁委员会经审理后裁决支持刘某的仲裁请求。

青岛某航天公司不服，向山东省青岛市崂山区人民法院提起诉讼请求：判决青岛某航天公司不支付刘某 2020 年 3 月 30 日至 2020 年 8 月 31 日工资 21 969.47 元。

三、法院判决

山东省青岛市崂山区人民法院经审理后认为，本案的争议焦点为青岛某航天公司是否应为刘某发放年绩效工资。青岛某航天公司主张刘某于 2020 年 8 月 26 日离职，青岛某航天公司处员工手册 6.3.2 规定年度考核部分，月度留底，年度兑现。因刘某未工作满 1 年，且刘某在职期间被处罚 2 次，不满足年绩效工资发放条件。但青岛某航天公司提交的员工手册仅载明年度考核部分，月度留底，年度兑现，并无工作未满 1 年不予发放的相关规定，青岛某航天公司也未提交相关证据证明刘某被处罚导致其不能发放年绩效工资。故，本院对青岛某航天公司的主张不予采信，青岛某航天公司应为刘某发放年绩效工资。

青岛某航天公司与刘某双方签订的薪资福利确认表载明刘某年绩效工资 55 200 元，试用期 6 个月，前三个月发放上述薪资标准的 80%，第四个月起 100% 发放。根据刘某在青岛某航天公司处实际工作时间，计算可得青岛某航天公司应为刘某发放年绩效工资：55 200 元÷12 个月×80%×3 个月 + 55 200 元÷12 个月 + 55 200 元÷12 个月÷21.75×20 天 = 19 869.89 元。

2021 年 6 月 29 日，山东省青岛市崂山区人民法院判决：青岛某航天公司支付刘某 2020 年 3 月 30 日至 2020 年 8 月 26 日工资差额 19 869.89 元。

一审判决后，青岛某航天公司不服提起上诉。2021 年 9 月 9 日，山东省青岛市中级人民法院经审理后判决：驳回上诉，维持原判。

四、法律依据

1. 《中华人民共和国劳动法》第五十条　工资应当以货币形式按月支付给劳动者本人。不得克扣或者无故拖欠劳动者的工资

2. 《中华人民共和国劳动合同法》第三十条　用人单位应当按照劳动合同约定和国家规定，向劳动者及时足额支付劳动报酬。

…………

3. 《最高人民法院关于审理劳动争议案件适用法律问题的解释（一）》第四十四条　因用人单位作出的开除、除名、辞退、解除劳动合同、减少劳动报酬、计算劳动者工作年限等决定而发生的劳动争议，用人单位负举证责任。

089　劳动者因个人原因未参加年度考核，用人单位是否应当发放年度绩效工资？

答：劳动者因个人原因未参加年度绩效考核，用人单位可以不发放年度绩效工资。

>>>> **相关案例**

一、案号

1. ［2020］京 0102 民初 28812 号
2. ［2021］京 02 民终 17439 号

二、案情简述

2013 年 9 月 1 日，田某入职北京某建设集团有限责任公司（以下简称"北京某建设公司"），薪酬分为两部分，基本工资和绩效工资。2018 年 6 月 30 日，田某与北京某建设公司协商一致解除劳动关系，未工作满 1 年，未参加年度考核。2019 年 12 月 6 日，田某得知其 2018 年部分绩效工资不再被支付。

随后，田某向北京市西城区劳动人事争议仲裁委员会申请劳动仲裁。该仲裁委员会经审理后裁决：北京某建设公司支付田某 2018 年 1 月 1 日至 2018 年 6 月 30 日工资差额 32 915.50 元。

北京某建设公司不服仲裁裁决，向北京市西城区人民法院提起诉讼请求：判决北京某建设公司无需支付田某 2018 年 1 月 1 日至 2018 年 6 月 30 日的工资差额 32 915.50 元。

三、法院判决

北京市西城区人民法院经审理后认为，北京某建设公司就绩效薪酬的发放标准及发放条件提交《建设公司总部薪酬管理办法》《建设公司考核管理暂行办法》，上述规章制度制定于田某入职前，双方签订劳动合同时将公司已有的全部规章制度作为合同附件进行了约定，北京某建设公司提交了规章制度的民主程序，田某在职期间亦按此执行，故上述规章制度对田某有约束力。规章制度明确约定，绩效薪酬依据北京某建设公司的年度经营业绩考核结果及个人年度工作考核发放，因个人原因未参加总部年度绩效考核的人员，均免发相应考核年度绩效薪酬。田某于 2018 年 6 月 30 日与北京某建设公司协商一致解除劳动关系，未工作满 1 年，故其符合因个人原因离职未参加考核的情形，北京某建设公司有权不发放其预发金额之外的 2018 年绩效工资。

2021 年 11 月 12 日，北京市西城区人民法院判决：北京某建设公司无需支付田某 2018 年 1 月至 2018 年 6 月的工资差额 32 915.50 元。

一审判决后，田某不服提起上诉。2022 年 1 月 28 日，北京市第二中级人民法院经审理后判决：驳回上诉，维持原判。

四、法律依据

1.《中华人民共和国劳动法》第四十七条　用人单位根据本单位的生产经营特点和经济效益，依法自主确定本单位的工资分配方式和工资水平。

2.《中华人民共和国劳动合同法》第四条　用人单位应当依法建立和完善劳动规章制度，保障劳动者享有劳动权利、履行劳动义务。

用人单位在制定、修改或者决定有关劳动报酬、工作时间、休息休假、劳动安全卫生、保险福利、职工培训、劳动纪律以及劳动定额管理等直接涉及劳动者切身利益的规章制度或者重大事项时，应当经职工代表大会或者全体职工讨论，提出方案和意见，与工会或者职工代表平等协商确定。

在规章制度和重大事项决定实施过程中，工会或者职工认为不适当的，有权向用人单位提出，通过协商予以修改完善。

用人单位应当将直接涉及劳动者切身利益的规章制度和重大事项决定公示，或者告知劳动者。

第六编

社会保险与福利待遇

090 劳动者要求补缴社会保险，是否属于劳动争议纠纷案件？

答：劳动者要求用人单位补缴社会保险，不属于劳动争议纠纷案件的受案范围。

▶▶▶▶ **相关案例**

一、案号

1. ［2019］京 0108 民初 57517 号
2. ［2020］京 01 民终 4455 号

二、案情简述

黄某曾与北京某工程局集团有限公司（以下简称"北京某工程局公司"）存在纠纷，并有北京市海淀区人民法院作出的［2018］京 0108 民初 34940 号民事判决书认定黄某与工程局之间自 1996 年 8 月 30 日至 2016 年 5 月 14 日期间存在劳动关系。北京某工程局公司不服提起上诉，北京市第一中级人民法院作出［2019］京 01 民终 2386 号民事判决书，驳回上诉，维持原判。后黄某主张其于 2016 年 5 月 15 日至 2019 年 7 月 15 日在职期间北京某工程局公司未给其缴纳社会保险，导致其退休后无法领取养老金。

随后，黄某向北京市海淀区劳动人事争议仲裁委员会申请劳动仲裁，请求：判决北京某工程局公司为其补缴社会保险。该仲裁委员会经审查后出具《不予受理通知书》。

黄某不服上述《不予受理通知书》，向北京市海淀区人民法院提起诉讼，诉讼请求同仲裁请求。

三、法院判决

北京市海淀区人民法院经审理后认为，黄某要求北京某工程局公司补缴 1996 年 8 月 30 日至 2016 年 5 月 14 日期间的社会保险金的诉讼请求，不属于人民法院劳动争议受案范围。

2020 年 3 月 25 日，北京市海淀区人民法院判决：驳回黄某的诉讼请求。

一审判决后，黄某不服提起上诉。2020 年 6 月 12 日，北京市第一中级人民法院经审理后判决：驳回上诉，维持原判。

四、法律依据

1. 《中华人民共和国劳动法》 第一百条 用人单位无故不缴纳社会保险费的，由劳动行政部门责令其限期缴纳；逾期不缴的，可以加收滞纳金。

2. 《社会保险费征缴暂行条例》 第二十六条 缴费单位逾期拒不缴纳社会保险费、滞纳金的，由劳动保障行政部门或者税务机关申请人民法院依法强制征缴。

3. 《北京市高级人民法院、北京市劳动争议仲裁委员会关于劳动争议案件法律适用问题研讨会会议纪要》

一、关于劳动争议案件的受理范围问题

1. 根据《劳动争议调解仲裁法》、《社会保险费征缴暂行条例》、《社会保险稽核办法》、《劳动保障监察条例》及我市的仲裁和审判实践，对于社会保险争议的受理应遵循以下原则：

（1）用人单位未为劳动者建立社会保险关系、欠缴社会保险费或未按规定的工资基数足额缴纳社会保险费的，劳动者主张予以补缴的，一般不予受理，告知劳动者通过劳动行政部门解决；

（2）由于用人单位未按规定为劳动者缴纳社会保险费，导致劳动者不能享受工伤、失业、生育、医疗保险待遇，劳动者要求用人单位赔偿损失或按规定给付相关费用的，应予受理；

（3）用人单位未为农民工缴纳养老保险费，农民工在与用人单位终止或解除劳动合同后要求用人单位赔偿损失的，应予受理。

2. 因用人单位迟延转档或将档案丢失，劳动者要求用人单位赔偿损失的纠纷，属于劳动争议案件受理范围，公安机关在特定历史时期接收部分社会人员的档案引发的纠纷除外。

3. 劳动者与用人单位因住房公积金的缴纳、办理退休手续发生的争议，不属于劳动争议案件受理范围。

091 用人单位要求退还商业补充养老保险，是否属于劳动争议纠纷案件？

答： 商业补充养老保险纠纷，不属于劳动争议纠纷案件的受案范围。

▶▶▶ **相关案例**

一、案号

1. ［2021］京 0106 民初 22653 号
2. ［2022］京 02 民终 3970 号

二、案情简述

季某原为中国某集团有限公司（以下简称"中国某集团公司"）员工，已退休。2006 年 12 月 28 日，中国某集团公司为季某在中国平安人寿保险公司购买了补充商业保险（养老），为此支出保险费 279 126.21 元，根据国资委《关于中央企业试行企业年金制度的指导意见》（国资发分配［2005］135 号）及《关于中央企业试行企业年金制度有关问题的通知》（国资发分配［2007］152 号）规定，当期内购买的补充商业保险应于 2007 年底前予以清退。

随后，中国某集团公司向北京市丰台区劳动人事争议仲裁委员会申请劳动仲裁，请求：裁决季某向中国某集团公司返还购买补充商业（养老金）保险的保险费 279 126.21 元。该仲裁委员会经审查后作出《不予受理通知书》。

中国某集团公司不服上述《不予受理通知书》，向北京市丰台区人民法院提起诉讼，诉讼请求同仲裁请求。

三、法院判决

北京市丰台区人民法院经审理后认为，《中华人民共和国劳动争议调解仲裁法》第 27 条第 1 款规定："劳动争议申请仲裁的时效期间为一年。仲裁时效期间从当事人知道或者应当知道其权利被侵害之日起计算。"中国某集团公司虽主张其于 2007 年要求季某清退，但是未提交证据证明诉讼时效存在中止、中断情形，故中国某集团公司于 2021 年起诉主张权利已超过诉讼时效。

2021 年 11 月 26 日，北京市丰台区人民法院判决：驳回中国某集团公司的诉讼请求。

一审判决后，中国某集团公司不服提起上诉。北京市第二中级人民法院经审理后认为，本案系中国某集团公司行使公司管理权利时违反国家政策，违规为员工购买商业补充保险引发的纠纷，国家行政管理监管部门已责令中国某集团公司予以改正，故中国某集团公司的诉讼请求不属于劳动争议案件的受案范围，不应予以受理。2022 年 4 月 19 日，北京市第二中级人民法院裁定：①撤销北京市丰台区人民法院［2021］京 0106 民初 22653 号民事判决；②驳回中国某集团公司的起诉。

四、法律依据

1. 《最高人民法院关于审理劳动争议案件适用法律问题的解释（一）》第一条　劳动者与用人单位之间发生的下列纠纷，属于劳动争议，当事人不服劳动争议仲裁机构作出的裁决，依法提起诉讼的，人民法院应予受理：

（一）劳动者与用人单位在履行劳动合同过程中发生的纠纷；

（二）劳动者与用人单位之间没有订立书面劳动合同，但已形成劳动关系后发生的纠纷；

（三）劳动者与用人单位因劳动关系是否已经解除或者终止，以及应否支付解除或者终止劳动关系经济补偿金发生的纠纷；

（四）劳动者与用人单位解除或者终止劳动关系后，请求用人单位返还其收取的劳动合同定金、保证金、抵押金、抵押物发生的纠纷，或者办理劳动者的人事档案、社会保险关系等移转手续发生的纠纷；

（五）劳动者以用人单位未为其办理社会保险手续，且社会保险经办机构不能补办导致其无法享受社会保险待遇为由，要求用人单位赔偿损失发生的纠纷；

（六）劳动者退休后，与尚未参加社会保险统筹的原用人单位因追索养老金、医疗费、工伤保险待遇和其他社会保险待遇而发生的纠纷；

（七）劳动者因为工伤、职业病，请求用人单位依法给予工伤保险待遇发生的纠纷；

（八）劳动者依据劳动合同法第八十五条规定，要求用人单位支付加付赔偿金发生的纠纷；

（九）因企业自主进行改制发生的纠纷。

第二条　下列纠纷不属于劳动争议：

（一）劳动者请求社会保险经办机构发放社会保险金的纠纷；

（二）劳动者与用人单位因住房制度改革产生的公有住房转让纠纷；

（三）劳动者对劳动能力鉴定委员会的伤残等级鉴定结论或者对职业病诊断鉴定委员会的职业病诊断鉴定结论的异议纠纷；

（四）家庭或者个人与家政服务人员之间的纠纷；

（五）个体工匠与帮工、学徒之间的纠纷；

（六）农村承包经营户与受雇人之间的纠纷。

2. 《中华人民共和国劳动争议调解仲裁法》第二条　中华人民共和国境内的用人单位与劳动者发生的下列劳动争议，适用本法：

（一）因确认劳动关系发生的争议；

（二）因订立、履行、变更、解除和终止劳动合同发生的争议；

（三）因除名、辞退和辞职、离职发生的争议；

（四）因工作时间、休息休假、社会保险、福利、培训以及劳动保护发生的争议；

（五）因劳动报酬、工伤医疗费、经济补偿或者赔偿金等发生的争议；

（六）法律、法规规定的其他劳动争议。

092 劳动者是否可以要求按照惯例发放奖金？

答： 如用人单位以往一直发放奖金，劳动者可以要求按照惯例发放奖金。

▶▶▶ **相关案例**

一、案号

1. ［2021］京 0101 民初 22158 号
2. ［2022］京 02 民终 4334 号

二、案情简述

2017 年 8 月 15 日，刘某入职中国某报社从事采编工作，双方签订《聘用合同书》，其中未约定年中奖和年终奖。在刘某与中国某报社前人事主任张某的对话录音中，对方陈述刘某的 2020 年上半年奖金 6000 元已报给财务。刘某于 2021 年 3 月 3 日因个人原因提出辞职，并于 2021 年 4 月 8 日办理完毕离职手续

随后，刘某向北京市东城区劳动人事争议仲裁委员会申请劳动仲裁，请求：裁决中国某报社支付刘某 2020 年 1 月 1 日至 2020 年 12 月 31 日期间的年中奖 6000 元、年终奖 8000 元。该仲裁委员会经审理后裁决支持刘某部分仲裁请求。

刘某不服仲裁裁决，向北京市东城区人民法院提起诉讼，诉讼请求同仲裁请求。

三、法院判决

北京市东城区人民法院经审理后认为，关于年中奖和年终奖，《聘用合同

书》未见约定，刘某主张系惯例，并提交与中国某报社前人事主任张某的对话录音，在该录音中，张某认可刘某享有 2020 年上半年奖金 6000 元，但未就 2020 年下半年奖金予以明确、肯定的答复，中国某报社认可该录音的真实性，故本院认定该录音可以说明刘某享有 2020 年上半年奖金 6000 元，无法说明刘某享有 2020 年下半年奖金，现刘某主张年中奖 6000 元，于法有据，法院予以支持，刘某主张年终奖 8000 元，依据不足，法院不予支持。

2022 年 1 月 14 日，北京市东城区人民法院判决：中国某报社支付刘某 2020 年度年中奖金 6000 元。

一审判决后，中国某报社不服提起上诉。2022 年 4 月 29 日，北京市第二中级人民法院经审理后判决：驳回上诉，维持原判。

四、法律依据

1. 《中华人民共和国劳动法》第四十七条　用人单位根据本单位的生产经营特点和经济效益，依法自主确定本单位的工资分配方式和工资水平。

2. 《中华人民共和国劳动合同法》第十八条　劳动合同对劳动报酬和劳动条件等标准约定不明确，引发争议的，用人单位与劳动者可以重新协商；协商不成的，适用集体合同规定；没有集体合同或者集体合同未规定劳动报酬的，实行同工同酬；没有集体合同或者集体合同未规定劳动条件等标准的，适用国家有关规定。

3. 《工资支付暂行规定》第六条　用人单位应将工资支付给劳动者本人。劳动者本人因故不能领取工资时，可由其亲属或委托他人代领。

用人单位可委托银行代发工资。

用人单位必须书面记录支付劳动者工资的数额、时间、领取者的姓名以及签字，并保存两年以上备查。用人单位在支付工资时应向劳动者提供一份其个人的工资清单。

4. 《北京市工资支付规定》第十三条　用人单位应当按照工资支付周期编制工资支付记录表，并至少保存二年备查。工资支付记录表应当主要包括用人单位名称、劳动者姓名、支付时间以及支付项目和金额、加班工资金额、应发金额、扣除项目和金额、实发金额等事项。

劳动者有权查询本人的工资支付记录。

093 劳动者离职后，是否可以要求按照惯例支付在职期间的奖金？

答： 劳动者离职后，如未超过仲裁时效，用人单位应当支付劳动者在职期间的奖金。

▶▶▶ 相关案例

一、案号

1. ［2019］湘 0121 民初 2873 号
2. ［2019］湘 01 民终 9144 号

二、案情简述

2015 年 9 月 17 日，李某入职长沙某航天环保股份有限公司（以下简称"长沙某航天环保公司"），从事监察工作，双方签订了劳动合同。李某在职期间，长沙某航天环保公司对监察人员制定了《监察人员激励管理制度》。2018 年 7 月 23 日，监察部门向公司领导呈送《对监察部监察人员的奖励报告》（以下简称《奖励报告》），且得到了领导的同意批示。2018 年 7 月 30 日，财务人员在该报告上注明：2018 年 1 月至 7 月扣除业务费用后，可提奖励金额为 300 550.67 元。2018 年 8 月 1 日，李某离职。

随后，李某向湖南省长沙市长沙县劳动人事争议仲裁委员会申请劳动仲裁，请求：裁决长沙某航天环保公司支付李某奖金 100 173 元。该仲裁委员会经审理后裁决支持李某部分仲裁请求。

李某不服仲裁裁决，向湖南省长沙市长沙县人民法院提起诉讼，诉讼请求同仲裁请求。

三、法院判决

湖南省长沙市长沙县人民法院经审理后认为，长沙某航天环保公司应当依照公司财务核定的奖金数额及纪检监察部奖金分配表向李某支付奖金。长沙某航天环保公司虽主张，监察部奖金已经于 2018 年年底发放至监察部，且当时监察部门有 5 名工作人员，该笔奖金应当由 5 人共同分配，但长沙某航天环保公司并未提供确凿的证据证明该笔奖金已经发放到位，亦不能证明另外 2 名工作人员可以参与该笔奖金的分配，本院不予采信。

2019 年 6 月 12 日，湖南省长沙市长沙县人民法院判决：长沙某航天环保公司向李某支付奖金 100 173 元。

一审判决后，长沙某航天环保公司不服提起上诉。湖南省长沙市中级人民法院经审理后认为，李某作为长沙某航天环保公司监察部工作人员，有权利主张其在该公司工作期间的奖金，案涉奖金系公司对监察部门的奖励，在该部门有 5 人的情况下，因监察部 5 名成员对奖金分配份额并未形成统一约定，宜对奖金进行平均分配，遂认定李某可分配奖金为 40 234.70 元（201 173.49 元×1/5＝40 234.70 元）。

2019 年 12 月 25 日，湖南省长沙市中级人民法院判决：撤销湖南省长沙县人民法院〔2019〕湘 0121 民初 2873 号民事判决；长沙某航天环保公司向李某支付奖金 40 234.70 元。

四、法律依据

《中华人民共和国劳动合同法》第三十条　用人单位应当按照劳动合同约定和国家规定，向劳动者及时足额支付劳动报酬。

用人单位拖欠或者未足额支付劳动报酬的，劳动者可以依法向当地人民法院申请支付令，人民法院应当依法发出支付令。

094　劳动者离职后，是否可以要求按照约定支付剩余奖金？

答：用人单位与劳动者约定奖金，劳动者离职后，用人单位应当按照双方约定支付劳动者剩余奖金。

▶▶▶ 相关案例

一、案号

1. ［2021］京 0105 民初 28851 号
2. ［2021］京 03 民终 19984 号

二、案情简述

2016 年 8 月 23 日，北京某城市环境服务集团有限公司（以下简称"北京某环境公司"）与李某签订《劳动合同书》，李某工作至 2020 年 3 月 30 日，当日双方解除劳动关系。北京某环境公司已足额向李某支付了基本工资和五华项目的 50% 奖金（即增量奖励）124 600 元，但以项目亏损为由，拒绝向李某支付剩余 50% 的奖金。

随后，李某向北京市劳动人事争议仲裁委员会申请劳动仲裁，请求：裁决北京某环境公司支付李某项目奖金 124 600 元。该仲裁委员会经审理后裁决支持李某的仲裁请求。

北京某环境公司不服仲裁裁决，向北京市朝阳区人民法院提起诉讼请求：判决北京某环境公司无需支付李某项目奖金 124 600 元。

三、法院判决

北京市朝阳区人民法院经审理后认为,北京某环境公司以项目亏损为由,要求按项目实际利润和利润率核算奖金,但未举证证明双方曾就此协商一致变更约定或双方曾约定项目亏损情况下可变更核算标准的事实举证证明,故北京某环境公司不予支付剩余奖金缺乏依据。

2021年9月28日,北京市朝阳区人民法院判决:北京某环境公司向李某支付剩余奖金124 600元。

一审判决后,北京某环境公司不服提起上诉。2022年3月8日,北京市第三中级人民法院经审理后判决:驳回上诉,维持原判。

四、法律依据

《北京市工资支付规定》第六条 用人单位应当依法制定本单位的工资支付制度;制定工资支付制度应当征求工会或者职工代表的意见,并向本单位的全体劳动者公布。

工资支付制度应当主要规定下列事项:

(一)工资支付的项目、标准和形式;

(二)工资支付的周期和日期;

(三)工资扣除事项。

095　用人单位是否可以依据部门负责人的评价发放年终奖金？

答：用人单位可以依据部门负责人对劳动者的评价发放劳动者年终奖金。

▶▶▶ 相关案例

一、案号

1. ［2018］京 0102 民初 32285 号
2. ［2018］京 02 民终 10966 号

二、案情简述

2014 年 5 月 22 日，刘某入职北京某设计研究总院有限公司（以下简称"北京某设计公司"），刘某的工资按照［2010］17 号《公司薪酬管理办法》（以下简称《办法》）对应的岗位确定，北京某设计公司根据刘某的任职岗位及岗位职责要求按月进行绩效考核，并根据考核结果调整刘某的工作岗位和决定绩效奖金的发放。2018 年 5 月，北京某设计公司告知刘某不再续签劳动合同。

随后，刘某向北京市西城区劳动人事争议仲裁委员会申请劳动仲裁，请求：裁决北京某设计公司支付刘某 2017 年 1 月 1 日至 2017 年 12 月 31 日年终奖金差额 17 975.58 元。该仲裁委员会经审理后裁决支持刘某的仲裁请求。

北京某设计公司不服仲裁裁决，向北京市西城区人民法院提起诉讼请求：判决北京某设计公司无需支付刘某 2017 年 1 月 1 日至 2017 年 12 月 31 日年终奖金差额 17 975.58 元。

三、法院判决

北京市西城区人民法院经审理后认为，根据双方均认可的《办法》及双方当庭的陈述，北京某设计公司的年终奖金存在每月预发的情况，北京某设计公司根据部门打分情况将年终奖金发放给部门，部门负责人在向员工发放年终奖金时无明确考评标准和年终奖金发放细则。在此情况下，仅由部门负责人根据个人的评价来确定奖金发放的数额侵犯劳动者权益。月奖金和年终奖金的具体数额由本院依据刘某所在部门奖金总额、部门人数、刘某所在部门人员奖金发放情况、刘某出勤情况及北京某设计公司已发放的奖金数额等情况酌情确定。

2018 年 9 月 6 日，北京市西城区人民法院判决：北京某设计公司支付刘某 2017 年度年终奖 12 000 元。

一审判决后，北京某设计公司不服提起上诉。北京市第二中级人民法院经审理后认为，所谓奖金一般是指对劳动者提供的超额劳动所支付的报酬。对于奖金制度并无明确的立法性规定，用人单位可以根据其自身经济效益决定和制定奖金发放制度。关于 2017 年度奖金问题，北京某设计公司对刘某的年度奖金确实存在大幅度降低的情况，但因《办法》赋予了部门负责人根据每个员工的工作情况自行分发的权利，刘某存在工作差错及缺勤等情况，且该部门工作人员的年度奖金降低并非仅有刘某个人，故一审法院判令北京某设计公司支付刘某 2017 年度年终奖依据不足。

2018 年 12 月 21 日，北京市第二中级人民法院判决：①撤销北京市西城区人民法院［2018］京 0102 民初 32285 号民事判决第一项；②北京某设计公司无需支付刘某 2017 年度年终奖差额 17 975.58 元。

四、法律依据

《中华人民共和国劳动合同法》第三十条　用人单位应当按照劳动合同约定和国家规定，向劳动者及时足额支付劳动报酬。

用人单位拖欠或者未足额支付劳动报酬的，劳动者可以依法向当地人民法院申请支付令，人民法院应当依法发出支付令。

第三十五条　用人单位与劳动者协商一致，可以变更劳动合同约定的内容。变更劳动合同，应当采用书面形式。

变更后的劳动合同文本由用人单位和劳动者各执一份。

第七编

女职工与未成年人保护

096 在女职工孕期，用人单位是否可以解除劳动合同？

答： 在女职工孕期，用人单位无法定理由解除劳动合同违法。

▶▶▶ 相关案例

一、案号

1. ［2019］京 0102 民初 6492 号
2. ［2019］京 02 民终 5125 号

二、案情简述

2017 年 4 月 1 日，孟某入职中国某出版社。2017 年 4 月 5 日，中国某出版社（甲方）与孟某（乙方）签订《劳动合同书》约定：本合同为固定期限劳动合同。本合同于 2017 年 4 月 1 日生效，其中试用期至 2017 年 9 月 30 日止。本合同于 2020 年 3 月 31 日终止；乙方的工作内容为美术总监。

孟某在中国某出版社工作至 2017 年 9 月 29 日上午。当天下午，孟某因身体不适向副总经理崔某请假就医，医院诊断为：妊高征，并建议休息 3 天。同日，在孟某与中国某出版社的邮件往来中，孟某将诊断情况告知中国某出版社。随后，孟某与中国某出版社通过邮件就试用期考核、岗位调整、解除劳动合同等事项进行多次沟通，未达成一致意见。双方均认可劳动合同于 2017 年 9 月 30 日解除，但孟某认为中国某出版社系违法解除劳动合同。

随后，孟某向北京市西城区劳动人事争议仲裁委员会申请劳动仲裁，请求：裁决孟某与中国某出版社恢复劳动关系，继续履行劳动合同。该仲裁委员会经审理后裁决：驳回孟某的仲裁请求。

孟某不服仲裁裁决，向北京市西城区人民法院提起诉讼，诉讼请求同仲裁请求。

三、法院判决

北京市西城区人民法院经审理后认为，在孟某与中国某出版社的邮件往来中，孟某将诊断情况告知中国某出版社，说明中国某出版社已明确知悉孟某怀孕的事实。孟某处于孕期，中国某出版社不得解除劳动合同。虽然中国某出版社在庭审中提交了微信、谈话截图、孟某个人微博网页截图、电子邮件及翻译件等证据，用以证明孟某工作能力无法满足岗位要求，存在不服从管理、敷衍工作等情形，但是中国某出版社没有证据证明在孟某入职时，曾就孟某所应达到的岗位职责、标准向其进行告知，故中国某出版社以孟某不能胜任工作及试用期考核不合格为由解除与孟某劳动合同的理由不能成立。中国某出版社解除与孟某劳动合同的行为违法，且属于实体违法。现孟某坚持要求恢复劳动合同关系，中国某出版社不同意的理由为两点：①孟某已与案外人形成新的劳动关系；②孟某的工作岗位已由他人代替。关于第一点，孟某提交的证据可以证明北京某文化传播有限公司未与孟某形成劳动关系，双方仅为社保代缴关系。关于第二点，通过中国某出版社提交的杂志部分期刊的版权页可知，孟某所任职的视觉总监及下属工作人员，时而为 3 人、时而为 2 人，人数并不固定，可见该岗位并不属于具有较强不可替代性或唯一性的岗位，故双方具备继续履行劳动合同的条件。

2019 年 2 月 28 日，北京市西城区人民法院判决：自 2017 年 10 月 1 日起，孟某恢复与中国某出版社的劳动关系，双方继续履行劳动合同。

一审判决后，中国某出版社不服提起上诉。2019 年 5 月 24 日，北京市第二中级人民法院经审理后判决：驳回上诉，维持原判。

四、法律依据

《中华人民共和国劳动合同法》第四十二条　劳动者有下列情形之一的，用人单位不得依照本法第四十条、第四十一条的规定解除劳动合同：

（一）从事接触职业病危害作业的劳动者未进行离岗前职业健康检查，或者疑似职业病病人在诊断或者医学观察期间的；

（二）在本单位患职业病或者因工负伤并被确认丧失或者部分丧失劳动能力的；

（三）患病或者非因工负伤，在规定的医疗期内的；

（四）女职工在孕期、产期、哺乳期的；

（五）在本单位连续工作满十五年，且距法定退休年龄不足五年的；

（六）法律、行政法规规定的其他情形。

第四十八条 用人单位违反本法规定解除或者终止劳动合同，劳动者要求继续履行劳动合同的，用人单位应当继续履行；劳动者不要求继续履行劳动合同或者劳动合同已经不能继续履行的，用人单位应当依照本法第八十七条规定支付赔偿金。

097　用人单位招用未成年人工作受伤，应当如何赔偿？

答：用人单位非法使用童工，应当按照《非法用工单位伤亡人员一次性赔偿办法》的规定承担赔偿责任。

▶▶▶ 相关案例

一、案号

1.〔2014〕海民初字第 18524 号
2.〔2015〕一中民终字第 8326 号

二、案情简述

北京某建材有限责任公司（以下简称"北京某建材公司"）招用刘某从事建筑装饰工作。2013 年 9 月 24 日，刘某在北京某建材公司某处工地受伤。经医院诊断，刘某为：腰 2 椎体爆裂骨折、腰 3 椎体压缩性骨折、腰 2、3 椎板骨折、L2、L3 椎体压缩性骨折、L2 横突骨折。2015 年 3 月 25 日，北京市海淀区劳动能力鉴定委员会作出《鉴定结论通知书》。鉴定结论为：刘某已达职工工伤与职业病致残等级标准 8 级。刘某受伤时未满 16 周岁，自受伤后再未出勤。

随后，刘某向北京市海淀区劳动人事争议仲裁委员会申请劳动仲裁，请求：裁决北京某建材公司支付刘某生活费、医疗费、护理费、住院伙食补助费、交通费、鉴定费、一次性赔偿金。该仲裁委员会经审查后作出《不予受理通知书》。

刘某不服上述《不予受理通知书》，向北京市海淀区人民法院提起诉讼，诉讼请求同仲裁请求。

三、法院判决

北京市海淀区人民法院经审理后认为，《中华人民共和国劳动法》第15条第1款规定："禁止用人单位招用未满十六周岁的未成年人。"刘某在北京某建材公司工作期间受伤并构成伤残，此时刘某未满16周岁，北京某建材公司违反了法律的强制性规定，其招用刘某为其工作属于非法使用童工的行为。虽北京某建材公司主张刘某受伤时并非工作时间，但未就此提交相应的证据，该公司应按照有关规定对刘某予以一次性赔偿。依据《非法用工单位伤亡人员一次性赔偿办法》第4条之规定，职工或童工受到事故伤害或者患职业病，在劳动能力鉴定之前进行治疗期间的生活费按照统筹地区上年度职工月平均工资标准确定，医疗费、护理费、住院期间的伙食补助费以及所需的交通费等费用按照《工伤保险条例》规定的标准和范围确定，并全部由伤残职工或童工所在单位支付。

2015年7月30日，北京市海淀区人民法院判决：北京某建材公司向刘某支付生活费、劳务费、住院伙食补助费、医疗费、交通费、鉴定费、赔偿金共224 555.45元。

一审判决后，北京某建材公司不服提起上诉。2015年12月11日，北京市第一中级人民法院经审理后判决：驳回上诉，维持原判。

四、法律依据

1.《中华人民共和国劳动法》第十五条　禁止用人单位招用未满十六周岁的未成年人。

…………

2.《非法用工单位伤亡人员一次性赔偿办法》第四条　职工或童工受到事故伤害或者患职业病，在劳动能力鉴定之前进行治疗期间的生活费按照统筹地区上年度职工月平均工资标准确定，医疗费、护理费、住院期间的伙食补助费以及所需的交通费等费用按照《工伤保险条例》规定的标准和范围确定，并全部由伤残职工或童工所在单位支付。

第五条　一次性赔偿金按照以下标准支付：

一级伤残的为赔偿基数的16倍，二级伤残的为赔偿基数的14倍，三级伤残的为赔偿基数的12倍，四级伤残的为赔偿基数的10倍，五级伤残的为赔偿基数的 8 倍，六级伤残的为赔偿基数的 6 倍，七级伤残的为赔偿基数的 4 倍，八级伤残的为赔偿基数的 3 倍，九级伤残的为赔偿基数的 2 倍，十级伤残的为赔偿基数的 1 倍。

前款所称赔偿基数，是指单位所在工伤保险统筹地区上年度职工年平均工资。

第八编

劳动安全保护与职业培训、服务期

098　劳动者违反服务期约定，是否应当支付学习费用？

答： 劳动者违反服务期约定，应当支付用人单位约定的相关学习费用。

▶▶▶ 相关案例

一、案号

1. ［2015］新民二初字第 00160 号
2. ［2016］内 01 民终 1487 号

二、案情简述

2006 年 8 月，郑某与中国航天某集团某研究所（以下简称"中国某航天研究所"）建立劳动关系。2012 年 8 月，双方订立了无固定期限劳动合同。2011 年 3 月，中国某航天研究所推荐郑某出国留学，8 月郑某获得国家留学基金管理委员会派遣出国留学资格并与国家留学基金管理委员会签订《资助出国留学协议》，其出国留学期间为 2011 年 11 月至 2012 年 10 月。出国留学前，郑某、中国某航天研究所之间签订了《出国留学协议》，约定郑某学成回国后至少在中国某航天研究所处工作 10 年，若不满服务期，则应按照剩余服务期计算赔付中国某航天研究所为其出国留学所报销的一切费用。后郑某留学回国后，中国某航天研究所派遣其至某机械公司工作。2012 年 12 月 6 日至 2013 年 5 月 29 日，郑某休产假共计 173 天。2014 年 3 月 7 日，郑某因夫妻两地分居等原因向中国某航天研究所提出辞职申请，经中国某航天研究所批准同意，双方合意解除了劳动关系，同日中国某航天研究所作出了《关于对郑某同志辞职的处理意见》，提出根据《出国留学协议》，要求郑某赔付中国某航天研究所为其出国留学所支付的一切费用，总计 120 665.13 元。郑某用公积金 116 249.45 元冲抵一部分赔偿，后又向中国某航天研究所支付了 4415.70 元。

随后，郑某向内蒙古自治区呼和浩特市新城区劳动人事争议仲裁委员会申请劳动仲裁，请求：裁决中国某航天研究所返还郑某 120 665.13 元。该仲裁委员会经审理后裁决支持郑某的仲裁请求。

中国某航天研究所不服仲裁裁决，向呼和浩特市新城区人民法院提起诉讼请求：判决中国某航天研究所无需返还郑某 120 665.13 元。

三、法院判决

呼和浩特市新城区人民法院经审理后认为，对于中国某航天研究所应否返还郑某公积金及出国留学费用的问题，中国某航天研究所基于满足本单位人才培养计划和事业发展的需要，与郑某于 2011 年 7 月 30 日签订《出国留学协议书》，共同约定了留学归国后的服务年限、违约责任等，该协议系双方真实的意思表示，且并未违反法律或行政法规的强制性规定，应认定为合法有效。2014 年 3 月，郑某单方提出解除劳动关系申请，违反了上述协议关于服务期的约定，已构成合同违约。虽然中国某航天研究所同意了郑某的辞职申请，但就其提前辞职的赔偿问题提出了处理意见，郑某同意此处理意见，并自愿允许中国某航天研究所提取公积金冲抵违约赔偿金，不足部分亦自行予以补足，双方关于协议的违约赔偿权利义务已实际履行完毕，故对于郑某主张返还公积金及出国留学费用的诉讼请求，不予支持。

综上，呼和浩特市新城区人民法院判决：驳回郑某的诉讼请求。

一审判决后，郑某不服提起上诉。2016 年 6 月 27 日，呼和浩特市中级人民法院经审理后判决：驳回上诉，维持原判。

四、法律依据

《中华人民共和国劳动合同法》第二十二条 用人单位为劳动者提供专项培训费用，对其进行专业技术培训的，可以与该劳动者订立协议，约定服务期。

劳动者违反服务期约定的，应当按照约定向用人单位支付违约金。违约金的数额不得超过用人单位提供的培训费用。用人单位要求劳动者支付的违约金不得超过服务期尚未履行部分所应分摊的培训费用。

用人单位与劳动者约定服务期的，不影响按照正常的工资调整机制提高劳动者在服务期期间的劳动报酬。

099　用人单位为劳动者办理了北京户口，劳动者提前辞职是否应当支付违约金？

答： 用人单位为劳动者办理了北京户口，不得要求劳动者承担违约金，但确因劳动者违反诚实信用原则给用人单位造成损失的，劳动者应当予以赔偿。

▶▶▶ 相关案例

一、案号

1. ［2021］京 0107 民初 11266 号
2. ［2022］京 01 民终 401 号

二、案情简述

2018 年 7 月 23 日，中国某银行股份有限公司信用卡中心（以下简称"中国某银行信用卡中心"）（甲方、用人单位）、石某（乙方、员工）签署《中国某银行劳动合同书》。2018 年 7 月 27 日，中国某银行信用卡中心（甲方）、石某（乙方）签署《中国某银行股份有限公司信用卡中心补充协议书》，约定：鉴于甲方已与乙方签订了劳动合同，甲方为乙方提供了北京市户口指标，并协助乙方办理相关手续。乙方为甲方服务期限须满 3 年，该期限自甲方同乙方于 2018 年 7 月 24 日签署劳动合同之日开始计算。如乙方为甲方服务期限未满 3 年即要求同甲方解除劳动合同，须缴纳违约金 50 万元方可办理解除合同手续。2020 年 7 月 24 日，石某向中国某银行信用卡中心提出辞职申请，中国某银行信用卡中心于 2021 年 1 月 21 日审批同意。

随后，中国某银行信用卡中心向北京市石景山区劳动人事争议仲裁委员会申请劳动仲裁，请求：裁决石某支付中国某银行信用卡中心违约金50万元。该仲裁委员会经审理后裁决支持中国某银行信用卡中心的部分仲裁请求。

中国某银行信用卡中心不服仲裁裁决，向北京市石景山区人民法院提起诉讼，诉讼请求同仲裁请求。

三、法院判决

北京市石景山区人民法院经审理后认为，除《劳动合同法》涉及的专项培训以及竞业限制情形之外，用人单位不得与劳动者约定由劳动者承担违约金。本案中，案涉补充协议书约定中国某银行信用卡中心为石某办理本市户口，同时亦对石某的服务期及违约责任进行了约定。现中国某银行信用卡中心因石某未履行完服务协议而要求石某赔偿50万元损失，实为要求石某承担案涉补充协议之违约责任。如前所述，案涉补充协议关于办理户口的相关约定不属于《劳动合同法》规定可以约定由劳动者承担违约金的情形，且中国某银行信用卡中心提交的部分证据亦非专项培训事宜，中国某银行信用卡中心据此要求石某承担50万元违约金，本院无法予以支持。需要指出的是，石某作为劳动者一方亦应遵循诚实信用原则，依约履行合同，石某在中国某银行信用卡中心为其办理完毕本市户口且未满服务期提出离职，势必会给中国某银行信用卡中心造成损失。结合双方约定劳动合同期限及石某实际履职期限，本院认为仲裁裁决确定的总金额并无不当。石某未对仲裁裁决提起诉讼，本院对此不持异议并对相应裁决数额予以确认。

2021年11月30日，北京市石景山区人民法院判决：石某赔偿中国某银行信用卡中心86 106.07元。

一审判决后，中国某银行信用卡中心不服提起上诉。2022年3月8日，北京市第一中级人民法院经审理后判决：驳回上诉，维持原判。

四、法律依据

1.《中华人民共和国劳动合同法》第二十二条　用人单位为劳动者提供专项培训费用，对其进行专业技术培训的，可以与该劳动者订立协议，约定服务期。

劳动者违反服务期约定的，应当按照约定向用人单位支付违约金。违约金的数额不得超过用人单位提供的培训费用。用人单位要求劳动者支付的违约金不得超过服务期尚未履行部分所应分摊的培训费用。

用人单位与劳动者约定服务期的，不影响按照正常的工资调整机制提高劳动者在服务期期间的劳动报酬。

第二十三条　用人单位与劳动者可以在劳动合同中约定保守用人单位的商业秘密和与知识产权相关的保密事项。

对负有保密义务的劳动者，用人单位可以在劳动合同或者保密协议中与劳动者约定竞业限制条款，并约定在解除或者终止劳动合同后，在竞业限制期限内按月给予劳动者经济补偿。劳动者违反竞业限制约定的，应当按照约定向用人单位支付违约金。

第二十五条　除本法第二十二条和第二十三条规定的情形外，用人单位不得与劳动者约定由劳动者承担违约金。

2.《北京市高级人民法院、北京市劳动争议仲裁委员会关于审理劳动争议案件解答》

六、劳动合同的解除和终止

82. 用人单位为其招用的劳动者办理了本市户口，双方据此约定了服务期和违约金，用人单位要求劳动者支付违约金的，如何处理？

用人单位为其招用的劳动者办理了本市户口，双方据此约定了服务期和违约金，用人单位以双方约定为依据要求劳动者支付违约金的，不应予以支持。确因劳动者违反了诚实信用原则，给用人单位造成损失的，劳动者应当予以赔偿。

100　用人单位为劳动者办理北京户口，劳动者提前离职是否应当赔偿损失？

答：用人单位为劳动者办理了北京户籍，确因劳动者违反诚实信用原则给用人单位造成损失的，劳动者应当予以赔偿。

▶▶▶ 相关案例

一、案号

1. ［2020］京 0108 民初 20095 号
2. ［2021］京 01 民终 818 号

二、案情简述

2018 年 7 月 18 日，彭某入职北京某科技有限公司（以下简称"北京某科技公司"），担任研发工程师，双方签订了期限自 2018 年 7 月 18 日至 2021 年 7 月 17 日的劳动合同。

2018 年 7 月 13 日北京某科技公司（甲方）与彭某（乙方）签订了《非京籍员工落户协议》："二、由于北京市户口落户指标为甲方十分重要的稀缺资源，甲方为乙方办理北京市户籍会占用甲方的重要稀缺资源，甲方也会为此付出很大的代价、时间成本及人力，因此，乙方自愿承诺将不间断地在甲方工作 5 年（以下简称服务期，服务期自劳动关系建立之日开始计算）……六、如乙方在服务期内自行提出辞职、不同意续签劳动合同、因违反《劳动合同法》第三十九条、第四十条规定等原因停止为甲方提供服务的，乙方自愿依照诚实守信的原则承诺向甲方支付如下补偿金：乙方知晓计算甲方为乙方办理北京市户籍的资源价值和其他隐性投入的具体金额比较困难，因此同意事先确定一个补偿金标准是公平合理的，补偿金标准为人民币 50 000 元乘以未服务年限，未满一年的按月计算。……"2019 年 12 月，彭某的户籍进京手续由北京某科技公司办理完成。2020 年 2 月 28 日，彭某以个人原因提出辞职，彭某工作至 2020 年 3 月 27 日，双方劳动关系于 2020 年 3 月 27 日解除，离职前彭某每月税前工资为 28 500 元+补助 500 元。

随后，北京某科技公司向北京市海淀区劳动人事争议仲裁委员会申请劳动仲裁，请求：裁决彭某支付北京某科技公司补偿金。该仲裁委员会经审查后作出《不予受理通知书》。

北京某科技公司不服上述《不予受理通知书》，向北京市海淀区人民法院提起诉讼，诉讼请求同仲裁请求。

三、法院判决

北京市海淀区人民法院经审理后认为：其一，彭某与北京某科技公司签订了《非京籍员工落户协议》，协议约定北京某科技公司为彭某办理户籍进京手续并付出代价与成本，彭某应在北京某科技公司服务满 5 年，上述条款并未违反法律法规的强制性规定，且双方均确认协议系自愿签订，北京某科技公司亦履行协议约定，为彭某办理了户籍进京手续，彭某作为完全民事行为能力人，理应知晓并须承担其签字行为所产生的相应法律后果。其二，针对双方对协议第 6 条约定的"补偿金"条款的性质产生的不同理解，本院认为，该条款明确载明"彭某知晓计算北京某科技公司为彭某办理北京市户籍的资源价值和其他隐性投入的具体金额比较困难，因此同意事先确定一个补偿金标准是公平合理的"。可见，系对北京某科技公司办理落户手续中付出投入的补偿，在措辞与文意上不存在歧义，属于损失赔偿条款，并非彭某主张的违约金条款，本院对其主张不予采纳。其三，依据北京某科技公司为彭某办理户籍进京手续之时的社会现状，户籍进京指标具备稀缺性及吸引力。考虑到以下因素：①彭某明知其签署的协议中约定了 5 年的服务期，在户籍进京手续办理完成 2 个月后即提出辞职，有违诚实信用原则；②彼时彭某尚未履行满服务期，其辞职行为势必会给北京某科技公司在人才引进及招用同岗位人员方面带来一定损失，且导致北京某科技公司为其办理落户手续所付出的人力与费用无法实现目的。另结合未满约定工作年限的实际情况及实际损失情况，本院酌情判定彭某应向北京某科技公司赔偿损失 100 000 元。对于北京某科技公司主张超出该数额部分，本院不予支持。

2020 年 11 月 30 日，北京市海淀区人民法院判决：彭某向科技公司赔偿损失 100 000 元。

一审判决后，彭某不服提起上诉。2021 年 1 月 29 日，北京市第一中级人民法院经审理后判决：驳回上诉，维持原判。

四、法律依据

1.《中华人民共和国劳动合同法》第二十二条　用人单位为劳动者提供专项培训费用，对其进行专业技术培训的，可以与该劳动者订立协议，约定服务期。

劳动者违反服务期约定的，应当按照约定向用人单位支付违约金。违约金的数额不得超过用人单位提供的培训费用。用人单位要求劳动者支付的违约金不得超过服务期尚未履行部分所应分摊的培训费用。

用人单位与劳动者约定服务期的，不影响按照正常的工资调整机制提高劳动者在服务期期间的劳动报酬。

第二十三条　用人单位与劳动者可以在劳动合同中约定保守用人单位的商业秘密和与知识产权相关的保密事项。

对负有保密义务的劳动者，用人单位可以在劳动合同或者保密协议中与劳动者约定竞业限制条款，并约定在解除或者终止劳动合同后，在竞业限制期限内按月给予劳动者经济补偿。劳动者违反竞业限制约定的，应当按照约定向用人单位支付违约金。

第二十五条　除本法第二十二条和第二十三条规定的情形外，用人单位不得与劳动者约定由劳动者承担违约金。

2.《北京市高级人民法院、北京市劳动争议仲裁委员会关于审理劳动争议案件解答》

82. 用人单位为其招用的劳动者办理了本市户口，双方据此约定了服务期和违约金，用人单位要求劳动者支付违约金的，如何处理？

用人单位为其招用的劳动者办理了本市户口，双方据此约定了服务期和违约金，用人单位以双方约定为依据要求劳动者支付违约金的，不应予以支持。确因劳动者违反了诚实信用原则，给用人单位造成损失的，劳动者应当予以赔偿。

第九编
规章制度、劳动纪律

101　对劳动者的同一违规行为，是否可以重复处罚？

答：对于劳动者的同一违规行为，用人单位已经做出处罚的，不得进行重复处罚。

▶▶▶▶ **相关案例**

一、案号

1. ［2021］京 0108 民初 10940 号
2. ［2021］京 01 民终 8051 号

二、案情简述

2013 年 4 月 1 日，师某入职北京某人才有限公司（以下简称"北京某人才公司"），以劳务派遣形式被派遣至航天某研究所担任生产辅助工。2020 年 9 月 10 日，北京某人才公司作出《解除劳动合同通知书》："师某……您于 2020 年 7 月 24 日在工作岗位中严重违反《吊车安全操作规程》导致恶劣影响。根据《劳动合同》第七条，您已构成严重违反规章制度，现依据《劳动合同》及《中华人民共和国劳动法》等有关规定，于 2020 年 9 月 10 日对您做出解除劳动合同的处理决定。"就解除的具体理由一节，北京某人才公司主张师某在 37 天内 2 次违反员工手册，具体指 2020 年 7 月 24 日师某违反操作手册，导致操作吊车时出现剐蹭事故，北京某人才公司已作出扣除 500 元绩效工资、吊销 3 个月吊车本的处罚；2020 年 8 月 29 日，师某在给液压釜注水的过程中擅自离开现场工位，在控制间玩手机，对此进行通报。

随后，师某向北京市海淀区劳动人事争议仲裁委员会申请劳动仲裁。该仲裁委员会经审理后裁决：北京某人才公司向师某支付违法解除劳动合同赔偿金 91 000 元。

北京某人才公司不服仲裁裁决，向北京市海淀区人民法院提起诉讼请求：判决北京某人才公司无需向师某支付违法解除劳动合同赔偿金 91000 元。

三、法院判决

北京市海淀区人民法院经审理后认为，因用人单位作出的开除、除名、辞退、解除劳动合同、减少劳动报酬、计算劳动者工作年限等决定而发生的劳动争议，用人单位负举证责任。本案中，北京某人才公司作出解除劳动合同决定，应当就解除劳动合同理由成立承担举证责任。具体到本案而言，北京某人才公司作出的《解除劳动合同通知书》仅载明师某在 2020 年 7 月存在吊车作业违规行为，未见涉及 2020 年 8 月液压釜注水事故，故本院对于北京某人才公司所述该公司解除劳动合同理由包括 2020 年 8 月违规事故之主张不予采信。进而，对于《解除劳动合同通知书》所载 2020 年 7 月吊车作业违规行为是否构成合法解除情形，本院认为，师某提交的关于 7 月安全生产活动的奖惩通报显示，就师某 2020 年 7 月吊车作业违规行为公司已作出扣罚绩效、吊销吊车的处罚，故北京某人才公司再行以此为由作出解除劳动合同处理，存在严重的程序瑕疵，属于违法解除。经核算，仲裁裁决北京某人才公司向师某支付违法解除劳动合同赔偿金 91 000 元，未低于法定标准，对该结果本院予以确认。

2022 年 1 月 29 日，北京市海淀区人民法院判决：北京某人才公司支付师某违法解除劳动合同赔偿金 91 000 元。

一审判决后，北京某人才公司不服提起上诉。2022 年 10 月 28 日，北京市第一中级人民法院经审理后判决：驳回上诉，维持原判。

四、法律依据

《中华人民共和国行政处罚法》第二十九条　对当事人的同一个违法行为，不得给予两次以上罚款的行政处罚。同一个违法行为违反多个法律规范应当给予罚款处罚的，按照罚款数额高的规定处罚。

102　用人单位安排劳动者待岗，是否应当明确待岗时间？

答：用人单位安排劳动者待岗，应当为劳动者明确需待岗的合理时间。

▶▶▶ **相关案例**

一、案号

［2021］京 0113 民初 10522 号

二、案情简述

甘某与中国某航空股份有限公司（以下简称"中国某航空公司"）签有劳动合同，为该航空公司乘务员。甘某于 2020 年 3 月 29 日在自己微信朋友圈发布了其在机舱内身穿防护服的照片，被中国某航空公司舆情监管部门查出。当日，甘某书写检讨书，认可自己违反了公司的规章制度。中国某航空公司于 2020 年 4 月 15 日开始安排甘某停飞待岗，按照北京市最低工资的 80% 发放其工资。中国某航空公司未明确待岗时间，后来也一直未恢复甘某的工作。

2021 年 1 月 8 日，甘某向北京市顺义区劳动人事争议仲裁委员会申请劳动仲裁，请求：裁决中国某航空公司恢复甘某工作、停止待岗、按原条件继续履行劳动合同。该仲裁委员会经审理后裁决：驳回甘某的仲裁请求。

甘某不服仲裁裁决，向北京市顺义区人民法院提起诉讼，诉讼请求同仲裁请求。

三、法院判决

北京市顺义区人民法院经审理后认为，对于中国某航空公司安排甘某停飞待岗。首先，在甘某书写的检讨书中，其认可发布的微信朋友圈内容违反了公司规章制度，且其签字确认的《乘务员管理六部新媒体纪律承诺书》对此行为作出了解除劳动合同的规定，中国某航空公司未对甘某给予解除处理，属于该公司的自主经营行为。其次，2020年4月至2020年12月期间，在甘某签字的《员工面谈辅导记录表》及书写的思想汇报中，其从未对停飞待岗事宜提出过异议，甘某亦未提交证据证明在提出仲裁申请前曾就停飞待岗提出质疑。最后，疫情防控期间，作为代表我国国门形象的航空行业工作人员，更应注重在公共平台发布的信息内容，避免通过影像、图片、文字等方式造成舆论影响。据此，中国某航空公司对甘某作出停飞待岗的处理决定，并无不妥。中国某航空公司在对甘某作出停飞待岗的处罚决定时并未明确停飞待岗的期限。本案中，从2020年4月15日开始安排甘某停飞待岗至本案法庭辩论结束，待岗期间已将近1年2个月。本院认为，待岗的期限应以不超过合理限度并维护劳动关系的稳定性为原则，故甘某要求恢复工作、停止待岗、继续履行劳动合同，本院予以支持。

2021年9月30日，北京市顺义区人民法院判决：中国某航空公司恢复甘某的工作、停止待岗，继续履行与甘某之间的劳动合同。

四、法律依据

《最高人民法院关于审理劳动争议案件适用法律问题的解释（一）》第五十条　用人单位根据劳动合同法第四条规定，通过民主程序制定的规章制度，不违反国家法律、行政法规及政策规定，并已向劳动者公示的，可以作为确定双方权利义务的依据。

 …………

第五十三条　用人单位对劳动者作出的开除、除名、辞退等处理，或者因其他原因解除劳动合同确有错误的，人民法院可以依法判决予以撤销。

对于追索劳动报酬、养老金、医疗费以及工伤保险待遇、经济补偿金、培训费及其他相关费用等案件，给付数额不当的，人民法院可以予以变更。

103 《离职证明》记载劳动者严重违反单位规章制度，是否合法？

答：用人单位将劳动者严重违反单位规章制度等内容记载于《离职证明》，不符合法律规定。

相关案例

一、案号

1. ［2019］京 0108 民初 56261 号
2. ［2020］京 01 民终 6681 号

二、案情简述

2018 年 3 月 27 日，李某入职北京某网络技术有限公司（以下简称"北京某网络技术公司"），任职资深品牌营销专员，双方签订了自 2018 年 3 月 27 日至 2021 年 3 月 31 日期间的劳动合同。李某在北京某网络技术公司工作至 2019 年 4 月 17 日，当日北京某网络技术公司以李某严重违反公司规章制度为由，向李某发出《解除劳动合同通知》。北京某网络技术公司为李某开具的《解除劳动合同证明》："李某因严重违反规章制度，已由我公司于 2019 年 4 月 17 日和其依法解除劳动合同，特此证明。"落款处显示加盖网络技术公司公章，2019 年 4 月 17 日。

随后，李某向北京市海淀区劳动人事争议仲裁委员会申请劳动仲裁，请求：裁决北京某网络技术公司向李某重新出具解除劳动合同证明。该仲裁委员会经审理后裁决支持李某的仲裁请求。

北京某网络技术公司不服仲裁裁决，向北京市海淀区人民法院提起诉讼请求：判决网络技术公司无需向李某重新出具解除劳动合同证明。

三、法院判决

北京市海淀区人民法院经审理后认为，《中华人民共和国劳动合同法实施条例》第 24 条规定："用人单位出具的解除、终止劳动合同的证明，应当写明劳动合同期限、解除或者终止劳动合同的日期、工作岗位、在本单位的工作年限。"北京某网络技术公司为李某开具的《解除劳动合同证明》，经本院审查内容，并不符合上述规定，故北京某网络技术公司应为李某重新出具解除劳动合同证明（写明劳动合同期限、解除劳动合同的日期、工作岗位、在本单位的工作年限）。

2020 年 6 月 30 日，北京市海淀区人民法院判决：北京某网络技术公司为李某重新出具《解除劳动合同证明》。

一审判决后，北京某网络技术公司不服提起上诉。2020 年 11 月 3 日，北京市第一中级人民法院经审理后判决：驳回上诉，维持原判。

四、法律依据

1. 《中华人民共和国劳动合同法》第五十条　用人单位应当在解除或者终止劳动合同时出具解除或者终止劳动合同的证明，并在十五日内为劳动者办理档案和社会保险关系转移手续。

…………

第八十九条　用人单位违反本法规定未向劳动者出具解除或者终止劳动合同的书面证明，由劳动行政部门责令改正；给劳动者造成损害的，应当承担赔偿责任。

2. 《中华人民共和国劳动合同法实施条例》第二十四条　用人单位出具的解除、终止劳动合同的证明，应当写明劳动合同期限、解除或者终止劳动合同的日期、工作岗位、在本单位的工作年限。

第十编

工作时间与加班加点

104 用人单位将加班工资通过绩效工资体现，是否合法？

答： 用人单位与劳动者约定将加班工资通过绩效工资体现，应就绩效工资与加班工资之间的对应关系，以及对绩效工资的计算方式予以明确。否则，不合法。

▶▶▶ **相关案例**

一、案号

1. ［2021］京 0108 民初 65540 号
2. ［2022］京 01 民终 4299 号

二、案情简述

2012 年 6 月 24 日，王某入职北京航天某销售服务有限责任公司（以下简称"北京某航天公司"），北京某航天公司（甲方）与王某（乙方）签署了期限自当日起至 2015 年 6 月 23 日止的劳动合同书，双方于 2017 年 5 月 17 日续签为无固定期限劳动合同。劳动合同书约定乙方执行标准工时工作制。2017 年 9 月 12 日，王某签署《劳动合同补充协议》，第 13 条更改为："甲方实施 6 天工作制，相应加班费用通过绩效及计件工资体现。甲方依法安排乙方加班或依乙方申请而批准乙方加班的，依法调休或支付加班工资。乙方未经甲方安排或批准而自行'加班'的，乙方不调休，不主张加班工资。"

王某在北京某航天公司从事配件库主管岗位工作，每周工作 6 天，现仍在职，工作时间每天为 8 小时。王某在 2012 年 7 月 1 日至 2021 年 4 月 30 日期间存在休息日工作出勤 460 天，2021 年 1 月 1 日至 2021 年 4 月 30 日期间存在法定节假日工作出勤1天（2021年1月1日）。王某每月应发收入由基本工资1800元、绩效奖金、建店补助（提成）、全勤奖、补助、加班费等组成，工资明细中的加班费是平日下班后的延时加班工资。

随后，王某向北京市海淀区劳动人事争议仲裁委员会申请劳动仲裁。该仲裁委员会经审理后裁决：北京某航天公司支付王某2012年7月1日至2021年4月30日期间休息日加班工资及2021年1月1日至2021年4月30日期间法定节假日加班工资合计76 965.52元。

北京某航天公司不服仲裁裁决，向北京市海淀区人民法院提起诉讼请求：判决北京某航天公司无需支付王某2012年7月1日至2021年4月30日期间休息日加班工资及2021年1月1日至2021年4月30日期间法定节假日加班工资合计76 965.52元。

三、法院判决

北京市海淀区人民法院经审理后认为：一方面，北京某航天公司虽主张王某加班是为了获得更多提成的一种自愿行为，但王某提交的排班表显示，王某的出勤并非由其个人决定，而是基于北京某航天公司的安排，故对于北京某航天公司的上述主张，本院不予采信。另一方面，双方签署《劳动合同补充协议》，约定实行六天工作制，"相应加班费用通过绩效及计件工资体现"。北京某航天公司作为用人单位，应就王某的工资构成及发放依据承担举证责任，现北京某航天公司未就王某绩效工资与加班之间的对应关系提出证据，亦无法对绩效工资的计算方式作出明确解释。在此情况下，对北京某航天公司所持加班费已通过绩效工资（提成）方式支付的抗辩意见，本院不予采信。

2022年1月29日，北京市海淀区人民法院判决：北京某航天公司支付王某2012年7月1日至2021年4月30日期间休息日加班工资及2021年1月1日至2021年4月30日期间法定节假日加班工资合计76 965.52元。

一审判决后，北京某航天公司不服提起上诉。2022年4月28日，北京市第一中级人民法院经审理后判决：驳回上诉，维持原判。

四、法律依据

《中华人民共和国劳动法》第三十六条　国家实行劳动者每日工作时间不

超过八小时、平均每周工作时间不超过四十四小时的工时制度。

第三十八条　用人单位应当保证劳动者每周至少休息一日。

第四十四条　有下列情形之一的，用人单位应当按照下列标准支付高于劳动者正常工作时间工资的工资报酬：

（一）安排劳动者延长工作时间的，支付不低于工资的百分之一百五十的工资报酬；

（二）休息日安排劳动者工作又不能安排补休的，支付不低于工资的百分之二百的工资报酬；

（三）法定休假日安排劳动者工作的，支付不低于工资的百分之三百的工资报酬。

105 劳动者值班，是否可以要求支付加班工资？

答：用人单位安排劳动者在值班室值班并可以休息，不属于加班，用人单位不支付劳动者加班工资。

▶▶▶ **相关案例**

一、案号

1. ［2021］京 0108 民初 12920 号
2. ［2021］京 01 民终 11706 号

二、案情简述

2017 年 8 月 14 日，王某入职北京市某运营有限公司线路分公司（以下简称"北京某线路分公司"），王某执行以年为周期的综合工时工作制。王某主张其白天是在值班室备班，需要接听值班电话，晚上检修线路，检修完之后，于 6 点到 8 点期间还需要在地铁站值守。虽然值班室有床、有椅子，但是没有办法休息，因为夜里灌风，太冷，其只能坐着，其检修完地铁，空档就是在值班室坐着等电话，其值班期间并未遇到过突发情况。北京某线路分公司主张王某工作时间为上午 9 点至次日 9 点，王某作为巡检工具体从事线路的巡检工作，检查轨道，每天地铁停电之后下线工作，一般在 0 点至 3 点之间检查，白天在值班室值守，如果有故障需要在线路室观察一下，通知项目部人员去处理，实际上，王某未遇到过突发情况。王某的值班室是在地上，有空调和暖气，可以休息，且地铁在 3 点通电之后就不用检修了，因此王某不存在延时加班情况。

随后，王某向北京市海淀区劳动人事争议仲裁委员会申请劳动仲裁，请求：裁决北京某线路分公司支付王某 2020 年 1 月 1 日至 2020 年 5 月 31 日期间超时加班工资 11 840.84 元。该仲裁委员会经审理后裁决支持王某的仲裁请求。

北京某线路分公司不服仲裁裁决，向北京市海淀区人民法院提起诉讼，请求：判决北京某线路分公司无需支付王某 2020 年 1 月 1 日至 2020 年 5 月 31 日期间超时加班工资 11 840.84 元。

三、法院判决

北京市海淀区人民法院经审理后认为：首先，王某在值班室值守的工作具有值班性质，存在特殊性，其在工作期间，大量时间处于等待状态，且等待期间可以休息，此期间工作处于不饱和状态，因此将该岗位待命时间完全等同于普通职工的工作时间明显不合理；其次，王某一个班次为 24 小时，考虑到人的生理需求，王某每个班次中亦应扣除合理的吃饭、休息时间；最后，王某实行以年为周期的综合工时制，王某亦未提交有效的证据证明其在最后的周期内存在延时加班的情况。综上，本院对王某所持的其存在延时加班的主张不予采信。

2021 年 11 月 8 日，北京市海淀区人民法院判决：北京某线路分公司无需支付王某 2020 年 1 月 1 日至 2020 年 5 月 31 日期间超时加班工资 11 840.84 元。

一审判决后，王某不服提起上诉。2022 年 3 月 22 日，北京市第一中级人民法院经审理后判决：驳回上诉，维持原判。

四、法律依据

《北京市高级人民法院、北京市劳动争议仲裁委员会关于劳动争议案件法律适用问题研讨会会议纪要》

五、劳动合同的履行和变更

56. 劳动者主张存在加班事实如何认定？

…………

下列情形中，劳动者要求用人单位支付加班工资的，一般不予支持：

（1）用人单位因安全、消防、节假日等需要，安排劳动者从事与本职工作无关的值班任务；

（2）用人单位安排劳动者从事与其本职工作有关的值班任务，但值班期间可以休息的。

在上述情况下，劳动者可以要求用人单位按照劳动合同、规章制度、集体合同等支付相应待遇。

　　…………

106　用人单位掌握加班证据但拒不提供，是否可以推定劳动者存在加班的事实？

答： 劳动者主张加班工资，并有证据证明用人单位掌握其存在加班事实的证据，用人单位拒不提供的，可以推定劳动者主张的加班事实存在。

▶▶▶ 相关案例

一、案号

1. ［2019］苏 0106 民初 10206 号
2. ［2020］苏 01 民终 83 号

二、案情简述

2011 年 7 月 15 日，施某（乙方）与江苏某集团股份有限公司（以下简称"江苏某集团公司"）（甲方）签订《劳动合同书》，合同期限自 2011 年 7 月 16 日至 2016 年 6 月 30 日，乙方实行标准工时制，因工作需要加班的，应按甲方的《考勤管理制度》办理申请手续，经甲方同意后方可加班。乙方考勤中未经审批同意的超出排班部分的时间记录，不属于加班。乙方月度考勤需由本人确认，若限定时间内未能完成确认，以甲方考勤记录作为计薪依据。2016 年 6 月 15 日，双方续签上述劳动合同至 2021 年 6 月 30 日。2019 年 5 月 6 日，江苏某集团公司向施某发出《解除劳动关系通知书》，理由为施某严重违反公司规章制度。

随后，施某向南京市鼓楼区劳动人事争议仲裁委员会申请劳动仲裁，请求：裁决江苏某集团公司支付施某 2011 年 6 月 23 日至 2019 年 5 月 6 日法定节假日加班工资 40 320 元、周末加班工资 90 720 元、延时加班工资 42 000

元。该仲裁委员会经审理后裁决：驳回施某的仲裁请求。

施某不服仲裁裁决，向南京市鼓楼区人民法院提起诉讼，诉讼请求同仲裁请求。

三、法院判决

南京市鼓楼区人民法院经审理认为，根据《中华人民共和国劳动争议调解仲裁法》的规定，劳动争议申请仲裁的时效期间为1年，从当事人知道或者应当知道其权利被侵害之日起计算。因此，对于施某所主张的加班工资，本院依法审理劳动关系解除前一年的部分，即2018年5月7日至2019年5月6日期间的加班事实，超出部分因超过1年仲裁时效，本院不予支持。

江苏某集团公司虽以《员工手册》规定的员工加班须得到批准为由辩称施某无加班行为，但《员工手册》同时记载了公司有统一安排加班的所谓"权利"。施某提交的公司内部通信软件、其部门负责人系统申报加班截图，以及公司内网发文等一系列证据可以证明，公司存在大量"统一安排"、无需申报的员工加班。施某作为劳动者，其对于加班事实的证明已超过初步举证的举证标准和义务，江苏某集团公司虽以部分证据的真实性存疑为由，不认可施某主张的加班事实，但用人单位天然具有对劳动者实施各种管理的优势地位，施某所举证据存在一般合理性，也与江苏某集团公司作为零售企业对密集劳动的需求相符。再者，江苏某集团公司所举证据可以证明其对劳动者的出勤、考勤有极其详细、具体的各种电子记录，在法庭释明的情况下，江苏某集团公司并未提交相应的证据以推翻施某关于加班的陈述，属于掌握相关证据拒不提供，依法应承担举证不能的法律后果。故在施某加班事实的认定上，本院依法采信施某所述。在2018年5月7日至2019年5月6日的一年期间，施某每日有1.5小时延时加班，合计375小时延时加班；每月有2日休息日加班，合计24日休息日加班；6日法定节假日加班。本案中，施某主张其缴纳的个税、公积金、社保均应被作为工资收入的组成，符合法律规定，应予采信。

2019年11月11日，南京市鼓楼区人民法院判决：江苏某集团公司向施某支付延时加班工资39 057.38元、休息日加班工资26 663.17元、法定节假日加班工资9 998.69元。

一审判决后，江苏某集团公司不服提起上诉。江苏省南京市中级人民法院经审理后认为，施某在一审中提交的公司内部通信软件、部分负责人系统申报加班截图、集团公司内部发文等证据，均能证明江苏某集团公司安排施某进行大量加班，施某就其存在加班事实已经提供了初步证据予以证明。江苏某集团公司作为掌握劳动者考勤记录的用人单位，在本案一、二审中均未提交经施某签字确认的考勤记录及原始考勤记录，亦未提供内部通信软件关于加班的相关内容，仅提供了其自行制作且未经施某签字确认的考勤表，不足以证明江苏某集团公司关于施某不存在加班的主张。一审法院据此采信施某的主张，认定其2018年5月7日至2019年5月6日期间延时加班375小时、休息日加班24日、法定节假日加班6日，并无不当，本院依法予以维持。施某与公司签订的合同期限自2016年7月1日起至2021年6月30日止的劳动合同中第7条约定：加班工资基数按照乙方基本工资（当地最低工资标准）作为计发基数。江苏某集团公司在二审中主张按照该条合同约定的标准计发加班工资，依据充分，本院予以采纳。

2020年4月9日，江苏省南京市中级人民法院判决：变更江苏省南京市鼓楼区人民法院〔2019〕苏0106民初10206号民事判决第二项为：苏宁易购集团股份有限公司应向施凌峰支付延时加班工资6385.6元、休息日加班工资4386.2元、法定节假日加班工资1653.8元。

四、法律依据

1.《中华人民共和国劳动法》第四十四条　有下列情形之一的，用人单位应当按照下列标准支付高于劳动者正常工作时间工资的工资报酬：

（一）安排劳动者延长工作时间的，支付不低于工资的百分之一百五十的工资报酬；

（二）休息日安排劳动者工作又不能安排补休的，支付不低于工资的百分之二百的工资报酬；

（三）法定休假日安排劳动者工作的，支付不低于工资的百分之三百的工资报酬。

2.《最高人民法院关于审理劳动争议案件适用法律问题的解释（一）》第四十二条　劳动者主张加班费的，应当就加班事实的存在承担举证责任。但劳动者有证据证明用人单位掌握加班事实存在的证据，用人单位不提供的，由用人单位承担不利后果。

3. 《中华人民共和国劳动争议调解仲裁法》第六条　发生劳动争议，当事人对自己提出的主张，有责任提供证据。与争议事项有关的证据属于用人单位掌握管理的，用人单位应当提供；用人单位不提供的，应当承担不利后果。

107 劳动者主张加班工资，是否应当承担举证责任？

答：劳动者主张加班工资，应当对其存在加班的事实承担举证责任。

▶▶▶ 相关案例

一、案号

[2021] 京 0108 民初 19160 号

二、案情简述

2004 年 5 月 7 日，赵某入职某对外联络机关服务中心（以下简称"某机关服务中心"），双方签订有劳动合同，自 2018 年 5 月 24 日起签订了无固定期限劳动合同。2020 年 11 月 10 日，某机关服务中心向赵某发放了《劳动合同人员到期通知单》，通知赵某因其于 2020 年 11 月 30 日达到法定退休年龄，双方劳动合同于 2020 年 11 月 30 日解除。

随后，赵某向北京市海淀区劳动人事争议仲裁委员会申请劳动仲裁，请求：裁决中央某机关服务中心向其支付法定节假日加班工资。该仲裁委员会经审理后裁决：驳回赵某的仲裁请求。

赵某不服仲裁裁决，向北京市海淀区人民法院提起诉讼，诉讼请求同仲裁请求。

三、法院判决

北京市海淀区人民法院经审理后认为，当事人对自己提出的诉讼请求所依据的事实或者反驳对方诉讼请求所依据的事实有责任提供证据加以证明。没有证据或者证据不足以证明当事人事实主张的，由负有举证责任的当事人承担不利后果。就加班工资一节，劳动者主张加班费的，应就加班事实的存在承担举证责任。本案中，赵某就其加班的主张提交了工资条、值班记录作为证据加以证明，但上述证据材料无法体现赵某所主张的加班时长，亦无法证明其在某机关服务中心的安排下提供了 184 天法定节假日的加班事实，故在赵某未就该主张进一步提交其他证据予以佐证的情况下，本院对其所持的加班的主张无法采信。赵某于 2004 年 5 月 7 日入职某机关服务中心，现其要求某机关服务中心支付 2004 年 1 月 1 日至 2020 年 9 月 30 日期间法定节假日加班工资的诉请缺乏依据，故本院不予支持。

2021 年 11 月 5 日，北京市海淀区人民法院判决：驳回赵某的诉讼请求。

四、法律依据

1. 《中华人民共和国劳动争议调解仲裁法》第六条 发生劳动争议，当事人对自己提出的主张，有责任提供证据。与争议事项有关的证据属于用人单位掌握管理的，用人单位应当提供；用人单位不提供的，应当承担不利后果。

2. 《最高人民法院关于审理劳动争议案件适用法律问题的解释（一）》第四十二条 劳动者主张加班费的，应当就加班事实的存在承担举证责任。但劳动者有证据证明用人单位掌握加班事实存在的证据，用人单位不提供的，由用人单位承担不利后果。

第十一编

休息与休假

108 歇岗时间超过应休带薪年休假时间，是否还应当享受带薪年休假？

答： 劳动者歇岗时间超过其应当休带薪年休假的时间，不再享受带薪年休假。

▶▶▶ 相关案例

一、案号

1. ［2020］鄂 0112 民初 2148 号
2. ［2020］鄂 01 民终 8144 号

二、案情简述

2011 年 5 月，姚某入职湖北某信息网络股份有限公司 A 分公司工作，于 2015 年 1 月被安排至湖北某信息网络股份有限公司 B 分公司工作，于 2017 年 3 月被安排至湖北某信息网络股份有限公司 C 分公司（以下简称"湖北某信息网络 C 分公司"）工作，任商务经理。上述三公司均隶属于湖北某信息网络股份有限公司，三公司先后为姚某缴纳了工作期间的社会保险，按月以银行转账方式发放工资。2019 年 5 月 5 日，姚某向湖北某信息网络 C 分公司书面申请停薪留职，同意停薪留职期间每月领取基本生活费 1750 元。之后，姚某与湖北某信息网络 C 分公司签订了一份《暂时歇岗协议书》。约定：协议期自 2019 年 6 月 17 日至 2020 年 6 月 16 日共 12 个月，湖北某信息网络 C 分公司自约定实施时起按当地最低工资标准核发姚某暂时歇岗期间生活费；歇岗期间湖北某信息网络 C 分公司为姚某正常缴纳社会保险、公积金和企业年金的单位应缴部分，并依法依规在姚某歇岗期生活费中代为扣缴应当由个人缴纳的部分；湖北某信息网络 C 分公司因工作需要通知姚某返岗，姚某未能按期返岗或拒不服从工作安排的，湖北某信息网络 C 分公司可以无条件解除双方的劳动合同。2019 年 9 月 10 日和 2019 年 9 月 30 日，湖北某信息网络 C 分公司两次向姚某发出返岗通知，但姚某均未到 C 分公司报到。2019 年 10 月 21 日，湖北某信息网络 C 分公司向姚某下达了《解除劳动合同通知书》，决定从 2019 年 10 月 21 日起与姚某解除劳动合同。

随后，姚某向湖北省武汉市东西湖区劳动人事争议仲裁委员会申请劳动仲裁，请求：裁决湖北某信息网络 C 分公司支付姚某 2018 年、2019 年应休未休年休假工资报酬 7161 元。该仲裁委员会经审理后裁决：驳回姚某的仲裁请求。

姚某不服仲裁裁决，向湖北省武汉市东西湖区人民法院提起诉讼，诉讼请求同仲裁请求。

三、法院判决

湖北省武汉市东西湖区人民法院经审理后认为，姚某于 2011 年 5 月入职湖北某信息网络股份有限公司下属的三个分公司，至 2019 年 6 月，工作年限未满 10 年。根据《职工带薪年休假条例》第 3 条的规定，姚某可享受每年 5 天的带薪连休假。但是，双方签订的《暂时歇岗协议书》约定，姚某自 2019 年 6 月 17 日起开始歇岗，至湖北某信息网络 C 分公司作出解除双方劳动合同的决定（2019 年 10 月 21 日）已有 4 月余，参照《职工带薪年休假条例》第 4 条第 1 项的规定，姚某歇岗时间已经超过其应休假时间，其要求湖北某信息网络 C 分公司支付 2019 年带薪年休假的请求，无事实与法律依据，本院不予支持。

2020 年 7 月 24 日，湖北省武汉市东西湖区人民法院判决：驳回姚某的诉讼请求。

一审判决后，姚某不服提起上诉。2020 年 10 月 23 日，湖北省武汉市中级人民法院经审理后判决：驳回上诉，维持原判。

四、法律依据

1.《职工带薪年休假条例》第三条　职工累计工作已满 1 年不满 10 年的，年休假 5 天；已满 10 年不满 20 年的，年休假 10 天；已满 20 年的，年休假15天。国家法定休假日、休息日不计入年休假的假期。

　　第四条　职工有下列情形之一的，不享受当年的年休假：

　　（一）职工依法享受寒暑假，其休假天数多于年休假天数的；

　　（二）职工请事假累计20天以上且单位按照规定不扣工资的；

　　（三）累计工作满1年不满10年的职工，请病假累计2个月以上的；

　　（四）累计工作满10年不满20年的职工，请病假累计3个月以上的；

　　（五）累计工作满20年以上的职工，请病假累计4个月以上的。

　　2.《企业职工带薪年休假实施办法》第四条　年休假天数根据职工累计工作时间确定。职工在同一或者不同用人单位工作期间，以及依照法律、行政法规或者国务院规定视同工作期间，应当计为累计工作时间。

109　劳动者请事假未获批准而擅自休假的，是否属于旷工？

答：劳动者请事假未获用人单位批准而擅自休假的，属于旷工。

▶▶▶▶ 相关案例

一、案号

1. ［2021］京 0112 民初 21604 号
2. ［2022］京 03 民终 956 号

二、案情简述

2017 年 1 月 1 日，杨某与案外人某股份有限公司北京科技分公司签订劳动合同，约定杨某从事财务类工作，合同期限自 2017 年 1 月 1 日起至 2021 年 12 月 31 日止，其中第九条第 4 项规定，擅离职守、连续旷工 3 天以上，全月累计 5 天以上或全年累计旷工达 10 天者，在假期满未续假或续假未获批准而不来上班者，属于严重违反规章制度，可以解除劳动合同。2017 年 6 月 1 日，某股份有限公司北京科技分公司、某高科乳制品（北京）有限责任公司（以下简称"北京某高科乳制品公司"）、杨某签订劳动合同变更三方协议书，约定某股份有限公司北京科技分公司与杨某签订的劳动合同主体变更为北京某高科乳制品公司，北京某高科乳制品公司、杨某须按照劳动合同履行各自权利义务。

2020 年 11 月 16 日，杨某申请休事假 5 天，北京某高科乳制品公司予以拒绝。2020 年 11 月 17 日，北京某高科乳制品公司向杨某发送电子邮件，称截至 11 月 13 日年度内假期已全部休完，根据制度要求，年度内事假不得超过 15 天，本年度不再批复事假，当月旷工连续 3 天以上，将视为严重违反规章制度，作解除劳动关系处理。2020 年 11 月 18 日，杨某以家中有事无法到岗为由再次申请事假 5 天，北京某高科乳制品公司再次予以拒绝。杨某自行未到岗上班。2020 年 11 月 19 日，北京某高科乳制品公司通知工会后作出解除劳动合同通知书，以杨某旷工 3 天严重违反规章制度为由解除劳动合同。

随后，杨某向北京市通州区劳动人事争议仲裁委员会申请劳动仲裁。该仲裁委员会经审理后裁决：北京某高科乳制品公司支付杨某违法解除劳动合同赔偿金 550 570.50 元。

北京某高科乳制品公司不服仲裁裁决，向北京市通州区人民法院提起诉讼，请求：判决北京某高科乳制品公司无需支付杨某违法解除劳动合同赔偿金 550 570.50 元。

三、法院判决

北京市通州区人民法院经审理后认为，2020 年 11 月 16 日至 18 日期间，杨某申请事假但未获批准，杨某未到岗出勤。现杨某主张其因照顾孩子无法到岗，但其子于 2020 年 9 月 11 日至 12 日期间短暂住院治疗，2020 年 11 月 16 日至 18 日期间无诊疗记录，杨某未能进一步举证证实存在休事假的正当理由；北京某高科乳制品公司已准许杨某 2020 年 8 月 31 日至 11 月 13 日期间连续休探亲假、年假、事假、病假，同时北京某高科乳制品公司于 2020 年 11 月 17 日向杨某发送邮件，告知其不再批准事假并进行了解释，已尽到管理义务。因此，杨某上述期间未到岗出勤的行为应属于旷工。现杨某连续 3 天旷工，符合《劳动合同》第 9 条第 4 项规定，亦严重违反勤勉义务和劳动纪律，北京某高科乳制品公司因此与杨某解除劳动合同，具有事实与法律依据，程序正当，不属于违法解除。

2021 年 12 月 3 日，北京市通州区人民法院判决：北京某高科乳制品公司不支付杨某违法解除劳动合同赔偿金 550 570.50 元。

一审判决后，杨某不服提起上诉。2022 年 4 月 13 日，北京市第三中级人民法院经审理后判决：驳回上诉，维持原判。

四、法律依据

《中华人民共和国劳动合同法》第四条　用人单位应当依法建立和完善劳

动规章制度，保障劳动者享有劳动权利、履行劳动义务。

用人单位在制定、修改或者决定有关劳动报酬、工作时间、休息休假、劳动安全卫生、保险福利、职工培训、劳动纪律以及劳动定额管理等直接涉及劳动者切身利益的规章制度或者重大事项时，应当经职工代表大会或者全体职工讨论，提出方案和意见，与工会或者职工代表平等协商确定。

在规章制度和重大事项决定实施过程中，工会或者职工认为不适当的，有权向用人单位提出，通过协商予以修改完善。

用人单位应当将直接涉及劳动者切身利益的规章制度和重大事项决定公示，或者告知劳动者。

第三十九条　劳动者有下列情形之一的，用人单位可以解除劳动合同：

（一）在试用期间被证明不符合录用条件的；

（二）严重违反用人单位的规章制度的；

（三）严重失职，营私舞弊，给用人单位造成重大损害的；

（四）劳动者同时与其他用人单位建立劳动关系，对完成本单位的工作任务造成严重影响，或者经用人单位提出，拒不改正的；

（五）因本法第二十六条第一款第一项规定的情形致使劳动合同无效的；

（六）被依法追究刑事责任的。

110 劳动者放弃休带薪年休假，是否还可以再要求支付未带薪休年休假工资？

答：劳动者自愿放弃休带薪年休假，如不能证明存在欺诈、胁迫或者乘人之危等情形，不能再要求用人单位支付未休带薪年休假工资。

▶▶▶ 相关案例

一、案号

1. ［2018］粤 0307 民初 13103 号
2. ［2019］粤 03 民终 5236 号

二、案情简述

2012 年 11 月 19 日，曾某入职深圳某技术有限公司（以下简称"深圳某技术公司"），岗位为产品经理。2017 年 3 月 30 日，曾某手写了一份《奋斗者协议书》。内容为："……为了获得分享公司长期发展收益的机会，……自愿放弃享受部分福利待遇，……自愿放弃在公司工作期间的带薪年休假和带薪年休假工资……即使从公司离职，我无权也不会要求公司支付未休年休假工资。"

2016 年至 2018 年期间，曾某未休年休假。2018 年 5 月 10 日，曾某通过深圳某技术公司内部系统申请休假，5 月 11 日提醒上级主管审批，主管回复"等下说，我在会上"；5 月 18 日，曾某再次提醒审批，深圳某技术公司未答复；5 月 19 日，曾某发出一条询问"请问下周有工作安排给我吗？如果没有，我想继续休假，可以么"？上级主管回复"在开对标会"。曾某于 2018 年 5 月 14 日至 18 日期间休假。2018 年 5 月 26 日，深圳某技术公司因曾某连续旷工

3 天向曾某出具一份《解除劳动合同通知书》。

随后，曾某向深圳市龙岗区劳动人事争议仲裁委员会申请劳动仲裁，请求：裁决深圳某技术公司支付曾某 2016 年 1 月 1 日至 2018 年 5 月 28 日期间未休年休假工资 49 674 元。该仲裁委员会经审理后裁决：驳回曾某的仲裁请求。

曾某不服仲裁裁决，向深圳市龙岗区人民法院提起诉讼，诉讼请求同仲裁请求。

三、法院判决

深圳市龙岗区人民法院经审理后认为，关于年休假工资，曾某在其个人书写的《奋斗者承诺书》中承诺，自愿放弃在职期间的带薪年休假和带薪年休假工资，属于其个人自愿放弃年休假和年休假工资的情形，深圳某技术公司可只支付其正常工作期间的工资收入，曾某诉请深圳某技术公司支付 2016 年 1 月 1 日至 2018 年 5 月 28 日期间应休未休年休假工资，本院不予支持。

综上，深圳市龙岗区人民法院判决：驳回曾某的诉讼请求。

一审判决后，曾某不服提起上诉。2019 年 9 月 3 日，广东省深圳市中级人民法院经审理后判决：驳回上诉，维持原判。

四、法律依据

《企业职工带薪年休假实施办法》第十条 用人单位经职工同意不安排年休假或者安排职工年休假天数少于应休年休假天数，应当在本年度内对职工应休未休年休假天数，按照其日工资收入的 300% 支付未休年休假工资报酬，其中包含用人单位支付职工正常工作期间的工资收入。

用人单位安排职工休年休假，但是职工因本人原因且书面提出不休年休假的，用人单位可以只支付其正常工作期间的工资收入。

第十二编
保密与竞业限制

111 用人单位要求劳动者亲属履行竞业限制义务，是否合法？

答：用人单位与劳动者约定劳动者的亲属需履行竞业限制义务，超出了法律所规定的竞业限制义务范畴，不合法。

▶▶▶ 相关案例

一、案号

1. ［2017］京 0105 民初 79472 号
2. ［2019］京 03 民终 4494 号

二、案情简述

北京某国际文化传媒有限公司（以下简称"北京某传媒公司"）经营范围包含翻译服务。2013 年 3 月 7 日，陈某（乙方）入职北京某传媒公司（甲方），双方签订了《劳动合同》，在职业操守和保密制度以及竞业限制条款中约定："乙方在职期间不允许私下和客户交易……乙方在离职 5 年内不得就职于同甲方公司具有竞争关系的公司，如果甲方发现乙方直接或间接从事与甲方具有竞争性的从业活动或经营活动，甲方将依法追究乙方违约责任，并要求不低于 30 万元的赔偿……"另外，双方还通过标称时间为"2015.3.5"的文件约定：公司用章使用规范、邮箱使用管理、本人承诺无论是在职或离职状态下，都会遵守劳动合同约定，不会成立从事翻译业务的公司，包括本人家属自本人入职后不得成立从事翻译的公司，如有违反，视为本人违约，除认可合同规定的违约金外，本人愿意额外承担给公司造成的一切直接以及间接损失等内容。后，双方解除劳动关系。北京某传媒公司称陈某的配偶刘某系北京某科技有限公司（以下简称"北京某科技公司"）的股东及法定代表人，该公司的经营范围包括翻译服务，与北京某传媒公司存在竞争关系。

随后，北京某传媒公司向北京市朝阳区劳动人事争议仲裁委员会申请劳动仲裁，请求：裁决陈某支付北京某传媒公司违反竞业限制违约金300 000元。该仲裁委员会经审理后裁决：驳回北京某传媒公司的仲裁请求。

北京某传媒公司不服仲裁裁决，向北京市朝阳区人民法院提起诉讼，诉讼请求同仲裁请求。

三、法院判决

北京市朝阳区人民法院经审理后认为：首先，北京某科技公司的经营范围虽包含翻译服务，但现有证据未显示陈某入职该公司或存在将其从事的与原业务相关的翻译工作及将北京某传媒公司的客户介绍给北京某科技公司的情形。其次，标称时间为"2015.3.5"的文件的约定超出了法律规定的竞业限制义务的范畴。

2018年12月24日，北京市朝阳区人民法院判决：驳回北京某传媒公司的诉讼请求。

一审判决后，北京某传媒公司不服提起上诉。2019年3月27日，北京市第三中级人民法院经审理后判决：驳回上诉，维持原判。

四、法律依据

《中华人民共和国劳动合同法》第二十三条　用人单位与劳动者可以在劳动合同中约定保守用人单位的商业秘密和与知识产权相关的保密事项。

对负有保密义务的劳动者，用人单位可以在劳动合同或者保密协议中与劳动者约定竞业限制条款，并约定在解除或者终止劳动合同后，在竞业限制期限内按月给予劳动者经济补偿。劳动者违反竞业限制约定的，应当按照约定向用人单位支付违约金。

第二十四条　竞业限制的人员限于用人单位的高级管理人员、高级技术人员和其他负有保密义务的人员。竞业限制的范围、地域、期限由用人单位与劳动者约定，竞业限制的约定不得违反法律、法规的规定。

在解除或者终止劳动合同后，前款规定的人员到与本单位生产或者经营同类产品、从事同类业务的有竞争关系的其他用人单位，或者自己开业生产或者经营同类产品、从事同类业务的竞业限制期限，不得超过二年。

112 用人单位拒绝支付竞业限制补偿费，竞业限制协议对劳动者是否还具有约束力？

答：用人单位明确表示不支付劳动者竞业限制补偿费的，双方签订的竞业限制协议对劳动者不具有约束力。

>>>> **相关案例**

一、案号

1. ［2015］昌民初字第 18413 号
2. ［2016］京 01 民终 2658 号

二、案情简述

2011 年 10 月 17 日，邱某入职北京某压缩机有限公司（以下简称"北京某压缩机公司"），工作岗位为副总经理，主管销售工作，2013 年初工资调整为 23 000 元/月。2014 年 1 月 1 日，邱某与北京某压缩机公司解除劳动关系。

2012 年 5 月 7 日，北京某压缩机公司（甲方）与邱某（乙方）签订《保密协议》。约定内容有："第一条，乙方承担保密责任的期限为：自甲方与乙方在本协议签字盖章之日起至双方劳动合同解除或终止后两年内。第二条，本协议所指的商业秘密是指由甲方提供的、或者乙方在甲方工作期间了解到的、或者甲方对第三方承担保密义务的，与甲方业务有关的、能为甲方带来经济利益，具有实用性的、非公知的所有信息，包括但不限于……客户信息：包括客户名称、客户联系人、客户交易的合同数量、金额、规格、客户反馈意见、客户购买力状况等……第八条，乙方违反保密协议条款，对甲方生产经营造成影响的，应承担赔偿责任，赔偿甲方经营损失，其中包括由此产生的各项合理费用支出……"

2015年8月19日，北京某压缩机公司向北京市昌平区劳动人事争议仲裁委员会申请劳动仲裁，请求：裁决邱某违反保密协议向北京某压缩机公司支付违约金449 869元。该仲裁委员会经审理后裁决：驳回北京某压缩机公司的仲裁请求。

北京某压缩机公司不服仲裁裁决，向北京市昌平区人民法院提起诉讼，诉讼请求同仲裁请求。

三、法院判决

北京市昌平区人民法院经审理后认为，北京某压缩机公司虽与邱某签订了《保密协议》，并在《保密协议》中约定了保密及竞业限制条款，但并未就补偿费的给付及具体给付标准作出约定，北京某压缩机公司亦未支付邱某相应费用，且北京某压缩机公司提交的证据亦不足以证明邱某在与北京某压缩机公司具有竞争性关系的企业任职，故北京某压缩机公司以邱某违反《保密协议》为由要求邱某支付违约金的诉讼请求，证据不足，本院不予支持。

2016年1月21日，北京市昌平区人民法院判决：驳回北京某压缩机公司的诉讼请求。

一审判决后，北京某压缩机公司不服提起上诉。2016年4月19日，北京市第一中级人民法院经审理后判决：驳回上诉，维持原判。

四、法律依据

1. 《中华人民共和国劳动争议调解仲裁法》第六条　发生劳动争议，当事人对自己提出的主张，有责任提供证据。与争议事项有关的证据属于用人单位掌握管理的，用人单位应当提供；用人单位不提供的，应当承担不利后果。

2. 《北京市高级人民法院、北京市劳动争议仲裁委员会关于劳动争议案件法律适用问题研讨会会议纪要》

八、关于实体方面的其他问题

38. 用人单位与劳动者在劳动合同或保密协议中约定了竞业限制条款，但未就补偿费的给付或具体给付标准进行约定，应如何处理？

112 用人单位拒绝支付竞业限制补偿费，竞业限制协议对劳动者是否还具有约束力？

用人单位与劳动者在劳动合同或保密协议中约定了竞业限制条款，但未就补偿费的给付或具体给付标准进行约定，不应据此认定竞业限制条款无效，双方在劳动关系存续期间或在解除、终止劳动合同时，可以通过协商予以补救，经协商不能达成一致的，可按照双方劳动合同解除或终止前十二个月平均工资的30%确定补偿费数额，但不得低于劳动合同履行地最低工资标准。用人单位明确表示不支付补偿费的，竞业限制条款对劳动者不具有约束力。

劳动者与用人单位未约定竞业限制期限的，应由双方协商确定，经协商不能达成一致的，限制期最长不得超过两年。

113 劳动者违反竞业限制约定，是否应当支付违约金？

答：劳动者违反竞业限制约定，应当向用人单位支付违约金。

▶▶▶ 相关案例

一、案号

1. ［2019］京 0108 民初 28524 号
2. ［2020］京 01 民终 4986 号

二、案情简述

2017 年 3 月 20 日，王某入职北京某科技有限公司（以下简称"北京某科技公司"），从事 Android 开发工作。2018 年 5 月 16 日，双方解除劳动关系。

2018 年 5 月 17 日，北京某科技公司与王某签订《竞业限制协议》，该协议的甲方为北京某科技公司，乙方为王某，其中约定王某的竞业限制期限为双方解除劳动合同之日起的 6 个月，竞业限制期内不得为与公司业务有竞争关系的单位工作；竞业限制补偿标准为"3.2……公司将按员工离职前 12 月月平均工资的 30% 向员工支付竞业限制经济补偿，经济补偿金额税前为 24 218.39元/月。经济补偿从员工离职后的 2018 年 5 月 17 日开始计算，每月支付一次"。违约责任包括"负有竞业限制义务的员工如违反本协议，应当一次性向公司支付违约金，违约金为本协议第 3.2 条约定的竞业限制补偿金总额的 3 倍"。同时，该协议载明："员工应当在每季第一个月以亲自送达或挂号邮寄的方式向公司提供履行竞业限制义务的证明，该证明包括但不限于其所就职单位出具的证明其劳动关系状况的证明文件或提供一份证明其任职单位为其缴纳养老保险的证明文件以及员工作出的保证履行竞业限制义务的书面承诺。乙方未能按时提供上述证明文件或履行其他义务的，则构成违约。"该协议附件明确列明"与公司业务有竞争关系的单位名单"，其中包括"深圳市某计算机系统有限公司及其关联企业或单位"（以下简称"某计算机公司"），备注一栏写明"某快报、某计算机公司"。北京某科技公司已按照《竞业限制协议》的约定按月向王某支付了 6 个月的竞业限制补偿，共计 145 310.34 元。王某未向北京某科技公司提供过履行竞业限制义务的证明。北京某科技公司称王某离职后违反竞业限制约定，入职与其存在竞争关系的北京某有限公司（以下简称"北京某公司"），且北京某公司与某计算机公司存在关联关系。

随后，北京某科技公司向北京市海淀区劳动人事争议仲裁委员会申请劳动仲裁。该仲裁委员会经审理后裁决：王某支付北京某科技公司违反竞业限制义务违约金 435 931.02 元。

王某不服仲裁裁决，向北京市海淀区人民法院提起诉讼请求：判决王某无需支付北京某科技公司违反竞业限制义务违约金 435 931.02 元。

三、法院判决

北京市海淀区人民法院经审理后认为，北京某公司与北京某科技公司存在竞争关系。进而，王某入职北京某公司为北京某公司提供劳动的行为，违反了其与北京某科技公司签订的《竞业限制协议》的约定，违反竞业限制义务。

首先，鉴于王某在北京某公司在职期间违反了竞业限制义务，确有违《竞业限制协议》的约定，故依据该协议的约定，王某应当向北京某科技公司支付违约金。

其次，关于王某提出的违约金约定数额畸高的主张：第一，王某在明知与北京某科技公司有竞业限制约定的情况下，自北京某科技公司离职后入职新的单位，应当履行适当的注意义务，在《竞业限制协议》已经明确列明某计算机公司及其关联公司均属与北京某科技公司存在竞争关系的单位的情况下，其入职与某计算机公司办公场所相同且工作场所标识均明显体现"某计算机公司 LOGO"字样的北京某公司工作，明显未尽注意义务。第二，根据《竞业限制协议》的约定，王某负有定期向北京某科技公司提供履行竞业限制义务的证明之义务，但王某从未依约向北京某科技公司提供相关证明，明显违反《竞业限制协议》的约定。第三，仲裁审理阶段，王某当庭陈述其自北京某科技公司离职后一直在家待业，该陈述明显与其已入职北京某公司的基本事实相悖，王某所持其没有固定办公场所无需坐班，且认为应由北京某科技公司承担举证责任的解释缺乏合理性，其在仲裁审理阶段隐瞒已入职北京某公司的事实、作出不实陈述，主观恶意较大。鉴于此，王某的上述行为，不仅未尽注意义务、严重违反了与北京某科技公司之间的《竞业限制协议》约定，且主观恶意较大，其行为势必会给北京某科技公司造成经济损失。王某自2018年5月31日至庭审之日均在北京某公司工作，违约行为持续时间基本贯穿于全部竞业限制期间，综合考虑上述情形，根据公平原则和诚实信用原则予以衡量，本院认定双方于《竞业限制协议》中约定的违约金数额并不存在畸高情形。

2019年11月29日，北京市海淀区人民法院判决：王某支付北京某科技公司违反竞业限制约定违约金435 931.02元。

一审判决后，王某不服提起上诉。2020年7月27日，北京市第一中级人民法院经审理后判决：驳回上诉，维持原判。

四、法律依据

1. 《中华人民共和国劳动合同法》第二十三条　用人单位与劳动者可以在劳动合同中约定保守用人单位的商业秘密和与知识产权相关的保密事项。

对负有保密义务的劳动者，用人单位可以在劳动合同或者保密协议中与劳动者约定竞业限制条款，并约定在解除或者终止劳动合同后，在竞业限制期限内按月给予劳动者经济补偿。劳动者违反竞业限制约定的，应当按照约定向用人单位支付违约金。

第二十四条　竞业限制的人员限于用人单位的高级管理人员、高级技术人员和其他负有保密义务的人员。竞业限制的范围、地域、期限由用人单位与劳动者约定，竞业限制的约定不得违反法律、法规的规定。

在解除或者终止劳动合同后，前款规定的人员到与本单位生产或者经营同类产品、从事同类业务的有竞争关系的其他用人单位，或者自己开业生产或者经营同类产品、从事同类业务的竞业限制期限，不得超过二年。

2. 《最高人民法院关于审理劳动争议案件适用法律问题的解释（一）》第三十七条　当事人在劳动合同或者保密协议中约定了竞业限制和经济补偿，

当事人解除劳动合同时，除另有约定外，用人单位要求劳动者履行竞业限制义务，或者劳动者履行了竞业限制义务后要求用人单位支付经济补偿的，人民法院应予支持。

第四十条　劳动者违反竞业限制约定，向用人单位支付违约金后，用人单位要求劳动者按照约定继续履行竞业限制义务的，人民法院应予支持。

114 竞业限制违约金约定过高，是否可以要求减少？

答： 劳动者违反竞业限制义务，如用人单位与劳动者约定的违约金过分高于造成的损失，可以请求人民法院或者仲裁机构予以适当减少。

▶▶▶▶ 相关案例

一、案号

1. ［2020］京 0108 民初 21935 号
2. ［2021］京 01 民终 7091 号

二、案情简述

2016 年 4 月 6 日，袁某入职某网络技术（北京）有限公司（以下简称"北京某网络公司"），双方签订有 2016 年 7 月 1 日起至 2019 年 6 月 29 日止的《劳动合同》，劳动合同约定：袁某在职期间及离职后 1 年内负有竞业禁止义务，袁某离职后 1 年内履行竞业限制义务的全部经济补偿金为袁某离职前一年基本工资的 1/2，如果袁某违反竞业限制义务，则应当返还北京某网络公司已经支付的所有经济补偿，并且向北京某网络公司支付相当于上述约定的全部经济补偿的 3 倍数额的违约金。袁某于 2019 年 6 月 17 日申请离职，双方于当日签署《告知书》，其中明确袁某竞业限制期限自 2019 年 6 月 18 日起至 2020 年 6 月 17 日止，竞业限制补偿金标准为每月 12 500 元，并且在《告知书》中约定了竞业限制的范围。北京某网络公司 2019 年 7 月至 9 月期间已向袁某支付竞业限制补偿金共计税前 37 500 元。袁某离职后，入职某时代科技（北京）有限公司（以下简称"北京某时代公司"），该公司不仅在双方确认的竞业限制范围内，而且该公司主要经营业务与北京某网络公司存在竞争关系。

随后，北京某网络公司向北京市海淀区劳动人事争议仲裁委员申请劳动仲裁，请求：裁决袁某支付北京某网络公司违反竞业限制义务违约金450 000元。该仲裁委员会经审理后裁决：驳回北京某网络公司的仲裁请求。

北京某网络公司不服仲裁裁决，向北京市海淀区人民法院提起诉讼，诉讼请求同仲裁请求。

三、法院判决

北京市海淀区人民法院经审理后认为，北京某网络公司与袁某签署的《告知书》明确约定"竞业限制期间，您不得加入或运营与网络公司和/或其关联公司从事竞争业务的经营组织以及该经营组织的关联方；和/或网络公司或其关联公司中的员工离职后直接或间接以持股或其他方式设立或控制的互联网领域业务。包括但不限于加入或运营或控制或参股腾讯……华多公司以及时代公司……等"，且载明"您已明确知悉，前述竞争公司仅为非穷尽式列举，公司有权随时更新竞争公司名单并通过本告知书通讯地址告知您，您应以最新版本的竞争公司为依据履行竞业限制义务"，由此对于袁某辩称即便其应当承担竞业限制义务，也应当以最初签订的劳动合同约定为准的意见，不予采信。鉴于袁某与北京某网络公司实际签署了《告知书》，就竞业限制的具体内容以及期限作出了明确约定，且北京某网络公司按照约定标准向袁某实际支付了竞业限制经济补偿。据此，袁某应按照协议规定履行相应的义务。《告知书》约定："包括但不限于加入或运营或控制或参股腾讯……华多公司以及北京某时代公司……"因此，即使袁某未入职华多公司以及北京某时代公司，其以间接的方式进入华多公司做项目工作，在平时与华多公司以及北京某时代公司的员工共同协作完成华多公司或北京某时代公司业务的行为亦属于违反了《告知书》的约定，袁某提出违约金数额过高的抗辩意见。经审查，该违约金数额约定确存在过高现象，应予以酌减。

2021年4月28日，北京市海淀区人民法院判决：袁某支付北京某网络公司违反竞业限制义务违约金300 000元。

一审判决后，袁某不服提起上诉。2021年9月3日，袁某申请撤回上诉。2021年9月22日，北京市第一中级人民法院经审理后裁定：准许袁某撤回上诉。

四、法律依据

1.《中华人民共和国劳动合同法》第二十三条　用人单位与劳动者可以在劳动合同中约定保守用人单位的商业秘密和与知识产权相关的保密事项。

对负有保密义务的劳动者，用人单位可以在劳动合同或者保密协议中与劳动者约定竞业限制条款，并约定在解除或者终止劳动合同后，在竞业限制期限内按月给予劳动者经济补偿。劳动者违反竞业限制约定的，应当按照约定向用人单位支付违约金。

第二十四条　竞业限制的人员限于用人单位的高级管理人员、高级技术人员和其他负有保密义务的人员。竞业限制的范围、地域、期限由用人单位与劳动者约定，竞业限制的约定不得违反法律、法规的规定。

在解除或者终止劳动合同后，前款规定的人员到与本单位生产或者经营同类产品、从事同类业务的有竞争关系的其他用人单位，或者自己开业生产或者经营同类产品、从事同类业务的竞业限制期限，不得超过二年。

2. 最高人民法院《第八次全国法院民事商事审判工作会议（民事部分）纪要》第六条第（三）款第28项　用人单位和劳动者在竞业限制协议中约定的违约金过分高于或者低于实际损失，当事人请求调整违约金数额的，人民法院可以参照《最高人民法院关于适用〈中华人民共和国合同法〉若干问题的解释（二）》第二十九条的规定予以处理。

3.《中华人民共和国民法典》第五百八十五条　当事人可以约定一方违约时应当根据违约情况向对方支付一定数额的违约金，也可以约定因违约产生的损失赔偿额的计算方法。

约定的违约金低于造成的损失的，人民法院或者仲裁机构可以根据当事人的请求予以增加；约定的违约金过分高于造成的损失的，人民法院或者仲裁机构可以根据当事人的请求予以适当减少。

当事人就迟延履行约定违约金的，违约方支付违约金后，还应当履行债务。

115 用人单位与劳动者约定劳动仲裁与诉讼审理期间不计入竞业限制期限，是否合法？

答：用人单位与劳动者在竞业限制条款中约定劳动仲裁和诉讼审理期间不计入竞业限制期限，不合法。

>>>> **相关案例**

一、案号

1. ［2017］京 0108 民初 45728 号
2. ［2018］京 01 民终 5826 号

二、案情简述

2005 年 9 月 28 日，马某入职北京某信息技术有限公司（以下简称"北京某信息技术公司"），双方最后一份劳动合同期限自 2014 年 2 月 1 日起至 2017 年 2 月 28 日止，其中约定马某担任高级总监。马某在职期间主要负责电视剧版权采购以及自制剧采购工作。2017 年 2 月 28 日劳动合同到期，双方劳动关系终止。

2014 年 2 月 1 日，北京某信息技术公司（甲方）与马某（乙方）签订《不竞争协议》。该协议第 3.3 款约定："竞业限制期限从乙方离职之日开始计算，最长不超过 12 个月，具体的月数根据甲方向乙方实际支付的竞业限制补偿费计算得出。但如因履行本协议发生争议而提起仲裁或诉讼时，则上述竞业限制期限应将仲裁和诉讼的审理期限扣除；即乙方应履行竞业限制义务的期限，在扣除仲裁和诉讼审理的期限后，不应短于上述约定的竞业限制月数。"

2017 年 3 月 24 日，北京某信息技术公司通过 EMS 快递方式向马某发出《关于要求履行竞业限制义务和领取竞业限制经济补偿费的告知函》（以下简称"告知函"）："1. 我司要求你方遵守《不竞争协议》，全面并适当履行竞业限制义务；2. 我司同意按月向你支付竞业限制补偿费……"2017 年 3 月 27 日，北京某信息技术公司工作人员通过短信、微信等方式向马某发送告知函，其中微信聊天记录显示马某向聊天相对方询问"竞业期多久"，对方回复"竞业期一年，但不包括诉讼的时间（如果发生）"。

随后，北京某信息技术公司向北京市劳动人事争议仲裁委员会申请劳动仲裁，请求：裁决马某继续履行对北京某信息技术公司的竞业限制义务。该仲裁委员会经审理后裁决支持北京某信息技术公司的仲裁请求。

马某不服仲裁裁决，向北京市海淀区人民法院提起诉讼，请求：判决马某无需继续履行对北京某信息技术公司的竞业限制义务。

三、法院判决

北京市海淀区人民法院经审理后认为，《不竞争协议》第 3.3 款虽约定竞业限制期限应将仲裁和诉讼的审理期限扣除，但首先，从立法目的出发，竞业限制制度的设置初衷不仅是要保护用人单位的商业秘密不受侵犯，亦要保护劳动者的择业自由权和生存权不被过度限制，因此《中华人民共和国劳动合同法》第 24 条第 2 款所规定的竞业限制期限采取了强制性规范的方式，性质上属于效力性规范，其针对劳动者和用人单位双方，以期将竞业限制期限规定在合理期限内。故而，推及本案，用人单位与劳动者约定竞业限制期限时，应当明确、具体，以使劳动者对自身义务有合理预期和明确知晓，而不应当设置为不确定的期间段。其次，从司法实践角度出发，劳动争议案件由于其特殊性，有相当数量案件需要经过"一裁两审"的程序，如按照上述《不竞争协议》的约定，将仲裁与诉讼的审理期间剔除在竞业限制期限之外，则劳动者最终需要履行的竞业限制期限很有可能超过 2 年时间，与法律强制性规定相冲突，也可能导致用人单位为延长劳动者的竞业限制期限而滥用诉讼程序。再次，从权利义务的平衡角度出发，在我国现有劳动力市场的现状下，用人单位作为格式条款的拟定一方，在缔约时天然比劳动者更具有优势，而上述《不竞争协议》关于竞业限制期限的约定内容势必会给劳动者增加更多的义务，而在一定程度上减轻用人单位的责任，导致双方权利义务严重失衡。最后，如用人单位认为劳动者的离职会给其单位商业秘密的泄露造成巨大风险，完全可以在法律规定范围内直接规定最长的 2 年竞业限制期限，也可以通过竞业限制补偿金数额的调整以及违约责任的约定最大限度地规避此风险，但不应当使劳动者的择业自由权一直处于待定状态，导致用人单位与劳动者的权利义务严重失衡。综上，再结合北京某信息技术公司在本案第一次庭审中关于"竞业限制期限应当为1年"的陈述，本院依法认定马某的竞业限制期限应当为离职之日起12个月。

根据《最高人民法院关于审理劳动争议案件适用法律若干问题的解释（四）》第10条之规定，劳动者违反竞业限制约定，向用人单位支付违约金后，用人单位要求劳动者按照约定继续履行竞业限制义务的，人民法院应予支持。但如前所述，本案中，马某的竞业限制期限应为自离职起12个月，鉴于双方劳动关系已经于2017年2月28日终止，故马某的竞业限制期限现已届满，其无需再行继续履行对北京某信息技术公司的竞业限制义务。

2018年3月15日，北京市海淀区人民法院判决：马某无需继续履行对北京某信息技术公司的竞业限制义务。

一审判决后，北京某信息技术公司不服提起上诉。2018年8月22日，北京市第一中级人民法院经审理后判决：驳回上诉，维持原判。

四、法律依据

《中华人民共和国劳动合同法》第二十四条　竞业限制的人员限于用人单位的高级管理人员、高级技术人员和其他负有保密义务的人员。竞业限制的范围、地域、期限由用人单位与劳动者约定，竞业限制的约定不得违反法律、法规的规定。

在解除或者终止劳动合同后，前款规定的人员到与本单位生产或者经营同类产品、从事同类业务的有竞争关系的其他用人单位，或者自己开业生产或者经营同类产品、从事同类业务的竞业限制期限，不得超过二年。

第二十六条　下列劳动合同无效或者部分无效：

（一）以欺诈、胁迫的手段或者乘人之危，使对方在违背真实意思的情况下订立或者变更劳动合同的；

（二）用人单位免除自己的法定责任、排除劳动者权利的；

（三）违反法律、行政法规强制性规定的。

对劳动合同的无效或者部分无效有争议的，由劳动争议仲裁机构或者人民法院确认。

第十三编
工伤与职业病

116　劳动者超过退休年龄，是否还可以要求支付一次性工伤医疗补助金和一次性伤残就业补助金？

答：劳动者超过退休年龄，可以要求用人单位支付一次性工伤医疗补助金和一次性伤残就业补助金。

▶▶▶ 相关案例

一、案号

1. ［2013］朝民初字第 22327 号
2. ［2014］三中民终字第 01646 号

二、案情简述

2011 年 9 月 20 日，刘某于入职某（上海）物业管理有限公司北京分公司（以下简称"某物业管理北京分公司"），2012 年 5 月 31 日，刘某在工作中受伤，住院治疗 7 天。2012 年 12 月 13 日，经北京市朝阳区人力资源和社会保障局工伤部门认定，刘某符合工伤认定范围，认定为工伤。后经北京市朝阳区劳动能力鉴定委员会鉴定，刘某已达到职工工伤与职业病致残登记标准 8 级。某物业管理北京分公司已为刘某缴纳工伤保险及进行工伤待遇核准，《北京市一至十级工伤职工待遇核准表》记载刘某受伤前 12 个月平均月缴费工资为 2 803 元、一次性伤残补助金数额为 30 833 元。2013 年 1 月 14 日，刘某口头向某物业管理北京分公司提出解除劳动关系，主张某物业管理北京分公司应向其支付一次性工伤医疗补助金和一次性伤残就业补助金。某物业管理北京分公司称，刘某于 2012 年 5 月 31 日受工伤，2012 年 11 月 28 日已满 50 岁，到达退休年龄，已为刘某办理了退休手续，依据《北京市实施〈工伤保险条例〉办法》（北京市人民政府令第140号）的规定，刘某不符合领取一次性工伤医疗补助金和伤残就业补助金条件。

随后，刘某向北京市朝阳区劳动人事争议仲裁委员会申请劳动仲裁，请求：裁决某物业管理北京分公司支付刘某一次性工伤医疗补助金42 045.75元和一次性伤残就业补助金42 045.75元。该仲裁委员会经审理后裁决支持刘某的仲裁请求。

某物业管理北京分公司不服仲裁裁决，向北京市朝阳区人民法院提起诉讼请求：判决某物业管理北京分公司无需支付刘某一次性工伤医疗补助金42 045.75元和一次性伤残就业补助金42 045.75元。

三、法院判决

北京市朝阳区人民法院经审理后认为，某物业管理北京分公司所依据的《北京市实施〈工伤保险条例〉办法》（北京市人民政府令第140号）已于2011年12月5日废止，故依据《工伤保险条例》及《北京市工伤保险基金支出项目标准及相关问题的通知》（京人社工发〔2011〕384号）的相关规定，本院对刘某主张的一次性工伤医疗补助金和一次性伤残就业补助金予以支持。

综上，北京市朝阳区人民法院判决：某物业管理北京分公司支付刘某一次性工伤医疗补助金42 045.75元和一次性伤残就业补助金42 045.75元。

一审判决后，某物业管理北京分公司不服提起上诉。2014年3月4日，某物业管理北京分公司申请撤回上诉。2014年3月17日，北京市第三中级人民法院经审理后裁定：准许某物业管理北京分公司撤回上诉。

四、法律依据

1. 《工伤保险条例》第三十七条　职工因工致残被鉴定为七级至十级伤残的，享受以下待遇：

（一）从工伤保险基金按伤残等级支付一次性伤残补助金，标准为：七级伤残为13个月的本人工资，八级伤残为11个月的本人工资，九级伤残为9个月的本人工资，十级伤残为7个月的本人工资；

（二）劳动、聘用合同期满终止，或者职工本人提出解除劳动、聘用合同的，由工伤保险基金支付一次性工伤医疗补助金，由用人单位支付一次性伤残就业补助金。一次性工伤医疗补助金和一次性伤残就业补助金的具体标准由省、自治区、直辖市人民政府规定。

2.《北京市人力资源和社会保障局、北京市财政局关于北京市工伤保险基金支出项目标准及相关问题的通知》（京人社工发〔2011〕384号）第五条

工伤职工在终止或者解除劳动关系时，其领取的一次性工伤医疗补助金具体标准为解除或者终止劳动关系时3至18个月的本市上年度职工月平均工资。其中五级18个月，六级15个月，七级12个月，八级9个月，九级6个月，十级3个月。

用人单位应当支付的一次性伤残就业补助金，按上述标准执行。

117 工伤旧伤复发需要治疗，是否应当由医疗机构提出意见？

答： 工伤职工旧伤复发，是否需要治疗应由治疗工伤职工的协议医疗机构提出意见，有争议的由劳动能力鉴定委员会确认。

▶▶▶ **相关案例**

一、案号

1. ［2020］辽 0104 民初 1087 号
2. ［2021］辽 01 民终 7207 号

二、案情简述

2007 年 8 月 1 日，郑某与沈阳某航天有限公司（以下简称"沈阳某航天公司"）签订劳动合同，合同期限为 2007 年 8 月 1 日至 2010 年 12 月 31 日止，从事铸造工，沈阳某航天公司安排郑某到某华旭有限公司（以下简称"某华旭公司"）工作，郑某的工资及社会保险均由某华旭公司负责。2010 年 1 月 4 日，郑某在工作时受伤，某华旭公司为郑某办理了工伤认定手续。2010 年 3 月 15 日，被认定为工伤。2010 年 7 月 9 日，被认定为十级伤残。郑某在受伤后，一直未上班。

某华旭公司原为沈阳某航天公司的下属公司，于 2000 年 1 月 5 日登记成立。2011 年 9 月 2 日，沈阳某航天公司进行重组，2012 年某华旭公司脱离沈阳某航天公司。2017 年 9 月 22 日，某华旭公司办理注销，被沈阳航天某制造有限公司（以下简称"沈阳某制造公司"）吸收合并。郑某主张其 2019 年期间 2010 年的工伤复发。

随后，郑某向辽宁省沈阳市大东区劳动人事争议仲裁委员会申请劳动仲裁，请求：裁决沈阳某航天公司、沈阳某制造公司给付医疗费 10 460.80 元。该仲裁委员会经审查后出具《不予受理通知书》。

郑某不服上述《不予受理通知书》，向沈阳市大东区人民法院提起诉讼，诉讼请求同仲裁请求。

三、法院判决

沈阳市大东区人民法院经审理后认为，职工发生工伤经过治疗，伤病情已稳定或相对稳定一段时间后，又复发的，经鉴定机构的鉴定，确为工伤复发的，原伤残部位伤情复发治疗所发生的医疗费用，由工伤保险经办机构按照规定审核支付。本案中，郑某主张其在某华旭公司工作期间发生的工伤复发，因未经鉴定机构鉴定，产生的治疗费用等是否因原工伤引起，郑某未提供证据证明其主张的事实。

综上，辽宁省沈阳市大东区人民法院判决：驳回郑某的诉讼请求。

一审判决后，郑某不服提起上诉。2021 年 7 月 2 日，辽宁省沈阳市中级人民法院经审理后判决：驳回上诉，维持原判。

四、法律依据

1. 《劳动和社会保障部关于实施〈工伤保险条例〉若干问题的意见》（劳社部函［2004］256 号）第七条　条例第三十六条规定的工伤职工旧伤复发，是否需要治疗应由治疗工伤职工的协议医疗机构提出意见，有争议的由劳动能力鉴定委员会确认。

2. 《工伤保险条例》第三十八条　工伤职工工伤复发，确认需要治疗的，享受本条例第三十条、第三十二条和第三十三条规定的工伤待遇。

118 在《工伤保险条例》实施前已经完成工伤认定的，是否适用《工伤保险条例》的相关规定？

答：在《工伤保险条例》实施前已经完成工伤认定的，不适用《工伤保险条例》的相关规定。

▶▶▶▶ 相关案例

一、案号

1. ［2018］京 0102 民初 30606 号
2. ［2019］京 02 民终 6601 号

二、案情简述

李某 1964 年参加工作，生前曾系中国某工业集团有限公司（以下简称"中国某集团公司"）的工人，1968 年 1 月 28 日李某因烧伤致残，1975 年 6 月认定为工伤，1993 年 3 月 19 日李某去世。1993 年 5 月 19 日，中国某集团公司劳动鉴定委员会作出《关于李某同志病故处理的决定》。内容主要为：给李某遗属发放抚恤费、丧葬费、一次性困难补助等。后该款项均已发放给李某的遗属韩某与韩小某。

2018 年 4 月，韩某与韩小某向北京市西城区劳动人事争议仲裁委员会申请劳动仲裁，请求：裁决中国某集团公司支付一次性工亡补助金 727 920 元。该仲裁委员会经审理后裁决：驳回韩某与韩小某的仲裁请求。

韩某与韩小某不服，向北京市西城区人民法院提起诉讼，诉讼请求同仲裁请求。

三、法院判决

北京市西城区人民法院经审理后认为，1993 年 3 月李某去世时，《中华人民共和国劳动保险条例》及《中华人民共和国劳动保险条例实施细则修正草案》既未废止又未建议修改，中国某集团公司依据上述规章发放韩某与韩小某未成年抚养费、丧葬费及一次性困难补助的做法并无不妥，本院对此不持异议。《民政部、财政部关于调整军人、机关工作人员、参战民兵民工因公牺牲、病故一次抚恤金标准的通知》（民〔1986〕优 6 号），是对军人、机关工作人员、参战民兵民工因公牺牲、病故一次抚恤金标准进行调整的文件通知，而李某生前的工作证及暂住人口登记簿上均写明其为工人，并不属于应发放一次抚恤金标准的范围。韩某与韩小某主张的《企业职工工伤保险试行办法》及《工伤保险条例》等均系李某去世后所颁布实施的法律、法规、规章，而《立法法》规定法律、行政法规、地方性法规、自治条例和单行条例、规章不溯及既往，故韩某与韩小某以现有法律及 2018 年度一次性工亡补助金标准为据，要求中国某集团公司支付一次性工亡补助金缺乏法律依据，本院对此不予支持。

2019 年 4 月 4 日，北京市西城区人民法院判决：驳回原告韩某、韩小某的诉讼请求。

一审判决后，韩某、韩小某不服提起上诉。2019 年 6 月 18 日，北京市第二中级人民法院经审理后判决：驳回上诉，维持原判。

四、法律依据

1. 《中华人民共和国立法法》第一百零四条　法律、行政法规、地方性法规、自治条例和单行条例、规章不溯及既往，但为了更好地保护公民、法人和其他组织的权利和利益而作的特别规定除外。

2. 《工伤保险条例》第六十七条　本条例自 2004 年 1 月 1 日起施行。本条例施行前已受到事故伤害或者患职业病的职工尚未完成工伤认定的，按照本条例的规定执行。

119 劳动者职业病鉴定无异常但拒不出勤的，是否属于旷工？

答： 劳动者职业病鉴定无异常，但拒不出勤的，属于旷工。

▶▶▶▶ 相关案例

一、案号

1. ［2020］京 0105 民初 66899 号
2. ［2021］京 03 民终 20545 号

二、案情简述

2018 年 11 月 1 日，齐某入职北京东方某劳务派遣有限公司（以下简称"北京东方某公司"），同日被派遣至中国某材料研究院工作，担任胶黏剂生产工人。齐某与北京东方某公司签订期限为 2018 年 11 月 1 日至 2020 年 10 月 31 日的劳动合同，合同附件一"甲方劳动纪律"第 3 条第 11 项约定"连续 2 天或全年累计 5 天旷工的或伪造病假证明申请休病假的"，甲方与其解除劳动关系并不予支付经济补偿。

齐某主张在工作中穿了其他工友的工作服，导致患上职业病，自 2019 年 10 月开始休病假，中国某材料研究院的领导同意其每周去单位一次，汇报身体情况。中国某材料研究院主张齐某出勤至 2019 年 9 月 21 日，并且分别在上岗前、在岗中和离岗后进行了职业病体检，结果均无异常。因齐某旷工，中国某材料研究院将齐某退回，北京东方某公司于 2019 年 11 月 25 日向齐某邮寄《离职通知函》，根据劳动合同附件规定的劳动纪律条款与其解除劳动合同，但邮件被退回；2019 年 12 月 4 日北京东方某公司在《新京报》上刊登通告，与齐某解除劳动关系。

随后，齐某向北京市朝阳区劳动人事争议仲裁委员会申请劳动仲裁，请求：裁决北京东方某公司支付齐某 2019 年 10 月 1 日至 2020 年 4 月 30 日期间拖欠的工资差额 50 800 元。该仲裁委员会经审理后裁决：驳回齐某的仲裁请求。

齐某不服仲裁裁决，向北京市朝阳区人民法院提起诉讼，诉讼请求同仲裁请求。

三、法院判决

北京市朝阳区人民法院经审理后认为，齐某主张患有职业病，自 2019 年 10 月开始休病假，经中国某材料研究院领导同意每周去单位汇报身体情况，但未就此举证，应当承担不利法律后果。根据中国某材料研究院提交的证据，齐某出勤至 2019 年 9 月 21 日，其上岗前、在岗时和离岗后的体检结果均未显示异常，故综合在案证据和当事人陈述，本院采信中国某材料研究院关于齐某旷工的主张。齐某存在旷工行为，中国某材料研究院将其退回北京东方某公司，北京东方某公司以齐某违反劳动合同中关于劳动纪律的规定为由与其解除劳动合同，并无不妥。

综上，北京市朝阳区人民法院判决：驳回齐某的诉讼请求。

一审判决后，齐某不服提起上诉。2022 年 3 月 18 日，北京市第三中级人民法院经审理后判决：驳回上诉，维持原判。

四、法律依据

《中华人民共和国职业病防治法》第三十五条 对从事接触职业病危害的作业的劳动者，用人单位应当按照国务院卫生行政部门的规定组织上岗前、在岗期间和离岗时的职业健康检查，并将检查结果书面告知劳动者。职业健康检查费用由用人单位承担。

用人单位不得安排未经上岗前职业健康检查的劳动者从事接触职业病危害的作业；不得安排有职业禁忌的劳动者从事其所禁忌的作业；对在职业健康检查中发现有与所从事的职业相关的健康损害的劳动者，应当调离原工作岗位，并妥善安置；对未进行离岗前职业健康检查的劳动者不得解除或者终止与其订立的劳动合同。

职业健康检查应当由取得《医疗机构执业许可证》的医疗卫生机构承担。卫生行政部门应当加强对职业健康检查工作的规范管理，具体管理办法由国务院卫生行政部门制定。

第四十四条 劳动者可以在用人单位所在地、本人户籍所在地或者经常居住地依法承担职业病诊断的医疗卫生机构进行职业病诊断。

第十四编

法律责任

120　劳动者利用职务便利，将本单位财物非法占为己有的，是否构成犯罪？

答：劳动者利用职务之便，将本单位财物非法占为己有，数额较大的，构成职务侵占罪。

▶▶▶ **相关案例**

一、案号

1. ［2018］京 0105 刑初 2188 号
2. ［2018］京 03 刑终 1035 号

二、案情简述

2010 年至 2017 年，张某在管理北京某服装有限公司第六事业部拟向上游客户支付"佣金"的账户（该账户为其个人名下中国农业银行账户，该账户已注销）期间，私自将该账户中的人民币共计 180.7 万元转入自己的其他银行账户、支付宝账户等非法据为己有，后用于个人购房（其中用涉案赃款 175 万元用于购房，购房合同总价款为 189.266 万元）。

2018 年 6 月 6 日，张某被公司纪委工作人员送至北京市朝阳区监察委员会归案。2018 年 6 月 7 日，因涉嫌犯贪污罪被北京市朝阳区监察委员会决定留置，并于同年 8 月 31 日被逮捕。2018 年 10 月 10 日，北京市朝阳区人民检察院向北京市朝阳区人民法院提起公诉。

三、法院判决

北京市朝阳区人民法院经审理后认为，张某身为公司员工，利用职务便利，将本单位财物非法占为己有，数额巨大，其行为触犯了《中华人民共和国刑法》，已构成职务侵占罪，依法应予惩处。

2018 年 11 月 23 日，北京市朝阳区人民法院判决：被告人张某犯职务侵占罪，判处有期徒刑 4 年；继续追缴被告人张某的犯罪所得及其收益，其中的 180.73 元用于退赔北京某服装有限公司；剩余款项，予以没收。

一审判决后，被告人张某不服提起上诉。2019 年 1 月 10 日，北京市第三中级人民法院经审理后裁定：驳回上诉，维持原判。

四、法律依据

《中华人民共和国刑法》第二百七十一条 公司、企业或者其他单位的工作人员，利用职务上的便利，将本单位财物非法占为己有，数额较大的，处五年以下有期徒刑或者拘役，并处罚金；数额巨大的，处五年以上有期徒刑，可以并处没收财产。

国有公司、企业或者其他国有单位中从事公务的人员和国有公司、企业或者其他国有单位委派到非国有公司、企业以及其他单位从事公务的人员有前款行为的，依照本法第三百八十二条、第三百八十三条的规定定罪处罚。

121 劳动者与外单位人员共谋窃取公司财物的,是否构成犯罪?

答：不管劳动者是否实际参与窃取行为，参与共谋将本单位财物非法占为己有，数额较大的，构成盗窃罪。

>>>> **相关案例**

一、案号

1. ［2013］米东刑初字第 200 号
2. ［2014］乌中刑二抗字第 2 号
3. ［2014］米东刑初字第 133 号
4. ［2014］乌中刑二抗字第 3 号
5. ［2019］新 01 刑再 2 号

二、案情简述

2012 年 4 月初，樊某得知某石油炼油厂生产用催化剂中含有贵金属铂，遂产生窃取念头。为顺利实施犯罪，其先后与该厂保卫部职工孔某、车间操作工朵某取得联系，以给予好处费为诱饵邀请二人参与。2012 年 4 月的一天，朵某在自己值班期间利用巡检芳烃车间生产装置，收集保管从生产装置回收的废旧 FR-11 型催化剂的工作之便，电话通知樊某前来行窃，樊某带领其哥哥樊某与孔某取得联系后从孔某值守的一号门进入厂区，安排樊某步行进入炼油厂车间与朵某见面。在朵某的指示协助下，从回收装置内使用预先准备的编织袋将催化剂装入袋中，并用朵某的自行车运至车间外马路边，樊某接到通知后开车前往车间，将所盗物品装入车内从孔某值守的大门离开。樊某自行离开后，前往樊某居住的本市某小区将所盗物品协助樊某搬运至其住所的地下室内存放。自 2012 年 4 月至 2012 年 8 月期间，樊某、朵某、孔某、樊某四人以相同方法先后 6 次盗窃该石油厂车间内回收装置内的催化剂 300 千克。孔某利用值班之便放行或直接出面在未值班时带领樊某进入厂区，樊某给付孔某好处费共 3.2 万元；朵某以打牌输钱需要还债为名多次向樊某索要 6.5 万元。2012 年 8 月 16 日，樊某电话指示樊某将所盗物品全部丢弃，樊某将部分所盗催化剂用车拉至某国际大酒店附近排洪渠内丢弃。2012 年 8 月 30 日、31 日，樊某、樊某先后向乌鲁木齐市公安局油城分局投案，同年 9 月 24 日公安机关从樊某住所地下室内扣押了剩余的涉案催化剂 140 千克，并于 2012 年 11 月 21 日发还给某石油炼油厂。朵某、孔某分别于 2012 年 8 月 17 日、9 月 11 日被公安机关传唤归案，后主动退出所收好处费共计 9.7 万元。此后，乌鲁木齐市米东区人民检察院向乌鲁木齐市米东区人民法院提起公诉。经乌鲁木齐市米东区人民检察院指控，乌鲁木齐市米东区人民法院审理，并于 2013 年 11 月 18 日作出 [2013] 米东刑初字第 200 号刑事判决，判决被告人樊某、朵某、孔某、樊某无罪。宣判后，乌鲁木齐市米东区人民检察院提出抗诉，本院经审理于 2014 年 3 月 18 日作出 [2014] 乌中刑二抗字第 2 号刑事裁定，以原判适用法律错误为由，将本案发回乌鲁木齐市米东区人民法院重新审理。乌鲁木齐市米东区人民法院经重新审理，于 2014 年 6 月 20 日作出 [2014] 米东刑初字第 133 号刑事判决。宣判后，乌鲁木齐市米东区人民检察院提出抗诉，本院经审理于 2014 年 9 月 30 日作出 [2014] 乌中刑二抗字第 3 号刑事裁定书，裁定驳回抗诉，维持原判。原审判决生效后，乌鲁木齐市人检察院提请新疆维吾尔自治区人民检察院按照审判监督程序向新疆维吾尔自治区高级人民法院提出抗诉。新疆维吾尔自治区高级人民法院于 2019 年 4 月 17 日作出 [2019] 新刑抗 2 号刑事裁定书，指令新疆维吾尔自治区乌鲁木齐市中级人民法院对本案再审。

三、法院判决

新疆维吾尔自治区乌鲁木齐市中级人民法院经审理认为，被告人樊某、朵某、孔某、樊某 4 人经事先预谋，先后 6 次进入某石油炼油厂车间秘密窃取废旧催化剂，共计 300 千克，其行为系多次盗窃，均已构成盗窃罪。

2019 年 11 月 25 日，新疆维吾尔自治区乌鲁木齐市中级人民法院判决：

被告人樊某犯盗窃罪，判处有期徒刑 1 年，缓刑 2 年，并处罚金人民币 2 万元；被告人朵某犯盗窃罪，判处有期徒刑 10 个月，缓刑 1 年，并处罚金人民币 1 万元；被告人孔某犯盗窃罪，判处有期徒刑 8 个月，缓刑 1 年，并处罚金人民币 1 万元；被告人樊某犯盗窃罪，判处拘役 3 个月，缓刑 6 个月，并处罚金人民币 5000 元；被告人朵某非法所得 65 000 元、被告人孔某非法所得 32 000 元依法没收，上缴国库。

四、法律依据

《中华人民共和国刑法》第二百六十四条　盗窃公私财物，数额较大的，或者多次盗窃、入户盗窃、携带凶器盗窃、扒窃的，处三年以下有期徒刑、拘役或者管制，并处或者单处罚金；数额巨大或者有其他严重情节的，处三年以上十年以下有期徒刑，并处罚金；数额特别巨大或者有其他特别严重情节的，处十年以上有期徒刑或者无期徒刑，并处罚金或者没收财产。

122　国企员工利用职务便利，挪用公款进行营利性活动的，是否构成犯罪？

答： 国企员工利用职务便利，挪用公款进行营利性活动的，构成挪用公款罪。

▶▶▶▶ **相关案例**

一、案号

1. ［2014］曹刑初字第 198 号
2. ［2015］菏刑二终字第 73 号

二、案情简述

2011 年 5 月 20 日至 5 月 23 日期间，袁某案利用其自己某国企公司现金会计的职务之便，多次将自己保管的公司公款借给同学庞某从事营利活动，累计挪用公款金额共 104 万元。

2013 年 8 月 17 日因涉嫌滥用职权罪被刑事拘留，同月 31 日被逮捕。案发时，所挪用的 104 万元已全部归还。此后，曹县人民检察院向曹县人民法院提起诉讼。

三、法院判决审理

山东省曹县人民法院经审理后认为，被告人袁某利用职位之便，挪用公款 104 万元，用于营利性活动，其行为已构成挪用公款罪。

2015 年 4 月 1 日，山东省曹县人民法院判决：被告人袁某犯挪用公款罪，判处有期徒刑 6 年。

一审判决后，袁某提起上诉。山东省菏泽市中级人民法院经审理后认为，上诉人袁某身为在国有企业中从事公务的人员，应以国家工作人员论，其利用职务上的便利，多次挪用公款归个人使用，从事营利活动，其行为已构成挪用公款罪，且情节严重。原判定罪准确。鉴于上诉人袁某挪用公款期间，其管理的公款总额为 609 808.13 元，其挪用行为不可能使 104 万元的公款处于风险状态，其挪用公款的数额应以其管理的公款数额为限。原判认定上诉人挪用公款的数额为 104 万元，事实不清、证据不足，应予纠正。上诉人袁某在被采取强制措施后，如实供述司法机关尚未掌握的罪行，与司法机关已掌握的罪行属不同种罪行，以自首论。上诉人袁某虽多次挪用公款，但挪用时间较短，均于案发前归还，且具有自首情节，依法可以减轻处罚。对于上诉人及其辩护人提出的原判认定挪用公款的数额事实不清，证据不足的上诉理由及辩护意见，本院予以采纳。

2015 年 6 月 23 日，山东省菏泽市中级人民法院判决：①维持曹县人民法院〔2014〕曹刑初字第 198 号刑事判决的定罪部分，即被告人袁某犯挪用公款罪。②撤销曹县人民法院〔2014〕曹刑初字第 198 号刑事判决的量刑部分，即判处有期徒刑 6 年。

四、法律依据

《中华人民共和国刑法》第三百八十四条 国家工作人员利用职务上的便利，挪用公款归个人使用，进行非法活动的，或者挪用公款数额较大、进行营利活动的，或者挪用公款数额较大、超过三个月未还的，是挪用公款罪，处五年以下有期徒刑或者拘役；情节严重的，处五年以上有期徒刑。挪用公款数额巨大不退还的，处十年以上有期徒刑或者无期徒刑。

挪用用于救灾、抢险、防汛、优抚、扶贫、移民、救济款物归个人使用的，从重处罚。

123　劳动者违反金融管理法规，以支付高息为手段，向社会不特定多人非法吸收公众存款的，是否构成犯罪？

答： 劳动者违反金融管理法规，以支付高息为手段，向社会不特定多人非法吸收公众存款的，构成非法吸收公众存款罪。

▶▶▶ 相关案例

一、案号

1. ［2015］盐刑初字第 56 号
2. ［2016］川 07 刑终 135 号

二、案情简述

2007 年 3 月至 2013 年 2 月期间，张某利用其担任的四川某电视网络股份公司某县城营业部负责人的身份，先后以公司需要资金周转、数字电视整改、采购机顶盒、给职工买社保等理由，以承诺付 2 分至 2 角 5 分的高额利息为手段，共向其亲友及亲友介绍的其他人员借款 905.807 万元。其中 835.7 万元，加盖四川某电视网络股份公司某县城营业厅收费专用章的金额为 533.3 万元，以张某个人名义未加盖印章的金额为 282.4 万元。

2013 年 7 月 9 日，张某因涉嫌犯集资诈骗罪被盐亭县公安局刑事拘留，同年 8 月 14 日被逮捕。2015 年 5 月 6 日，四川省绵阳市盐亭县人民检察院向四川省绵阳市盐亭县人民法院提起公诉。

三、法院判决

四川省绵阳市盐亭县人民法院经审理后认为，张某违反金融管理法规，以支付高息为手段，向社会不特定多人非法吸收公众存款，数额巨大，其行为已构成非法吸收公众存款。其犯罪金额应当被认定为 815.7 万元（扣除李某的 20 万元），即包括在借条上加盖公司县城营业厅收费专用章的 533.3 万元和未加盖印章的 282.4 万元。

2016 年 3 月 10 日，四川省绵阳市盐亭县人民法院判决：被告人张某犯非法吸收公众存款罪，判处有期徒刑 3 年 6 个月，并处罚金人民币 8 万元；

一审判决后，张某不服提起上诉。2016 年 5 月 30 日，四川省绵阳市中级人民法院经审理后裁定：驳回上诉，维持原判。

四、法律依据

《中华人民共和国刑法》第一百七十六条　非法吸收公众存款或者变相吸收公众存款，扰乱金融秩序的，处三年以下有期徒刑或者拘役，并处或者单处二万元以上二十万元以下罚金；数额巨大或者有其他严重情节的，处三年以上十年以下有期徒刑，并处五万元以上五十万元以下罚金。

单位犯前款罪的，对单位判处罚金，并对其直接负责的主管人员和其他直接责任人员，依照前款的规定处罚。

124 国企员工未能正确履行职责，在签订、履行合同过程中致使国家利益遭受重大损失的，是否构成犯罪？

答：国企员工未能正确履行职责，在签订、履行合同过程中致使国家利益遭受重大损失的，构成签订、履行合同失职罪。

▶▶▶ 相关案例

一、案号

[2018]鲁 0883 刑初 339 号

二、案情简述

赵某案发前系某国有煤化供销有限公司贸易部职工。2014 年 6 月份，某资源贸易公司实际控制人田某因资金链断裂，便想通过与煤化供销公司签订煤炭购销合同，以煤炭买卖贸易的形式诈骗煤化供销公司煤款。在合同对接过程中，煤化供销公司总经理苗某安排公司副总经济师张某开展该业务，张某安排被告人赵某具体负责。

在考察过程中，赵某未能正确履行职责，轻信田某，与田某安排的假冒的某城煤矿销售科科长见面，听取虚假介绍，将未调查核实的虚假情况向本单位参与项目评审会的人员汇报，与会人员一致通过该事项。经苗某签字同意后，赵某起草合同文本，并擅自将煤化供销公司与某城煤矿的合同文本交于田某，田某在合同文本上加盖了伪造的某城煤矿合同印章并冒充某城煤矿销售科科长签名后，后将合同文本交给赵某。同年 7 月 2 日，赵某在未核实合同相对方及合同签订人员身份、未核实合同真伪的情况下，将 2040 万元银行承兑汇票交于田某等人安排的假冒的某城煤矿财务人员，拿回假收款收据和提煤单，亦未核实真伪。

2014 年 11 月，赵某等人发现被骗后，与田某见面对质，田某承认了诈骗的事实，表示尽快归还。苗某等人要求田某书写了承诺书和担保书，将个人的两个公司抵押给煤化供销公司。赵某等人未办理资产抵押手续，也未及时报案。2014 年底和 2015 年上半年，田某先后归还 180 万元，加上原合同保证金 110 万元，共计归还 290 万元。截至案发，煤化公司共计被骗 1750 万元。

2018 年 2 月 5 日，赵某因涉嫌犯签订、履行合同失职被骗罪被济宁市公安局济东分局刑事拘留，同年 2 月 12 日被邹城市人民检察院批准逮捕，同日被执行逮捕。2018 年 8 月 10 日，山东省邹城市人民检察院向山东省邹城市人民法院提起公诉。

三、法院判决

山东省邹城市人民法院经审理后认为，赵某身为国有公司直接负责贸易的业务人员，在签订、履行合同的过程中，严重不负责任被诈骗，致使国家利益遭受特别重大损失，已构成签订、履行合同失职被骗罪。

2019 年 8 月 8 日，山东省邹城市人民法院判决：被告人赵某犯签订、履行合同失职被骗罪，判处有期徒刑 4 年；犯骗取贷款罪，判处有期徒刑 1 年，并处罚金人民币 10 万元。决定执行有期徒刑 4 年 6 个月，并处罚金人民币 10 万元。

四、法律依据

《中华人民共和国刑法》第一百六十七条　国有公司、企业、事业单位直接负责的主管人员，在签订、履行合同过程中，因严重不负责任被诈骗，致使国家利益遭受重大损失的，处三年以下有期徒刑或者拘役；致使国家利益遭受特别重大损失的，处三年以上七年以下有期徒刑。

125 国企员工代表为单位谋取不正当利益，向其他国企员工行贿的，是否构成犯罪？

答：国企员工代表为单位谋取不正当利益，向其他国企员工行贿的，单位与个人均构成单位行贿罪。

相关案例

一、案号

[2014] 任刑初字第 716 号

二、案情简述

矫某系国有某石油工程公司分公司经理。宗某系国有某石油工程公司分公司办公室主任。在二人任职期间，经公司党政联席会决定，为给单位谋取不正当利益，2009 年 1 月份，矫某、宗某利用走访华北某油厂之机，向该厂李某甲等人行贿 5 块千足金金条（字样"金牛献瑞"），每块重 200 克。经鉴定每块金条价值 45 000 元，总价值 225 000 元。

2014 年 6 月 11 日，任丘市公安局以涉嫌犯单位行贿罪对矫某、宗某刑事拘留，同年 6 月 28 日被依法逮捕。2014 年 11 月 6 日，河北省任丘市人民检察院向河北省任丘市人民法院提起公诉。

三、法院判决

河北省任丘市人民法院经审理后认为，某石油工程公司分公司、矫某、宗某为了使本单位在经济商业活动中取得竞争优势，获取不正当利益，对某油田采油厂的李某等国家工作人员行贿金条 5 块，总价值 225 000 元，情节严重，其行为均已构成行贿罪。

2015 年 2 月 12 日，河北省任丘市人民法院判决：被告单位某石油工程公司分公司犯单位行贿罪，判处罚金人民币 45 万元；被告人矫某犯单位行贿罪，判处有期徒刑 10 个月，缓刑 1 年 6 个月；被告人宗某犯单位行贿罪，判处有期徒刑 8 个月，缓刑 1 年。

四、法律依据

1.《中华人民共和国刑法》第一百六十四条　为谋取不正当利益，给予公司、企业或者其他单位的工作人员以财物，数额较大的，处三年以下有期徒刑或者拘役；数额巨大的，处三年以上十年以下有期徒刑，并处罚金。

为谋取不正当商业利益，给予外国公职人员或者国际公共组织官员以财物的，依照前款的规定处罚。

单位犯前两款罪的，对单位判处罚金，并对其直接负责的主管人员和其他直接责任人员，依照第一款的规定处罚。

行贿人在被追诉前主动交代行贿行为的，可以减轻处罚或者免除处罚。

2.《中华人民共和国刑法》第三百九十三条　单位为谋取不正当利益而行贿，或者违反国家规定，给予国家工作人员以回扣、手续费，情节严重的，对单位判处罚金，并对其直接负责的主管人员和其他直接责任人员，处五年以下有期徒刑或者拘役。因行贿取得的违法所得归个人所有的，依照本法第三百八十九条、第三百九十条的规定定罪处罚。

126 经行政授权后具有一定管理职权的单位员工，违反规定办理公务的，是否构成犯罪？

答： 经行政授权后，具有一定管理公共事务和社会事务职权的单位员工，违反规定办理公务，致使公共财产、国家和人民利益遭受重大损失的，构成滥用职权罪。

▶▶▶ 相关案例

一、案号

[2017] 鄂 0984 刑初 157 号

二、案情简述

高某案发前系某国有保险股份公司支公司经理助理、副经理。2011 年至 2014 年，高某在担任某国有保险股份公司支公司经理助理、副经理期间，违反某省人民政府扶农政策性规定，分别与各乡镇场分管农业的负责人协商，冒用农户名义，由乡镇或者村集体垫付投保资金，承诺在年底水稻保险赔付时返还所垫付的保费并给予一定的费用，采取虚假投保、虚假理赔的方式，向市财政局、省财政厅上报相关资料，套取中央、省、区级财政水稻保险费补贴资金共 2 355 633 元，致使国家利益遭受重大损失。

2015 年 10 月 9 日，高某因涉嫌滥用职权罪被刑事拘留，次日被取保候审。2017 年 4 月 26 日，湖北省汉川市人民检察院向湖北省汉川市人民法院提起公诉。

三、法院判决

湖北省汉川市人民法院经审理后认为，湖北省政府办公厅的文件明确规定湖北省的三农保险由某国有保险股份公司承办，本案是一种行政授权行为，某国有保险股份公司支公司经合法授权从事具体的水稻保险工作，拥有一定管理公共事务和社会事务的职权，高某作为实际行使国家行政管理职权的公司、企业和事业单位工作人员，符合滥用职权罪的主体要求。高某身为国家机关工作人员，违反规定办理公务，致使国家、省、区级保险保费财政补贴资金遭受重大损失，其行为已构成滥用职权罪。但综合考虑到高某具有自首情节，可以从轻、减轻处罚。本案涉及的水稻保险在全省范围内广泛实施，具有政策性、普遍性，高某在本案中属于被动执行者，其主观恶性不大，所套取的资金流入某国有保险股份公司，该公司系国有企业，其资产属于国家所有，政府部门可以协商予以返还，故高某的犯罪情节轻微。

2017年12月15日，湖北省汉川市人民法院判决：高某犯滥用职权罪，免予刑事处罚。

四、法律依据

《中华人民共和国刑法》第三百九十七条 国家机关工作人员滥用职权或者玩忽职守，致使公共财产、国家和人民利益遭受重大损失的，处三年以下有期徒刑或者拘役；情节特别严重的，处三年以上七年以下有期徒刑。本法另有规定的，依照规定。

国家机关工作人员徇私舞弊，犯前款罪的，处五年以下有期徒刑或者拘役；情节特别严重的，处五年以上十年以下有期徒刑。本法另有规定的，依照规定。

127 劳动者利用职务上的便利，挪用本单位资金，是否构成犯罪？

答：劳动者利用职务上的便利，挪用本单位资金归个人使用或者借贷给他人，数额较大、超过 3 个月未还的，或者虽未超过 3 个月，但数额较大、进行营利活动的，或者进行非法活动的，构成挪用资金罪。

▶▶▶▶ **相关案例**

一、案号

1. ［2016］川 0402 刑初 189 号
2. ［2016］川 04 刑终 207 号

二、案情简述

尹某案发前系某市水务公司的出纳，杨某案发前系某市水务公司的会计。2010 年，尹某因打麻将经常输钱产生挪用单位资金的想法，在 2010 年至 2012 年期间，尹某利用担任某市水务公司出纳的职务便利，挪用本单位资金 27 万元，主要用于炒股、偿还赌债等。

2013 年，杨某以开茶楼周转资金不足为由，向尹某提出挪用单位资金周转，尹某表示同意。之后，尹某、杨某分别利用担任某市水务公司出纳、会计的职务便利，在 2013 年至 2015 年期间共计挪用本单位资金 5 977 260.91 元，主要用于茶楼经营、偿还赌债等。

2015 年 9 月 1 日，尹某、杨某因涉嫌挪用资金罪被攀枝花市公安局刑事拘留，同月 30 日被逮捕。2016 年 5 月 10 日，四川省攀枝花市东区人民检察院向四川省攀枝花市东区人民法院提起公诉。

三、法院判决

四川省攀枝花市东区人民法院经审理后认为，尹某单独或伙同杨某，利用担任某市水务公司出纳、会计的职务便利条件，挪用本单位资金用于个人炒股、偿还赌债等，构成挪用资金罪。

2016 年 10 月 17 日，四川省攀枝花市东区人民法院判决：尹某犯挪用资金罪，判处有期徒刑 6 年 3 个月；杨某犯挪用资金罪，判处有期徒刑 6 年；责令尹某在本判决生效后 10 日内，退赔被害单位 243 000 元；尹某、杨某在本判决生效后 10 日内共同退赔被害单位 5 637 260.91 元。

一审判决后，尹某不服提起上诉。此后，尹某申请撤回上诉。2021 年 11 月 21 日，四川省攀枝花市中级人民法院经审理后裁定：准许上诉人尹某撤回上诉。

四、法律依据

《中华人民共和国刑法》第二百七十二条　公司、企业或者其他单位的工作人员，利用职务上的便利，挪用本单位资金归个人使用或者借贷给他人，数额较大、超过三个月未还的，或者虽未超过三个月，但数额较大、进行营利活动的，或者进行非法活动的，处三年以下有期徒刑或者拘役；挪用本单位资金数额巨大的，或者数额较大不退还的处三年以上十年以下有期徒刑。

国有公司、企业或者其他国有单位中从事公务的人员和国有公司、企业或者其他国有单位委派到非国有公司、企业以及其他单位从事公务的人员有前款行为的，依照本法第三百八十四条的规定定罪处罚。

128 劳动者虚开增值税专用发票的，是否构成犯罪？

答： 在没有真实交易的情况下，通过虚假的交易行为，虚开增值税专用发票的，构成虚开增值税专用发票罪。

▶▶▶ 相关案例

一、案号

[2019] 黑 1025 刑初 20 号

二、案情简述

王某一案发前系某省铁路集团有限公司分公司主管人员。黑龙江某能源公司太原采部原部长寇某（已判刑）任职期间，为了完成公司的煤炭交易指购标，明知没有真实货物交易，通过虚假的资金流、票据流来虚构自己的工作业绩。经某物资贸易有限公司实际经营人周某（在逃）介绍，认识了任某省铁路集团有限公司分公司主管人员王某一及业务员王某二（已判刑）、某实业有限公司法人代表涂某（在逃）。

2013 年 8 月 11 日，王某一指令王某二代表某省铁路集团有限公司分公司、寇某代表黑龙江某能源公司太原采购部、涂某代表某实业有限公司、周某代表某物资贸易有限公司在王某一的办公室签订了虚假的煤炭买卖合同，在没有真实煤炭交易的情况下，四公司相互虚开增值税发票。为了虚构此业务有真实货物运输发生，由某物资贸易有限公司向某省铁路集团有限公司分公司出具了虚假的煤炭交易交验单，后在提供不出物流凭证的情况下，王某二应寇某要求并经王某一同意后向黑龙江某能源公司出具伪造的虚假煤炭交易交验通知单用于证明某省铁路集团有限公司分公司已经收到出售的 3 万吨煤炭，而实际上没有真实的煤炭交易。

2017 年 3 月 30 日，王某因涉嫌虚开增值税发票被林口县公安局刑事拘留，同年 4 月 21 日被林口县公安局取保候审。2018 年 4 月 20 日被林口县人民检察院取保候审。2019 年 2 月 19 日被林口县人民法院取保候审。2019 年 2 月 19 日，黑龙江省林口县人民检察院向黑龙江省林口县人民法院提起公诉。

三、法院判决

黑龙江省林口县人民法院经审理后认为，某省铁路集团有限公司分公司在没有货物购销的情况下虚开增值税专用发票，王某身为该公司的主管人员，指令王某代表单位签订合同，填写虚假的交验通知单，没有认真履行领导责任，其行为构成虚开增值税专用发票罪。本案综合考虑虚开增值税专用发票的行为没有给国家造成损失，对主要责任人王某可酌情给予处罚。王某主动向公安机关投案，并如实供述自己的罪行，系自首，可以从轻处罚。王某无前科劣迹，系初犯、偶犯，积极配合调查，有悔罪表现，可以酌情从轻处罚。

2019 年 3 月 21 日，黑龙江省林口县人民法院判决：王某犯虚开增值税专用发票罪，免予刑事处罚。

四、法律依据

《中华人民共和国刑法》第二百零五条　虚开增值税专用发票或者虚开用于骗取出口退税、抵扣税款的其他发票的，处三年以下有期徒刑或者拘役，并处二万元以上二十万元以下罚金；虚开的税款数额较大或者有其他严重情节的，处三年以上十年以下有期徒刑，并处五万元以上五十万元以下罚金；虚开的税款数额巨大或者有其他特别严重情节的，处十年以上有期徒刑或者无期徒刑，并处五万元以上五十万元以下罚金或者没收财产。

单位犯本条规定之罪的，对单位判处罚金，并对其直接负责的主管人员和其他直接责任人员，处三年以下有期徒刑或者拘役；虚开的税款数额较大或者有其他严重情节的，处三年以上十年以下有期徒刑；虚开的税款数额巨大或者有其他特别严重情节的，处十年以上有期徒刑或者无期徒刑。

虚开增值税专用发票或者虚开用于骗取出口退税、抵扣税款的其他发票，是指有为他人虚开、为自己虚开、让他人为自己虚开、介绍他人虚开行为之一的。

129 国企工作人员工作失职，致使国家利益遭受重大损失的，是否构成犯罪？

答：国有公司、企业的工作人员，严重不负责，造成国有公司、企业遭受严重损失的，构成国有企业人员失职罪。

▶▶▶ 相关案例

一、案号

1. ［2020］京 0105 刑初 962 号
2. ［2021］京 03 刑终 285 号

二、案情简述

于某任职于北京某工商联，担任副厂长一职。2013 年 3 月，北京某工商联委托北京某资产评估公司对其全资子公司北京某投资发展有限公司拟增资扩股过程中涉及的股东全部权益进行资产评估。北京某工商联决定由于某负责评估事宜。

2013 年 4 月，被告人于某在未查阅北京某投资发展有限公司名下资产某医院旧址地块的移交档案及核查该地块地上建筑物的国土、规划等手续的情况下，签批记载不实的《房屋建筑物情况说明》，导致该地块 9214.59 平方米应纳入评估范围的面积未被纳入评估，造成北京某投资发展有限公司股东某宝投资有限责任公司少出资人民币 2397.39 万元。

2019 年 6 月 27 日，于某因涉嫌国有企业人员失职罪、受贿罪被羁押，于次日被留置，2019 年 12 月 27 日被刑事拘留，2020 年 1 月 10 日被逮捕。2020年 5 月 12 日，北京市朝阳区人民检察院向北京市朝阳区人民法院提起公诉。

后于 2021 年 1 月 13 日以京朝检职检刑变诉 ［2021］ 7 号变更起诉决定书变更指控。

三、法院判决

北京市朝阳区人民法院经审理后认为，于某身为国有企业工作人员，由于严重不负责任，致使国家利益遭受特别重大损失，其行为触犯了刑法，构成国有企业人员失职罪。

2021 年 2 月 26 日，北京市朝阳区人民法院判决：于某犯国有企业人员失职罪，判处有期徒刑 1 年 6 个月；犯受贿罪决定执行有期徒刑 4 年，罚金人民币 20 万元。

一审判决后，于某不服提起上诉。2021 年 5 月 14 日，北京市第三中级人民法院经审理后裁定：驳回上诉，维持原判。

四、法律依据

《中华人民共和国刑法》第一百六十八条　国有公司、企业的工作人员，由于严重不负责任或者滥用职权，造成国有公司、企业破产或者严重损失，致使国家利益遭受重大损失的，处三年以下有期徒刑或者拘役；致使国家利益遭受特别重大损失的，处三年以上七年以下有期徒刑。

国有事业单位的工作人员有前款行为，致使国家利益遭受重大损失的，依照前款的规定处罚。

国有公司、企业、事业单位的工作人员，徇私舞弊，犯前两款罪的，依照第一款的规定从重处罚。

130　劳动者违反国家规定，通过外汇平台组织期货交易的，是否构成犯罪？

答：未经国家有关主管部门批准非法经营证券、期货、保险业务的，系扰乱市场秩序行为，情节严重的，构成非法经营罪。

▶▶▶▶ **相关案例**

一、案号

1. ［2018］浙 0603 刑初 805 号
2. ［2019］浙 06 刑终 609 号

二、案情简述

田某案发时系某国际平台公司大连办事处负责人。2016 年 10 月至 2017 年 7 月期间，胡某在明知某国际平台未经国家有关部门批准的情况下，以投资理财、许诺高额收益的方式招揽王某、杨某、李某进行投资，四人商定由胡某技术入股，王某、杨某、李某三人出资，分别按 30%、25%、25%、15% 的比例分享获利。

田某、胡某经事先联系，以李某等人的名义与某国际平台签订合同，由胡某提供李某、姜某的身份及银行卡账户信息给时任某国际平台大连办事处负责人的田某，由田某在某国际平台开设其名下代理商账户（该账户不参与交易）；田某利用胡某提供的王某、杨某等人的身份及银行账户信息，在李某、姜某代理商的账户下，开立多个交易账户。代理商账户分别绑定李某、姜某的银行卡，根据代理商账户下交易账户内客户交易的手数计算的佣金转账至前述李某、姜某的银行卡内。前述代理商账户、交易账户均由胡某统一管理，被告人胡某或者操盘手根据胡某的指令通过相应的软件登录前述各个交易账户，在完成入金后，即可进行外汇、原油等期货交易。田某根据其名下代理商账户下客户或者其直接客户总的交易手数计算佣金。

经审计，2016年10月至2017年7月期间，胡某在相应的交易软件所操作的五个交易账户，共计转入资金1 247 298.75美元；交易笔数为8950笔，交易总额为196 057 553.89美元，约折人民币1 319 134 039.83元。其中货币买卖交易总额为175 266 180.71美元，约折人民币1 179 243 443.66元；贵金属（黄金美元）交易总额18 155 058.18美元，约折人民币122 152 677.95元；原油（美国原油）交易总额2 636 315.00美元，约折人民币17 737 918.21元。

2017年9月12日，田某、胡某因涉嫌犯诈骗罪被刑事拘留，同年10月19日被逮捕。2018年9月21日，浙江省绍兴市柯桥区人民检察院向浙江省绍兴市柯桥区人民法院提起公诉。

三、法院判决

浙江省绍兴市柯桥区人民法院经审理后认为，田某、胡某违反国家规定，结伙进行非法经营活动，扰乱市场秩序，情节特别严重，其行为均已构成非法经营罪，属共同犯罪。2019年7月27日，浙江省绍兴市柯桥区人民法院作出判决：田某犯非法经营罪，判处有期徒刑7年6个月，没收财产人民币50万元；胡某犯非法经营罪，判处有期徒刑7年，没收财产人民币50万元。

一审判决后，田某、胡某均不服提起上诉。2020年1月13日，浙江省绍兴市中级人民法院经审理后裁定：驳回上诉，维持原判。

四、法律依据

《中华人民共和国刑法》第二百二十五条　违反国家规定，有下列非法经营行为之一，扰乱市场秩序，情节严重的，处五年以下有期徒刑或者拘役，并处或者单处违法所得一倍以上五倍以下罚金；情节特别严重的，处五年以上有期徒刑，并处违法所得一倍以上五倍以下罚金或者没收财产：

（一）未经许可经营法律、行政法规规定的专营、专卖物品或者其他限制买卖的物品的；

（二）买卖进出口许可证、进出口原产地证明以及其他法律、行政法规规定的经营许可证或者批准文件的；

（三）未经国家有关主管部门批准非法经营证券、期货、保险业务的，或者非法从事资金支付结算业务的；

（四）其他严重扰乱市场秩序的非法经营行为。

131 劳动者利用职务上的便利，收受财物，为他人谋取利益的，是否构成犯罪？

答： 公司、企业或者其他单位的工作人员利用职务上的便利，索取他人财物或者非法收受他人财物，为他人谋取利益，数额较大的，构成非国家工作人员受贿罪。

>>>> **相关案例**

一、案号

[2018] 渝 0151 刑初 42 号

二、案情简述

董某于 2007 年 11 月 30 日与某国有全资子公司签订劳动合同，先后被聘为该公司重庆工程处经理助手、副主任、主任，事发前负责重庆工程处的全面工作，包括对外的经营工作和对内的管理工作。根据该公司的规定，其所任职务不经过集团公司任免，且不属于行政序列，董某系该公司聘任之一般工作人员。

2008 年下半年，谭某与董某联系，希望通过挂靠董某所任职的某公司承接某原料厂建设项目，双方约定双方各建设 50% 的工程量。2008 年 12 月、2009 年 4 月，某公司分别中标某原料厂环保搬迁综合原料场土建及设备安装施工总承包一标段和三标段工程，谭某请董某帮忙向工业安装分公司领导协调，将其与重庆工程处事前商议共同承建的一、三标段工程改由其全部承建，谭某向该公司缴纳管理费。后某公司决定由谭某承建以上工程，按工程标的的 4% 向该公司缴纳管理费，谭某分别于 2009 年 1 月、5 月以重庆某建筑有限公司的名义与某公司工业安装分公司签订工程施工承包合同，承建以上 2 个工程。2009 年 1 月 21 日，谭某送给董某现金 20 万元。2009 年 12 月 29 日，谭某再次送给董某现金 20 万元。

2016 年 9 月 30 日，董某被抓获。2016 年 10 月 1 日因涉嫌受贿罪被重庆市铜梁区公安局刑事拘留，同月 14 日因涉嫌非国家工作人员受贿罪被依法逮捕。2017 年 2 月 27 日，由重庆市铜梁区人民检察院决定取保候审。2018 年 3 月 2 日，重庆市铜梁区人民检察院向重庆市铜梁区人民法院提起公诉。

三、法院判决

重庆市铜梁区人民法院经审理认为，董某身为国有企业内未从事公务的聘任制工作人员，在履行工作职责的过程中，接受谭某的请托，为其提供帮助，并收受其送的感谢费 40 万元，其行为符合《中华人民共和国刑法》关于非国家工作人员受贿罪的犯罪构成之规定，已构成了非国家工作人员受贿罪。

2018 年 12 月 25 日，重庆市铜梁区人民法院判决：董某犯非国家工作人员受贿罪，判处有期徒刑 3 年，缓刑 4 年。

四、法律依据

《中华人民共和国刑法》第一百六十三条　公司、企业或者其他单位的工作人员，利用职务上的便利，索取他人财物或者非法收受他人财物，为他人谋取利益，数额较大的，处五年以下有期徒刑或者拘役；数额巨大的，处五年以上有期徒刑，可以并处没收财产。

公司、企业或者其他单位的工作人员在经济往来中，利用职务上的便利，违反国家规定，收受各种名义的回扣、手续费，归个人所有的，依照前款的规定处罚。

国有公司、企业或者其他国有单位中从事公务的人员和国有公司、企业或者其他国有单位委派到非国有公司、企业以及其他单位从事公务的人员有前两款行为的，依照本法第三百八十五条、第三百八十六条的规定定罪处罚。

132 劳动者为谋取不正当利益，给予客户单位的工作人员以财物，是否构成犯罪？

答：公司、企业或者其他单位的工作人员为谋取不当利益，给予客户单位工作人员以财物，数额较大的，构成对非国家工作人员行贿罪。

>>>> **相关案例**

一、案号

1. ［2014］东一法刑初字第 171 号
2. ［2014］东中法刑二终字第 116 号

二、案情简述

彭某于 2008 年 2 月进入东莞某广告中心担任传媒顾问，2011 年 2 月起任广告中心地产部总监。

2012 年 3 月起，彭某将其洽谈的广告业务通过东莞某广告代理东莞市某广告有限公司"走单"，即把本应由东莞某直接承揽的业务，交某公司代理，由于彭某与广告客户洽谈的广告费高于某公司向东莞某支付的广告费，彭某与某公司的陈某、王某（二人均另案处理）商量，某公司收取东莞某广告定价的 2% 作为代理费，客户支付给某公司的广告费中扣除某公司支付给东莞某的广告费，余额再扣除 12% 的税费，所余金额作为某公司给予彭某的回扣款。

2012 年 3 月至 2013 年 1 月期间，彭某通过上述方式将东莞市某房地产有限公司、东莞市某房地产开发有限公司的广告业务交由某公司代理，分 5 次收受某公司股东王某给予的回扣款共 233 869.8 元。此外，被告人彭某还送给上述两家房地产有限公司的工作人员李某等人好处费共计 132 600 元。同年

11 月，李某、黎某、黄某、何某分别将收受彭新余的钱款共计 132 600 元上交东莞市人民检察院。此后，东莞市人民检察院向东莞市第一人民法院提起公诉。

三、法院判决

东莞市第一人民法院经审理后认为，被告人彭某利用职务上的便利，非法收受他人财物，为他人谋取利益，数额较大，其行为已构成非国家工作人员受贿罪；彭某又为谋取不正当利益，给予客户单位的工作人员以财物，数额较大，其行为构成对非国家工作人员行贿罪；依法应予数罪并罚。被告人彭某的主体身份不属于国有公司中从事公务的国家工作人员，不符合受贿罪的犯罪构成。被告人彭某在被羁押期间主动供述侦查机关尚未掌握的其本人对非国家工作人员行贿的罪行，以自首论，依法对彭某所犯对非国家工作人员行贿罪从轻处罚。

2014 年 8 月 1 日，东莞市第一人民法院判决：彭某犯非国家工作人员受贿罪，判处有期徒刑 2 年 6 个月；犯对非国家工作人员行贿罪，判处有期徒刑 1 年；数罪并罚，决定执行有期徒刑 3 年。

一审判决后，彭某未提起上诉，东莞市第一市区人民检察院以彭某犯非国家工作人员受贿罪定性错误为由，向广东省东莞市中级人民法院提出抗诉。

2014 年 11 月 20 日，广东省东莞市中级人民法院经审理后认为，彭某无视国法，利用其在国有独资企业职务上的便利，在经营国有财产中违反国家规定，收受回扣，归个人所有，其行为已构成受贿罪；彭某又为谋取不正当利益，给予客户单位的工作人员以财物，数额较大，其行为构成对非国家工作人员行贿罪。

2014 年 12 月 20 日，广东省东莞市中级人民法院判决：彭某犯受贿罪，判处有期徒刑 10 年，并处没收个人财产人民币 2 万元；犯对非国家工作人员行贿罪，判处有期徒刑 1 年；决定执行有期徒刑 10 年 3 个月，并处没收个人财产人民币 2 万元。

四、法律依据

《中华人民共和国刑法》第一百六十四条　为谋取不正当利益，给予公司、企业或者其他单位的工作人员以财物，数额较大的，处三年以下有期徒刑或者拘役，并处罚金；数额巨大的，处三年以上十年以下有期徒刑，并处罚金。

为谋取不正当商业利益，给予外国公职人员或者国际公共组织官员以财物的，依照前款的规定处罚。

单位犯前两款罪的，对单位判处罚金，并对其直接负责的主管人员和其他直接责任人员，依照第一款的规定处罚。

行贿人在被追诉前主动交代行贿行为的，可以减轻处罚或者免除处罚。

133 劳动者非法制造爆炸物，是否构成犯罪？

答：劳动者非法制造、买卖、运输、邮寄、储存枪支、弹药、爆炸物的，构成非法制造爆炸物罪。

▶▶▶▶ **相关案例**

一、案号

[2016] 晋 1181 刑初 13 号

二、案情简述

高某案发前系某市焦化厂护厂队队长，董某案发前系某市某焦化厂消防部部长。2015 年 6 月至 8 月间，高某在其办公室内，用自己购买和自备的茶叶盒、502 胶、装潢用胶、钢珠、射钉、沙子、石子和董某购买的部分烟花爆竹、礼花制造爆炸装置 5 个。

2015 年 8 月 25 日，高某、董某因涉嫌非法制造爆炸物罪被孝义市公安局刑事拘留，同年 9 月 23 日被孝义市公安局取保候审。2016 年 1 月 8 日，山西省孝义市人民检察院向山西省孝义市人民法院提起公诉。

三、法院判决

山西省孝义市人民法院经审理认为，高某、董某非法制造爆炸物，其行为已触犯刑律，构成非法制造爆炸物罪。

2016 年 4 月 6 日，山西省孝义市人民法院判决：高某犯非法制造爆炸物罪，判处有期徒刑 3 年，缓刑 5 年；董某犯非法制造爆炸物罪，判处有期徒刑 3 年，缓刑 3 年。

四、法律依据

《中华人民共和国刑法》第一百二十五条 非法制造、买卖、运输、邮寄、储存枪支、弹药、爆炸物的，处三年以上十年以下有期徒刑；情节严重的，处十年以上有期徒刑、无期徒刑或者死刑。

非法制造、买卖、运输、储存毒害性、放射性、传染病病原体等物质，危害公共安全的，依照前款的规定处罚。

单位犯前两款罪的，对单位判处罚金，并对其直接负责的主管人员和其他直接责任人员，依照第一款的规定处罚。

134 劳动者私自持有枪支，是否构成犯罪？

答：违反枪支管理规定，非法持有、私藏枪支、弹药的，构成非法持有枪支罪。

▶▶▶ **相关案例**

一、案号

[2016] 粤 0304 刑初 1764 号

二、案情简述

谢某案发前系深圳某集团公司员工，在深圳市公安局"打枪专项办"活动中被依法查处，警方现场查扣气枪 2 支、仿真枪 2 支、疑似军用子弹 3 发、铅弹 85 发、制作铅弹的工具和充气气管各一套，谢某自述自己是出于军事爱好收藏枪支，没有侵犯枪支管理的恶意，也未对外进行使用。经深圳市公安司法鉴定中心鉴定，被查扣的 2 支气枪是以气体为动力发射弹丸的气枪，被查扣的仿真长枪是以压缩气体为动力发射弹丸的气枪，被查扣的 85 发铅弹为气枪铅弹。

2016 年 9 月 18 日，谢某因涉嫌非法持有枪支罪被抓获，次日被深圳市公安局福田分局刑事拘留，同年 10 月 21 日被逮捕。2016 年 11 月 17 日，深圳市福田区人民检察院向广东省深圳市福田区人民法院提起公诉。

三、法院判决

广东省深圳市福田区人民法院经审理后认为，谢某无视国家法律，非法持有枪支，其行为已构成非法持有枪支罪，应依法予以惩罚。

2017 年 1 月 16 日，广东省深圳市福田区人民法院作出判决：谢某犯非法持有枪支罪，判处有期徒刑 1 年 6 个月，缓刑 2 年。

四、法律依据

《中华人民共和国刑法》第一百二十八条　违反枪支管理规定，非法持有、私藏枪支、弹药的，处三年以下有期徒刑、拘役或者管制；情节严重的，处三年以上七年以下有期徒刑。

依法配备公务用枪的人员，非法出租、出借枪支的，依照前款的规定处罚。

依法配置枪支的人员，非法出租、出借枪支，造成严重后果的，依照第一款的规定处罚。

单位犯第二款、第三款罪的，对单位判处罚金，并对其直接负责的主管人员和其他直接责任人员，依照第一款的规定处罚。

135　劳动者伙同他人在产品中以次充好，是否构成犯罪？

答：生产者、销售者在产品中掺杂、掺假，以假充真，以次充好或者以不合格产品冒充合格产品，销售金额满 5 万元的，构成生产、销售伪劣产品罪。

▶▶▶ 相关案例

一、案号

1. ［2012］佛中法刑二初字第 48 号
2. ［2013］粤高法刑二终字第 180 号

二、案情简述

林某案发前系佛山市某调味品公司法定代表人兼总经理。张某案发前系佛山市某调味品有限公司员工及某联合开发公司经销商。陈某案发前系某联合开发公司经销部副主任。唐某案发前系某联合开发公司总经理。

2008 年，佛山市某调味品公司开始生产酱油。2010 年下半年，为了节省生产成本以牟取非法利益，林某决定并与张某商定从某联合开发公司购买工业盐水代替食盐用于五洋公司生产酱油。为了从某联合开发公司运输工业盐水到佛山市某调味品公司，并掩盖相关事实，林某与张某密谋后将佛山市某调味品公司的一辆货车过户到张某名下。张某又与陈某密谋商定佛山市某调味品公司向某联合开发公司购买工业盐水并用上述货车进行运输等相关事宜。此后，张某假借某恒公司的名义与某联合开发公司签订购买工业盐水用于化工生产的合同，开始购买工业盐水供应给佛山市某调味品公司。佛山市某调味品公司从三水盐矿购进工业盐水后，部分用于本公司生产酱油，其余则销售给其他食品企业。经统计，佛山市某调味品公司于2011年1月至2012年3月使用工业盐水生产的酱油（头过油）的销售金额为15 888 476.48元。

佛山市某调味品公司成立于2000年3月17日，企业类型为有限责任公司，经营范围为调味品生产、销售及食品油加工、销售。某联合开发公司成立于1994年7月2日，企业类型为内资企业，经营范围为盐矿的开采、加工、销售。

2012年7月中旬，林某、张某、陈某陆续因涉嫌生产、销售伪劣产品罪被拘留，同年8月15日被逮捕。2012年10月19日，广东省佛山市人民检察院向广东省佛山市中级人民法院提起公诉。

三、法院判决

广东省佛山市中级人民法院经审理后认为，佛山市某调味品公司在生产酱油中使用工业盐水，销售金额为15 888 476.48元；林某是该公司的法定代表人兼总经理，系直接负责的主管人员；张某、陈某将工业盐水销售给该公司以供该公司生产酱油使用；林某、张某、陈某的行为均已构成生产、销售伪劣产品罪。唐某身为国家工作人员，利用职务上的便利，侵吞公款人民币130 308.17元，其行为已构成贪污罪。在生产、销售伪劣产品共同犯罪中，林某起主要作用，依法应当按照其参与的全部犯罪处罚；张某、陈某起辅助作用，是从犯，依法应当减轻处罚。鉴于现无证据显示三水某有限公司销售的使用工业盐水生产的酱油所造成的实际危害结果，可以酌情对林某、张某、陈某从轻处罚。唐某归案后能供述其本案贪污事实，依法可以从轻处罚。公诉机关指控被告人林某、张某、陈某犯生产、销售伪劣产品罪和被告人唐某犯贪污罪的事实清楚，证据确实、充分，指控的罪名成立，但指控被告人唐某犯生产、销售伪劣品罪的证据不足，指控的罪名不能成立。

2013年5月15日，广东省佛山市中级人民法院判决：林某犯生产、销售伪劣产品罪，判处有期徒刑15年，并处罚金人民币800万元；张某犯生产、销售伪劣产品罪，判处有期徒刑9年，并处罚金人民币20万元；陈某犯生产、销售伪劣产品罪，判处有期徒刑7年，并处罚金人民币20万元；唐某犯贪污罪，判处有期徒刑10年；对唐某的贪污犯罪所得人民币130 308.17元予以追缴，上缴国库。

一审判决后，林某、张某、陈某对一审判决不服，向广东省高级人民法院提起上诉。2013 年 9 月 3 日，广东省高级人民法院经审理后裁定：驳回上诉，维持原判。

四、法律依据

《中华人民共和国刑法》第一百四十条　生产者、销售者在产品中掺杂、掺假，以假充真，以次充好或者以不合格产品冒充合格产品，销售金额五万元以上不满二十万元的，处二年以下有期徒刑或者拘役，并处或者单处销售金额百分之五十以上二倍以下罚金；销售金额二十万元以上不满五十万元的，处二年以上七年以下有期徒刑，并处销售金额百分之五十以上二倍以下罚金；销售金额五十万元以上不满二百万元的，处七年以上有期徒刑，并处销售金额百分之五十以上二倍以下罚金；销售金额二百万元以上的，处十五年有期徒刑或者无期徒刑，并处销售金额百分之五十以上二倍以下罚金或者没收财产。

136　国企员工采取欺诈手段虚报注册资本，欺骗公司登记主管部门，取得公司登记，是否构成犯罪？

答：申请公司登记使用虚假证明文件或者采取其他欺诈手段虚报注册资本，欺骗公司登记主管部门，取得公司登记，虚报注册资本数额巨大、后果严重或者有其他严重情节的，构成虚报注册资本罪。

▶▶▶▶ 相关案例

一、案号

[2014] 昂刑初字第 13 号

二、案情简述

李某原系齐齐哈尔市某副食品商场经理。2000 年 3 月齐齐哈尔市某副食品商场决定依据《中华人民共和国公司法》进行股份制改造。

2001 年初，李某为了申请设立齐齐哈尔市某经贸有限公司，用承租人李某抵偿给齐齐哈尔市某副食品商场的货架子作为自己的实物出资、在徐某不知情的情况下用齐齐哈尔市某副食品商场的茶叶为徐某进行实物出资、在张某不知情的情况下齐齐哈尔市某副食品商场的酒为张某进行实物出资。所提供的货架子、茶叶及酒的发票金额分别为 82 840 元、20 045 元和 24 740 元，共计 127 625 元。李某还向他人借款 172 500 元，为齐齐哈尔市某副食品商场的靳某等 12 人进行货币出资。以上款物合计人民币 300 125 元。2001 年 3 月 13 日，齐齐哈尔市某经贸有限公司登记成立。该公司登记成立后，注册资金被取出。

李某于 2012 年 11 月 22 日因犯贪污罪被黑龙江省讷河市人民法院判处有期徒刑 5 年，并处没收财产人民币 10 万元；犯挪用资金罪，判处有期徒刑 3 年。总和刑期 8 年，数罪并罚，决定执行有期徒刑 7 年 6 个月，并处没收财产人民币 10 万元。2013 年 10 月 14 日，因发现漏罪被齐齐哈尔市公安局昂昂溪分局从黑龙江省泰来监狱押解回齐齐哈尔市。2014 年 1 月 22 日，齐齐哈尔市昂昂溪区人民检察院向黑龙江省齐齐哈尔市昂昂溪区人民法院提起公诉。

三、法院判决

黑龙江省齐齐哈尔市昂昂溪区人民法院经审理后认为，李某采取欺诈手段虚报注册资本，欺骗公司登记主管部门，取得公司登记，虚报注册资本数额巨大，其行为已构成虚报注册资本罪。

2014 年 4 月 3 日，黑龙江省齐齐哈尔市昂昂溪区人民法院判决：李某犯虚报注册资本罪，判处罚金人民币 2 万元，与前判决"犯贪污罪，判处有期徒刑 5 年，并处没收财产人民币 10 万元；犯挪用资金罪，判处有期徒刑 3 年。总和刑期 8 年，数罪并罚，决定执行有期徒刑 7 年 6 个月，并处没收财产人民币 10 万元"进行并罚，决定执行有期徒刑 8 年 6 个月，并处没收财产人民币 10 万元，罚金人民币 2 万元。

四、法律依据

《中华人民共和国刑法》第一百五十八条 申请公司登记使用虚假证明文件或者采取其他欺诈手段虚报注册资本，欺骗公司登记主管部门，取得公司登记，虚报注册资本数额巨大、后果严重或者有其他严重情节的，处三年以下有期徒刑或者拘役，并处或者单处虚报注册资本金额百分之一以上百分之五以下罚金。

单位犯前款罪的，对单位判处罚金，并对其直接负责的主管人员和其他直接责任人员，处三年以下有期徒刑或者拘役。

137　证券、期货交易内幕信息的知情人员，在信息未公开前买入或者卖出该证券、期货或者泄露所知的证券、期货交易内幕信息的，是否构成犯罪？

答：证券、期货交易内幕信息的知情人员或者非法获取证券、期货交易内幕信息的人员，在涉及证券的发行，证券、期货交易或者其他对证券、期货交易价格有重大影响的信息尚未公开前，买入或者卖出该证券，或者从事与该内幕信息有关的期货交易，或者泄露该信息，或者明示、暗示他人从事上述交易活动，情节严重的，构成内幕交易、泄露内幕信息罪。

▶▶▶▶ 相关案例

一、案号

1. ［2017］鄂 10 刑初 14 号
2. ［2018］鄂刑终 139 号

二、案情简述

芮某案发时系中国某工业集团公司研究所副所长。2013 年 12 月 17 日，中国某工业集团公司资本运营部部长张某带芮某等人到南通某科技公司进行初步调研，芮某于 2013 年 12 月 18 日赶赴南通，并在对南通某科技公司考察结束后于当天离开。从南通调研回北京后，芮某所在的中国某工业集团公司研究所参与调研的人组织编写了《关于对南通某科技公司项目调研和建议》。2014 年 3 月 3 日，南通某科技公司停牌，2014 年 9 月 18 日，南通某科技公司复牌。2015 年 9 月 15 日，经中国证券监督管理委员会上市公司并购重组委审议通过南通某科技公司重组项目。经查，芮某于 2013 年 12 月 24 日以每股 3.08 元的价格买入南通某科技公司股票 3000 股，成交金额 9 240 元，于 2014 年 1 月 24 日以每股 3.06 元的价格卖出。后又于 2014 年 2 月 19 日至 26 日期间，共计买入南通某科技公司股票 51 400 股，成交金额 166 843 元。2014 年 10 月 28 日，芮某以每股 11.12 元的价格将南通某科技公司股票全部卖出，成交金额 571 568 元，从中获利 404 725 元。

芮某在南通某科技公司调研期间，在电话中将他目前在南通某科技公司考察，他们单位可能会和南通某科技公司有业务往来的信息告知张某，让其关注南通某科技公司的股票。张某获悉该信息后，利用张某祥的证券账户于 2014 年 2 月 21 日到 28 日期间，共计买入南通某科技公司股票 1 125 123 股，成交金额 3 501 029.57 元。2014 年 10 月 20 日，张某以每股 12.53 元的价格将股票全部卖出，成交金额 14 097 791.19 元，从中获利 10 596 761.62 元。

芮某 2014 年春节后回老家溧阳时，将最近中国某工业集团公司在和南通某科技公司合作的信息告知毕某，让其关注南通某科技公司的股票。毕某获知此信息后，于 2014 年 2 月 26 日至 28 日期间买入南通某科技公司股票共计 673 657 股，成交金额 2 046 807.57 元。2014 年 10 月 17 日、22 日，以每股 12 元左右的价格将股票全部卖出，成交金额 8 258 405.69 元，从中获利 6 211 598.12 元。

2015 年 9 月 10 日，芮某因涉嫌内幕交易、泄露内幕信息罪，张某、毕某因涉嫌内幕交易罪被刑事拘留，同年 10 月 16 日被逮捕。2015 年 9 月 30 日，毕某经批准变更强制措施为取保候审。此后，湖北省荆州市人民检察院向湖北省荆州市中级人民法院提起公诉。

三、法院判决

湖北省荆州市中级人民法院经审理后认为，芮某作为中国某工业集团公司研究所副所长，参与了南通某科技公司停牌前的调研活动和停牌后重组的方案论证及商业谈判，知悉此次重大资产重组的内幕信息，属于上述内幕信息知情人。芮某向张某、毕某泄露该内幕信息，其本人又从事与该内幕信息相关的股票交易，情节特别严重，其行为构成内幕交易、泄露内幕信息罪。

2017 年 11 月 22 日，湖北省荆州市中级人民法院判决：芮某犯内幕交易、泄露内幕信息罪，判处有期徒刑 5 年，并处罚金 50 万元；张某犯内幕交易罪，判处有期徒刑 5 年，并处罚金 1100 万元；毕某犯内幕交易罪，判处有期徒刑2年，缓刑3年，并处罚金700万元。

一审判决后，芮某、张某、毕某均不服提起上诉。2018年9月28日，湖北省高级人民法院经审理后裁定：驳回上诉，维持原判。

四、法律依据

《中华人民共和国刑法》第一百八十条　证券、期货交易内幕信息的知情人员或者非法获取证券、期货交易内幕信息的人员，在涉及证券的发行，证券、期货交易或者其他对证券、期货交易价格有重大影响的信息尚未公开前，买入或者卖出该证券，或者从事与该内幕信息有关的期货交易，或者泄露该信息，或者明示、暗示他人从事上述交易活动，情节严重的，处五年以下有期徒刑或者拘役，并处或者单处违法所得一倍以上五倍以下罚金；情节特别严重的，处五年以上十年以下有期徒刑，并处违法所得一倍以上五倍以下罚金。

单位犯前款罪的，对单位判处罚金，并对其直接负责的主管人员和其他直接责任人员，处五年以下有期徒刑或者拘役。

内幕信息、知情人员的范围，依照法律、行政法规的规定确定。

证券交易所、期货交易所、证券公司、期货经纪公司、基金管理公司、商业银行、保险公司等金融机构的从业人员以及有关监管部门或者行业协会的工作人员，利用因职务便利获取的内幕信息以外的其他未公开的信息，违反规定，从事与该信息相关的证券、期货交易活动，或者明示、暗示他人从事相关交易活动，情节严重的，依照第一款的规定处罚。

138 银行工作人员，违反国家规定发放贷款，
是否构成犯罪?

答：银行或者其他金融机构的工作人员违反国家规定发放贷款，数额巨大或者造成重大损失的，构成违法发放贷款罪。

▶▶▶ 相关案例

一、案号

［2020］桂 0312 刑初 67 号

二、案情简述

张某案发时系某银行股份有限公司贺州支行客户经理，王某案发时系某银行股份有限公司贺州支行任行长。

2011 年 11 月，杨某借用刘某的身份证，以刘某的名义向某银行股份有限公司贺州支行申请一千万元额度循环贷款，并向该行提供了虚假的申请材料，同时用桂林某房地产开发有限公司提供的存在权属纠纷的商铺作抵押担保。张某作为该笔贷款的 A 岗信贷员，违反国家规定，不认真履行贷前调查职责就出具了失实的《关于刘某向我行申请一千万元循环额度授信的调查报告》，并按照审批流程提交给被告人王某审批。王某未按规定认真履行审批职责，在未核实该笔贷款中相关申请材料是否属实的情况下，就在《某银行授信业务审批表》上签字同意发放该笔贷款。2011 年 12 月 2 日，某银行股份有限公司贺州支行将一千万元发放至贷款人委托支付的账户中。2012 年 8 月，该笔借款欠息形成风险，某银行股份有限公司向某市象山区人民法院提起诉讼，此贷款纠纷案经某市中级人民法院、某省高级人民法院审

理做出了民事判决，判决某市市场服务中心对该笔贷款的抵押物商铺拥有所有权，某银行股份有限公司有优先受偿权。因某市市场开发服务中心提出对抵押物享有所有权，抵押物一直无法执行而形成不良贷款。2017年3月，某银行股份有限公司将该笔不良贷款以债权形式打包给某投资产管理公司，某投资产管理公司委托某银行继续清收该笔债权。通过打包转让，某银行股份有限公司收回该笔贷款本金750万元，剩余250万元本金按照不良资产转让的相关规定予以核销。经鉴定，杨某以刘某名义向某银行股份有限公司贺州支行提供的贷款申请材料中，所有"刘某"的签名都不是刘某本人签名。

2019年10月15日，张某、王某因涉嫌合同诈骗罪被桂林市公安局临桂分局刑事拘留，同年11月11日因涉嫌违法发放贷款罪被逮捕。2020年4月28日，广西壮族自治区桂林市临桂区人民检察院向广西壮族自治区桂林市临桂区人民法院提起公诉。

三、法院判决

广西壮族自治区桂林市临桂区人民法院经审理后认为，张某、王某作为银行工作人员违反国家规定发放贷款，造成重大损失，其行为已构成违法发放贷款罪。

2020年7月24日，广西壮族自治区桂林市临桂区人民法院判决：张某犯违法发放贷款罪，判处有期徒刑2年，缓刑3年，并处罚金人民币8万元；王某犯违法发放贷款罪，判处有期徒刑2年，缓刑3年，并处罚金人民币8万元。

四、法律依据

《中华人民共和国刑法》第一百八十六条　银行或者其他金融机构的工作人员违反国家规定发放贷款，数额巨大或者造成重大损失的，处五年以下有期徒刑或者拘役，并处一万元以上十万元以下罚金；数额特别巨大或者造成特别重大损失的，处五年以上有期徒刑，并处二万元以上二十万元以下罚金。

银行或者其他金融机构的工作人员违反国家规定，向关系人发放贷款的，依照前款的规定从重处罚。

单位犯前两款罪的，对单位判处罚金，并对其直接负责的主管人员和其他直接责任人员，依照前两款的规定处罚。

关系人的范围，依照《中华人民共和国商业银行法》和有关金融法规确定。

139 评估职责机构的工作人员，提供虚假证明文件的，是否构成犯罪？

答： 承担资产评估职责的中介组织的人员故意提供虚假证明文件的，情节严重的，构成提供虚假证明文件罪。

▶▶▶ 相关案例

一、案号

1. ［2020］冀 0822 刑初 165 号
2. ［2021］冀 08 刑终 124 号

二、案情简述

韩某、金某案发前系河北省承德市某地产评估有限责任公司的评估师（其中金某系挂证，不实际参与评估工作，领取工资报酬）。

2016 年 12 月 28 日，某县城乡建设协调办公室康某委托韩某对东山某果园（砖厂）地块进行评估。韩某在现场无实际挖土方量的情况下，依据现场树木、房屋数量及隆化县钜润地理信息数据服务有限公司的"方量计算图"，出具了名为《某县地上定着物及场地平整市场价值核算评估》的虚假估价报告，估价合计 12 119 224.00 元，其中挖运土方价格为 10 197 468.96 元。韩某在上述估价报告上加盖了自己和金某的注册估价师职业章及公司印章后，交给了康某。2017 年 1 月，某县城乡建设协调办公室与郭某签订了征收补偿安置协议，约定给郭某补偿款合计 16 911 202.86 元，其中包括估价报告确定的挖运土方金额。协议签订后，郭某领取了补偿款。

2020 年 5 月 14 日，金某、韩某因涉嫌出具证明文件重大失实罪被河北省围场满族蒙古族自治县公安局刑事拘留，同年 5 月 25 日经河北省围场满族蒙古族自治县人民检察院批准，由河北省围场满族蒙古族自治县公安局执行逮捕。金某于 2020 年 8 月 19 日被河北省兴隆县人民检察院取保候审。韩某于 2020 年 9 月 21 日被河北省兴隆县人民检察院取保候审。此后，河北省兴隆县人民检察院向河北省兴隆县人民法院提起公诉。

三、法院判决

河北省兴隆县人民法院经审理后认为，韩某在履行评估职责过程中，故意提供虚假证明文件，情节严重，其行为已构成提供虚假证明文件罪。金某违反评估法的规定，将注册估价师证书挂靠到某县地产评估有限责任公司后，不实际从事评估工作，未对证书进行管理，导致其资质、执业章被任意使用，且被用在虚假的估价报告中，造成了严重后果，其行为已构成出具证明文件重大失实罪。

2020 年 12 月 31 日，河北省兴隆县人民法院判决：韩某犯提供虚假证明文件罪，判处有期徒刑 3 年，缓刑 5 年，并处罚金人民币 5 万元；金某犯出具证明文件重大失实罪，免予刑事处罚。

一审判决后，金某不服提起上诉。2021 年 3 月 24 日，河北省承德市中级人民法院经审理后裁定：驳回上诉，维持原判。

四、法律依据

《中华人民共和国刑法》第二百二十九条　承担资产评估、验资、验证、会计、审计、法律服务等职责的中介组织的人员故意提供虚假证明文件，情节严重的，处五年以下有期徒刑或者拘役，并处罚金。

有前款行为，索取他人财物或者非法收受他人财物犯前款罪的，处五年以上十年以下有期徒刑，并处罚金。

第一款规定的人员，严重不负责任，出具的证明文件有重大失实，造成严重后果的，处三年以下有期徒刑或者拘役，并处或者单处罚金。

第十五编

其 他

140 聘用合同解除后，事业单位是否应当为工作人员出具解除聘用合同证明？

答：聘用合同解除后，事业单位应当为其工作人员出具解除聘用合同证明。

▶▶▶ **相关案例**

一、案号

1. ［2020］京 0102 民初 34281 号
2. ［2021］京 02 民终 2074 号

二、案情简述

国家某发展研究中心（以下简称"国家某研究中心"）为事业单位，连某为某大学 2015 年应届毕业生。2015 年，连某、某大学、国家某研究中心签订了三方就业协议。2015 年 8 月 23 日，国家某研究中心的上级主管人事部门出具了《2015 年国务院各部委、直属机构及在京中央企业毕业生接收函》和《2015 年应届毕业生进京审批回执》。同年 8 月，国家某研究中心为连某办理了人事档案转移手续及进京落户手续。2015 年 12 月起，国家某研究中心开始为连某缴纳社会保险。国家某研究中心未与连某签订聘用合同。诉讼中，双方均认可形成事实聘用合同关系。2016 年 3 月 29 日，连某以电子邮件方式向国家某研究中心提出辞职申请，国家某研究中心主张连某拿到北京户口就不提供劳动，因此不认可连某的辞职，认为双方人事关系一直存续。

随后，连某向北京市西城区劳动人事仲裁委员会申请人事仲裁，请求：裁决国家某研究中心为连某出具离职证明。该委经审查后作出《不予受理通知书》。

连某不服上述《不予受理通知书》，向北京市西城区人民法院提起诉讼，诉讼请求同仲裁请求。

三、法院判决

北京市西城区人民法院经审理后认为，本案双方当事人虽未签订书面聘用合同，但根据查明的事实可以认定双方之间系聘用合同关系。结合连某提交的电子邮件、国家某研究中心提交的道歉信及生效仲裁裁决查明的内容，本院采信连某关于 2016 年 3 月 29 日向国家某研究中心提出辞职的主张，认定双方之间的聘用合同关系于 2016 年 4 月 29 日解除。《中华人民共和国劳动合同法》第 50 条第 1 款规定，用人单位应当在解除或者终止劳动合同时出具解除或者终止劳动合同的证明，并在 15 日内为劳动者办理档案和社会保险关系转移手续。第 96 条规定，事业单位与实行聘用制的工作人员订立、履行、变更、解除或者终止劳动合同，法律、行政法规或者国务院另有规定的，依照其规定；未作规定的，依照本法有关规定执行。据此，国家某研究中心应当在聘用合同关系解除后为连某出具解除合同关系证明，并办理人事档案和社会保险关系转移手续。综上所述，连某的诉讼请求，有事实及法律依据，本院对此均不持异议。

2020 年 12 月 18 日，北京市西城区人民法院判决：国家某研究中心为连某出具解除聘用合同关系证明。

一审判决后，国家某研究中心不服提起上诉。2021 年 2 月 20 日，北京市第二中级人民法院经审理后判决：驳回上诉，维持原判。

四、法律依据

1.《中华人民共和国劳动合同法》第五十条　用人单位应当在解除或者终止劳动合同时出具解除或者终止劳动合同的证明，并在十五日内为劳动者办理档案和社会保险关系转移手续。

　……………

第九十六条　事业单位与实行聘用制的工作人员订立、履行、变更、解除或者终止劳动合同，法律、行政法规或者国务院另有规定的，依照其规定；未作规定的，依照本法有关规定执行。

2.《事业单位人事管理条例》第十七条

事业单位工作人员提前 30 日书面通知事业单位，可以解除聘用合同。但是，双方对解除聘用合同另有约定的除外。

141 事业单位调整工作岗位，是否属于人事争议纠纷案件？

答： 事业单位与其工作人员因调整工作岗位发生争议，不属于人事争议纠纷的受案范围。

▶▶▶ **相关案例**

一、案号

1. ［2021］京 0108 民初 59532 号
2. ［2022］京 01 民终 115 号

二、案情简述

2016 年 6 月 24 日，谢某与某航天工程中心（以下简称"某航天中心"）签订了期限为 2016 年 6 月 25 日至 2019 年 6 月 24 日止的事业单位聘用合同书，担任计划财务部副部长职务，上述合同到期后，双方未签订聘用合同书。某工程中心于 2017 年 9 月 7 日对谢某进行单方调岗。

随后，谢某向北京市海淀区劳动人事争议仲裁委员会申请劳动仲裁，请求：某航天工程中心为其恢复原计划财务部副部长岗位。该委经审查后作出《不予受理通知书》。

谢某不服上述《不予受理通知书》，向北京市海淀区人民法院提起诉讼，诉讼请求同仲裁请求。

三、法院判决

北京市海淀区人民法院经审理后认为，事业单位与其工作人员之间因辞职、辞退及履行聘用合同所发生的争议，属人事争议。本案中，双方曾经签订了期限为 2016 年 6 月 25 日至 2019 年 6 月 24 日止的事业单位聘用合同书，上述合同到期后，双方未签订聘用合同书。现谢某要求恢复原计划财务部副部长岗位的诉请，不属于因辞职、辞退及履行聘用合同所发生的争议，本院对此不予处理。

综上，北京市海淀区人民法院裁定：驳回谢某的起诉。

一审裁定后，谢某不服提起上诉。2022 年 1 月 21 日，北京市第一中级人民法院经审理后裁定：驳回上诉，维持原裁定。

四、法律依据

1. 《最高人民法院关于人民法院审理事业单位人事争议案件若干问题的规定》第一条　事业单位与其工作人员之间因辞职、辞退及履行聘用合同所发生的争议，适用《中华人民共和国劳动法》的规定处理。

第三条　本规定所称人事争议是指事业单位与其工作人员之间因辞职、辞退及履行聘用合同所发生的争议。

2. 《劳动人事争议仲裁办案规则》第二条　本规则适用下列争议的仲裁：

（一）企业、个体经济组织、民办非企业单位等组织与劳动者之间，以及机关、事业单位、社会团体与其建立劳动关系的劳动者之间，因确认劳动关系，订立、履行、变更、解除和终止劳动合同，工作时间、休息休假、社会保险、福利、培训以及劳动保护，劳动报酬、工伤医疗费、经济补偿或者赔偿金等发生的争议；

（二）实施公务员法的机关与聘任制公务员之间、参照公务员法管理的机关（单位）与聘任工作人员之间因履行聘任合同发生的争议；

（三）事业单位与工作人员之间因除名、辞退、离职等解除人事关系以及履行聘用合同发生的争议；

（四）社会团体与工作人员之间因除名、辞退、辞职、离职等解除人事关系以及履行聘用合同发生的争议；

（五）军队文职人员聘用单位与文职人员之间因履行聘用合同发生的争议；

（六）法律、法规规定由仲裁委员会处理的其他争议。

142 因劳动者原因未及时办理退休手续，用人单位是否应当承担赔偿责任？

答：非因用人单位原因导致劳动者未及时办理退休手续，用人单位不承担赔偿责任。

▶▶▶ 相关案例

一、案号

1. ［2020］京0101民初1570号
2. ［2020］京02民终8912号

二、案情简述

罗某于1994年与中国某进出口有限公司（以下简称"中国某进出口公司"）建立劳动关系，因罗某配偶患病，1996年双方达成一致，由罗某在家照顾配偶，其公司每月支付生活费500元。1998年11月，中国某进出口公司作出对罗某除名的决定，决定自1998年12月1日始给予罗某除名。后罗某未再到中国某进出口公司上班。罗某于2005年6月26日达到法定退休年龄，但未办理退休手续和享受退休待遇。罗某于2019年10月经北京市人力资源和社会保障局核准办理退休手续。2019年11月开始享受退休待遇。北京市东城区人力资源和社会保障局补发罗某2011年7月至2019年10月共计297 006元的基本养老金。

随后，罗某向北京市东城区劳动人事争议仲裁委员会申请劳动仲裁，请求：裁决中国某进出口公司支付罗某2005年6月至2019年11月期间养老金损失393 180.12元。该委经审查后作出《不予受理通知书》。

罗某不服上述《不予受理通知书》，向北京市东城区人民法院提起诉讼，诉讼请求同仲裁请求。

三、法院判决

北京市东城区人民法院经审理后认为，经生效法律文书确认，罗某与中国某进出口公司的劳动关系于 1998 年 12 月事实上解除，之后双方已经不存在劳动关系。在双方劳动关系事实上解除后，罗某达到退休年龄时，罗某可以申请办理退休手续。但是罗某并未证明其曾经积极申请办理退休手续。罗某与中国某进出口公司因劳动关系、社保补缴发生过诉讼，在后续诉讼过程中，中国某进出口公司也是同意协助罗某办理退休手续，但罗某要求中国某进出口公司先补缴社保，赔偿损失后才同意办理退休手续，所以造成退休手续一直未办理。2018 年 7 月，经罗某申请以干部身份办理退休并授权中国某进出口公司领取相关结论材料，本人同意领取退休费的时间以批准之月次月领取，中国某进出口公司协助罗某办理了退休手续，罗某于 2019 年 11 月开始享受到了退休待遇。综上，罗某主张中国某进出口公司无故拖延不给其办理退休手续造成其无法正常退休，要求赔偿养老金损失缺乏依据，法院不予支持。

2020 年 7 月 28 日，北京市东城区人民法院判决：驳回罗某的诉讼请求。

一审判决后，罗某不服提起上诉。2021 年 1 月 5 日，北京市第二中级人民法院经审理后判决：驳回上诉，维持原判。

四、法律依据

1. 《最高人民法院关于审理劳动争议案件适用法律问题的解释（一）》第一条 劳动者与用人单位之间发生的下列纠纷，属于劳动争议，当事人不服劳动争议仲裁机构作出的裁决，依法提起诉讼的，人民法院应予受理：

…………

（五）劳动者以用人单位未为其办理社会保险手续，且社会保险经办机构不能补办导致其无法享受社会保险待遇为由，要求用人单位赔偿损失发生的纠纷；

…………

2. 《最高人民法院关于适用〈中华人民共和国民事诉讼法〉的解释》第

九十条　当事人对自己提出的诉讼请求所依据的事实或者反驳对方诉讼请求所依据的事实，应当提供证据加以证明，但法律另有规定的除外。

在作出判决前，当事人未能提供证据或者证据不足以证明其事实主张的，由负有举证证明责任的当事人承担不利的后果。

143 因期权激励引发的争议，是否属于劳动争议纠纷案件？

答： 因期权激励引发的争议，属于劳动争议纠纷案件的受案范围。

▶▶▶ **相关案例**

一、案号

1. ［2018］京 0108 民初 22811 号
2. ［2018］京 01 民终 8059 号

二、案情简述

2007 年 11 月 29 日，欧某入职北京某软件股份有限公司（以下简称"北京某软件公司"）担任软件工程师，之后担任 tmc 执行组组长及咨询规划部助理。2017 年 8 月 18 日，双方解除劳动关系。

欧某称北京某软件公司对员工设有激励机制，根据职位、工龄及工作表现等可获得期权，工作满 3 年的，如员工因各种原因不能行权的，北京某软件公司无条件按照每股 4 元的价格回购。北京某软件公司则称其与欧某之间不存在期权回购约定，亦否认曾向欧某分配过期权。

随后，欧某向北京市海淀区劳动人事争议仲裁委员会申请劳动仲裁，请求：裁决北京某软件公司支付欧某期权回购款 175 520 元。该委经审查后出具《不予受理通知书》。

欧某不服上述《不予受理通知书》，向北京市海淀区人民法院提起诉讼，诉讼请求同仲裁请求。

三、法院判决

北京市海淀区人民法院经审理后认为，本案争议焦点归纳为以下两个方面：第一，欧某与北京某软件公司之间因期权激励机制引发的争议，是否属于劳动争议案件的受案范围？第二，欧某与北京某软件公司之间是否存在回购期权的激励机制约定？就此，本院逐一认定如下：就争议焦点一，欧某主张根据职位、工龄及工作表现等可获得期权，上述获得期权的方式均系基于与北京某软件公司之间的劳动关系，因而双方因此产生的争议，属于劳动争议纠纷案件受案范围。鉴于此，对于北京某软件公司所持本案不属于劳动争议受案范围的抗辩理由，本院不予采信。就争议焦点二，北京某软件公司对于 2012 年 9 月 3 日电子邮件附件中所载管理体系建设大纲主张系讨论稿，但未能就该主张提交证据予以证明。依据《管理体现建设大纲》所载内容可知，"公司现阶段计算出的员工期权持续有效"，即本院有理由相信，北京某软件公司已计算出现阶段员工所持期权数量，该内容与欧某提交的 2012 年 7 月 26 日电子邮件，北京某软件公司核算出的欧某截止至 2012 年 7 月期权数据在时间及内容上均相符吻合。其次，依据《管理体系建设大纲》所载内容可知，北京某软件公司实行"积分制度、股权激励制度与期权制度并行，积分可以转化为股权"，该内容与欧某所提交的 2013 年 3 月期间的电子邮件公司对于积分、期权兑换征求意见的内容亦可相互印证。综上，本院认为欧某提交的上述证据可形成完整证据链，证明北京某软件公司与其存在期权激励机制约定，即"公司现阶段计算出的员工期权持续有效，并将累积到今年年底，是公司对员工的承诺，三年后，员工因各种原因不能行权的，公司将无条件地按每股 4 元回购"。进而，本院有理由相信北京某软件公司曾与欧某核算确认过欧某所分配的期权数量。鉴于北京某软件公司坚持主张与欧某之间不存在期权回购约定，亦否认曾向欧某分配过期权，故本院采信欧某之主张确认其所持有期权数量为 43 880 股。欧某要求北京某软件公司支付期权回购款 175 520 元，并无不当之处，对该诉讼请求本院予以支持。

2018 年 8 月 2 日，北京市海淀区人民法院判决：北京某软件公司支付欧某期权回购款 175 520 元。

一审判决后，北京某软件公司不服提起上诉。2018 年 9 月 26 日，北京市第一中级人民法院经审理后判决：驳回上诉，维持原判。

四、法律依据

《最高人民法院关于审理劳动争议案件适用法律问题的解释（一）》第一条　劳动者与用人单位之间发生的下列纠纷，属于劳动争议，当事人不服劳动争议仲裁机构作出的裁决，依法提起诉讼的，人民法院应予受理：

（一）劳动者与用人单位在履行劳动合同过程中发生的纠纷；

（二）劳动者与用人单位之间没有订立书面劳动合同，但已形成劳动关系后发生的纠纷；

（三）劳动者与用劳动关系是否已经解除或者终止，以及应否支付解除或者终止劳动关系经济补偿金发生的纠纷；

（四）劳动者与用人单位解除或者终止劳动关系后，请求用人单位返还其收取的劳动合同定金、保证金、抵押金、抵押物发生的纠纷，或者办理劳动者的人事档案、社会保险关系等移转手续发生的纠纷；

（五）劳动者以用人单位未为其办理社会保险手续，且社会保险经办机构不能补办导致其无法享受社会保险待遇为由，要求用人单位赔偿损失发生的纠纷；

（六）劳动者退休后，与尚未参加社会保险统筹的原用人单位因追索养老金、医疗费、工伤保险待遇和其他社会保险待遇而发生的纠纷；

（七）劳动者因为工伤、职业病，请求用人单位依法给予工伤保险待遇发生的纠纷；

（八）劳动者依据劳动合同法第八十五条规定，要求用人单位支付加付赔偿金发生的纠纷；

（九）因企业自主进行改制发生的纠纷。

144 用人单位将工程违法发包给包工头，包工头招用的工人受伤应当如何赔偿？

答：用人单位知道或者应当知道包工头没有相应资质或者安全生产条件，并将工程违法发包给包工头，包工头招用的工人在施工中受伤的，应当与包工头承担连带赔偿责任。

▶▶▶ **相关案例**

一、案号

1. ［2015］东民初字第 07362 号
2. ［2015］二中民终字第 11513 号

二、案情简述

2014 年 11 月 6 日，北京某园林古建工程有限公司（以下简称"北京某园林古建公司"）与何某签订有工程承包协议，将天坛公园内彩钢活动板房改造工程发包给何某施工，该工程承包协议同时约定若发生事故与北京某园林古建公司无任何关系。李某系何某所雇佣工人。2014 年 11 月 28 日，李某在操作切割机时把旁边的扳手弹起击碎了塑料护目镜砸到李某的眼部。李某被诊断为右眼球玻璃体积血、右眼视网膜脱落、右眼脉络膜脱落、右眼脉络膜上腔积血、右眼眶壁骨折、右眼外伤性上睑下垂。

随后，李某向北京市东城区人民法院提起诉讼，请求：判决北京某园林古建公司与何某连带赔偿李某交通费、住院伙食费、误工费、护理费、营养费、伤残鉴定费、被抚养人生活费、残疾赔偿金、精神损害抚慰金合计469 815.91 元。

三、法院判决

北京市东城区人民法院经审理后认为，本案施工工程的内容为彩钢活动板房改造工程，属于轻钢结构施工，应具有相应的施工资质。北京某园林古建公司在承接工程后将分包给个人施工，未对其资质及安全生产条件进行审查，虽北京某园林古建公司就事故责任与何某存有约定，但其约定不能产生对外效力，故就李某的合理损失，北京某园林古建公司与何某应承担连带赔偿责任。

2016年7月11日，北京市东城区人民法院判决：北京某园林古建公司与何某连带赔偿李某交通费350元、住院伙食补助费315元、误工费15 120元、护理费15 120元、营养费3600元、被扶养人生活费44 270.80元、伤残赔偿金202 007.80元、精神损害抚慰金15 000元。

一审判决后，北京某园林古建公司不服提起上诉。在北京市第二中级人民法院的主持下，北京某园林古建公司、何某与李某达成调解协议。

四、法律依据

《最高人民法院关于审理人身损害赔偿案件适用法律若干问题的解释》第十一条　雇员在从事雇佣活动中遭受人身损害，雇主应当承担赔偿责任。雇佣关系以外的第三人造成雇员人身损害的，赔偿权利人可以请求第三人承担赔偿责任，也可以请求雇主承担赔偿责任。雇主承担赔偿责任后，可以向第三人追偿。

雇员在从事雇佣活动中因安全生产事故遭受人身损害，发包人、分包人知道或者应当知道接受发包或者分包业务的雇主没有相应资质或者安全生产条件的，应当与雇主承担连带赔偿责任。

属于《工伤保险条例》调整的劳动关系和工伤保险范围的，不适用本条规定。

145 退休返聘人员在工作中受伤，应当如何赔偿？

答： 退休返聘人员与用工单位之间形成劳务关系，其在从事雇佣活动中遭受人身损害，用工单位应当承担赔偿责任。

>>>> **相关案例**

一、案号

1. ［2014］西民初字第 10169 号
2. ［2014］二中民终字第 11844 号

二、案情简述

李某于 2012 年 10 月退休。2013 年 1 月 1 日，某房屋管理公司（以下简称"某房屋管理公司"）（甲方）与李某（乙方）签订《退休返聘人员岗位协议书》，约定：协议期限为 2013 年 1 月 1 日至 2013 年 12 月 31 日；甲方聘用乙方从事电梯安装维修工作，具体任务和职责是定期对电梯设备进行检查、维修与保养工作；乙方月报酬标准按 1600 元/月；甲方于每月 4 日以人民币形式支付乙方上月工资；乙方在甲方工作期间，因工导致伤残、死亡的，所发生的医疗费及其他相关费用，由乙方按原渠道解决，甲方对乙方自付部分按 50% 比例给予报销，但最高不超过 10 000 元。合同签订后，李某受某电梯工程公司（以下简称"某电梯公司"，经查某电梯公司为某房屋管理公司的下属公司）管理并工作，工资由某房屋管理公司发放。2013 年 5 月 22 日，李某与两位同事至某机房进行维修工作期间，手指被卷入曳引机，当日李某被送至北京某医院治疗，经诊断为：指毁损伤（右，食中指）。根据北京市高级人民法院随机确定的鉴定机构，北京民生物证科学司法鉴定所对此进行鉴定，该所出具司法鉴定意见书，结论为：被鉴定人李某伤残等级为九级伤残；营养期为 60 日。

随后，李某向北京市西城区人民法院提起诉讼，请求：判决某房屋管理公司、某电梯公司赔偿李某住院伙食补助费、误工费、营养费、护理费、伤残鉴定费、残疾赔偿金、残疾辅助器具费、精神损害抚慰金共计 267 744 元。

三、法院判决

北京市西城区人民法院经审理后认为，2013 年 5 月 22 日，李某在工作期间在曳引机未停止转动的情况下进行操作，导致手指被夹伤，作为李某雇佣单位的某房屋管理公司应对其因本次事故产生的合理损失承担赔偿责任，某电梯公司作为劳务实际受益单位亦应承担连带责任。

2014 年 9 月 23 日，北京市西城区人民法院判决：某房屋管理公司赔偿李某住院伙食补助费、营养费、护理费、残疾赔偿金、残疾辅助器具费、精神损害抚慰共计 211 684 元；某电梯公司承担连带责任。

一审判决后，某房屋管理公司、某电梯公司均不服提起上诉。2015 年 1 月 19 日，北京市第二中级人民法院经审理后判决：驳回上诉，维持原判。

四、法律依据

《最高人民法院关于审理人身损害赔偿案件适用法律若干问题的解释》第十一条　雇员在从事雇佣活动中遭受人身损害，雇主应当承担赔偿责任。

…………

146 劳动者在工作中给用人单位造成损失的，是否应当承担赔偿责任？

答： 劳动者在工作中因故意或者重大过失给用人单位造成损失的，应当承担赔偿责任。

▶▶▶ 相关案例

一、案号

1. ［2017］京 0102 民初 8358 号
2. ［2017］京 02 民终 7026 号

二、案情简述

2015 年 6 月 6 日，谭某入职北京某科技发展有限公司（以下简称"北京某科技公司"）人事部。2015 年 9 月 1 日，转正为行政人事部，担任人资专员一职。

2015 年 12 月，陈某入职北京某科技公司，谭某作为人事主管未代表北京某科技公司与其签订劳动合同，陈某于 2016 年 2 月下旬离职。2016 年 2 月 23 日，谭某向北京某科技公司申请离职。后陈某申请劳动仲裁、提起诉讼，请求判决北京某科技公司支付陈某未签订劳动合同二倍工资。在法院主持调解下，北京某科技公司支付陈某一万元。北京某科技公司认为，支付陈某一万元系谭某未履行人事主管职责造成的。

随后，北京某科技公司向北京市西城区劳动人事争议仲裁委员会申请劳动仲裁，请求：裁决谭某支付北京某科技公司 10 000 元。该委经审理后裁决：驳回北京某科技公司的仲裁请求。

北京某科技公司不服仲裁裁决,向北京市西城区人民法院提起诉讼,诉讼请求同仲裁请求。

三、法院判决

北京市西城区人民法院经审理后认为,北京某科技公司未就与新入职员工签订劳动合同属于谭某专属义务提交充分证据;即便该工作内容属于谭某职务范围,亦应属于北京某科技公司用工风险,谭某的主管领导亦存在管理上的过失,不宜认定谭某存在重大过失,北京某科技公司亦未提交证据证明其主观上为故意的证据;另无法认定 10 000 元全部或部分为未签订劳动合同造成的损失,即北京某科技公司未就谭某行为造成损失完成证明责任,亦应承担不利后果。

2017 年 5 月 8 日,北京市西城区人民法院判决:驳回北京某科技公司的诉讼请求。

一审判决后,北京某科技公司不服提起上诉。2017 年 7 月 20 日,北京市第二中级人民法院经审理后判决:驳回上诉,维持原判。

四、法律依据

《中华人民共和国劳动争议调解仲裁法》第六条 发生劳动争议,当事人对自己提出的主张,有责任提供证据。与争议事项有关的证据属于用人单位掌握管理的,用人单位应当提供;用人单位不提供的,应当承担不利后果。

147 因认定工龄、申报专业技术职称等问题引发的纠纷，是否属于劳动争议纠纷案件？

答：因认定工龄、申报专业技术职称等问题引发的纠纷，不属于劳动争议纠纷案件的受案范围。

▶▶▶▶ 相关案例

一、案号

1. [2020] 京 0102 民初 34812 号
2. [2021] 京 02 民终 12128 号

二、案情简述

姜某从 1986 年 6 月起在中国某银行股份有限公司北京某支行（以下简称"中国某银行北京支行"）处工作直至退休，在办理退休过程中中国某银行北京支行未给其申报自 1982 年 7 月至 1986 年 6 月的工龄，且未向相关部门申报其专业技术职称，也未按照内部相关规定给予姜某相应职称所对应的退休待遇。

随后，姜某向北京市西城区劳动人事争议仲裁委员会申请劳动仲裁，请求：裁决中国某银行北京支行协助姜某重新认定工龄和申报专业技术职称。该委经审查后出具《不予受理通知书》。

姜某不服上述《不予受理通知书》，向北京市西城区人民法院提起诉讼，诉讼请求同仲裁请求。

三、法院判决

北京市西城区人民法院经审理后认为，姜某请求判令中国某银行北京支行协助重新认定实际工龄和协助申报专业技术职称的诉讼请求，不属于劳动争议受案范围。

2021 年 6 月 10 日，北京市西城区人民法院判决：驳回姜某的诉讼请求。

一审判决后，姜某不服提起上诉。2021 年 10 月 11 日，北京市第二中级人民法院经审理后判决：驳回上诉，维持原判。

四、法律依据

1. 《中华人民共和国社会保险法》第八条 社会保险经办机构提供社会保险服务，负责社会保险登记、个人权益记录、社会保险待遇支付等工作。

2. 《最高人民法院关于审理劳动争议案件适用法律问题的解释（一）》第二条 下列纠纷不属于劳动争议：

（一）劳动者请求社会保险经办机构发放社会保险金的纠纷。

（二）劳动者与用人单位因住房制度改革产生的公有住房转让纠纷；

（三）劳动者对劳动能力鉴定委员会的伤残等级鉴定结论或者对职业病诊断鉴定委员会的职业病诊断鉴定结论的异议纠纷；

（四）家庭或者个人与家政服务人员之间的纠纷；

（五）个体工匠与帮工、学徒之间的纠纷；

（六）农村承包经营户与受雇人之间的纠纷。

后　记

在完成本书的编写后，我们深感责任重大，本书是我们对劳动人事合规领域的深入研究和探索的成果，也是我们对读者的一份认真的承诺。

在编写的过程中，我们遇到了许多困难和挑战，但是我们始终坚持着对知识的追求和对读者的负责，不断努力完善和改进，我们希望通过这本书，能够为企事业单位的人事合规管理提供有价值的参考和帮助，推动劳动人事合规领域的进步和发展。

同时，我们也深知劳动人事合规的重要性和复杂性，随着社会的不断发展变化，劳动人事合规领域也在不断发展和变化。因此，我们将继续关注和研究劳动人事合规领域的新动态和新问题，不断更新和完善我们的知识和技能。

最后，我们感谢所有支持和帮助过我们的人，感谢同事们的辛苦写作和配合，我们将继续努力，为读者提供更好的服务和帮助。

感谢以下为本书出版付出工作和努力的法律工作人员：李超、陈欣平、赵炜昱、于亚南、杨戈、李婷、余倩。